RESPONSABILIDADE TRIBUTÁRIA DO SÓCIO E DO ADMINISTRADOR: NORMAS JURÍDICAS, FATOS JURÍDICOS E PROVA

CIP-BRASIL. CATALOGAÇÃO NA PUBLICAÇÃO
SINDICATO NACIONAL DOS EDITORES DE LIVROS, RJ

R143r

Ramos, José Eduardo Silvério
Responsabilidade tributária do sócio e do administrador : normas jurídicas, fatos jurídicos e prova / José Eduardo Silvério Ramos. - 1. ed. - São Paulo : Noeses, 2020.

262 p. ; 23 cm.
ISBN 978-65-992879-0-9

1. Direito tributário - Brasil. 2. Responsabilidade (Direito) - Brasil. 3. Obrigação tributária - Brasil. I. Título.

20-67330 CDU: 34:351.713(81)

Leandra Felix da Cruz Candido - Bibliotecária - CRB-7/6135

José Eduardo Silvério Ramos

Doutor em Direito Tributário (PUC/SP), Mestre em Direito Público e Processo (FDC), Especialista em Direito Tributário Material e Processual (IBET) e Bacharel em Direito (FDCI). Advogado, sócio-fundador do escritório Silvério Ramos Advogados. Professor de Introdução ao Direito da FDCI e de Direito Tributário na Pós-Graduação da FDV e IBET. Membro da Comissão de Direito Tributário da OAB-ES. Autor de livros e artigos.

RESPONSABILIDADE TRIBUTÁRIA DO SÓCIO E DO ADMINISTRADOR: NORMAS JURÍDICAS, FATOS JURÍDICOS E PROVA

2020

editora e livraria

NOESES

Copyright © Editora Noeses 2020
Fundador e Editor-chefe: Paulo de Barros Carvalho
Gerente de Produção Editorial: Rosangela Santos
Arte e Diagramação: Renato Castro
Revisão: Georgia Evelyn Franco
Revisão tipográfica: Carolline Gomes de Souza
Designer de Capa: Aliá3 - Marcos Duarte

2020

editora e livraria
NOESES

Editora Noeses Ltda.
Tel/fax: 55 11 3666 6055
www.editoranoeses.com.br

*Dedico este livro aos grandes amores da minha vida:
minha esposa Josiane e meus filhos Pedro e João.*

AGRADECIMENTOS

A Deus, pela vida e por todas as bênçãos concedidas a mim e a minha família.

A minha esposa Josiane, por todo amor dedicado a mim e a nossos filhos e pelo apoio em todos os momentos durante os anos dedicados ao Doutorado na PUC/SP.

Ao meu filho Pedro, que cresceu acompanhando minhas idas e vindas a São Paulo desde 2013, quando iniciei os estudos como aluno especial na USP; obrigado por compreender, do seu jeito, tanto tempo dedicado aos estudos, por seu carinho e amor. Ao meu filho João, nascido durante o Doutorado, obrigado por seu jeitinho tão carinhoso e por chegar para completar nossa família, depois de tantas orações do Pedro pedindo um irmãozinho.

Aos meus pais, Ary Eduardo e Maria Selma, pelo apoio incondicional, em toda minha vida e durante os anos de estudos em São Paulo, por todo carinho e amor do vovô e da vovó dedicados ao Pedro e ao João.

Aos amigos que fiz durante minha caminhada acadêmica, com quem compartilhei as angústias, lutas, vitórias e alegrias.

Ao meu primo e amigo Felipe Silvério, que me acolheu em seu apartamento em São Paulo, SP durante os anos de estudo.

À minha orientadora Fabiana Del Padre Tomé, por quem tenho sincera admiração, por sua brilhante trajetória acadêmica e profissional, muito obrigado pela segura orientação na elaboração da tese que resultou neste livro.

Aos professores Robson Maia Lins e Tácio Larcerda Gama, pelas preciosas orientações na banca de qualificação da tese. A esses e aos professores Tárek Moysés Moussallem e Charles William McNaughton, que compuseram a banca de defesa pública da tese, muito obrigado por todos questionamentos, críticas e orientações que muito contribuíram para o aprimoramento da tese e resultado do livro ora publicado.

Ao grande mestre do Direito Tributário, professor Paulo de Barros Carvalho, obrigado por tudo que aprendi em suas aulas na USP e na PUC-SP e pela leitura de suas obras.

Aos colegas e amigos da Comissão de Direito Tributário da Seccional da OAB/ES; agradeço nominal e cronologicamente aos Presidentes da Seccional, Homero Mafra e José Carlos Risk Filho e aos Presidentes da Comissão de Direito Tributário, Henrique da Cunha Tavares, Leonardo Nunes Marques e Gustavo Sipolatti, estendendo meus agradecimentos a todas as advogadas e advogados com quem tenho trabalhado desde 2011 em prol da advocacia capixaba, pelas parcerias, amizades e constante aprendizado.

Enfim, as lutas que vencemos e as vitórias que conquistamos não são lutadas e conquistadas sozinhas. Obrigado a todos que de alguma forma me apoiaram na jornada do Doutorado, do ingresso até a conclusão, e na publicação desta obra.

PREFÁCIO

O tema da responsabilidade tributária sempre foi alvo de muitas controvérsias, quer no que diz respeito à natureza jurídica (se obrigacional tributária ou sancionatória), quer no que concerne à sua abrangência e aos requisitos de aplicabilidade. Nesse cenário, chama atenção aquela relativa aos sócios e administradores, assunto reiteradamente debatido, cujas controvérsias são diuturnamente renovadas.

Eis o foco temático eleito por José Eduardo Silvério Ramos, neste primoroso trabalho, dedicando-se a lidar com a fenomenologia da incidência das normas que dispõem sobre responsabilidade tributária dos sócios e administradores. Seu estudo abrange a análise das disposições legais que atribuem a mencionada responsabilização, o procedimento a ser adotado para identificar a ocorrência do fato desencadeador da relação jurídica correspondente e as provas necessárias para a constituição do fato jurídico da responsabilidade.

Neste ponto, cumpre lembrar que a estrutura lógica da norma jurídica compõe-se de uma proposição condicional, que determina a relação de implicação entre hipótese e consequência: a hipótese descreve os critérios identificadores de um fato e funciona como implicante da consequência; esta última, por seu turno, prescreve o regramento de uma conduta intersubjetiva. Em suma: (i) "hipótese" é a parte da norma que tem a função de descrever uma situação objetiva de possível ocorrência, descrição esta feita mediante a indicação de notas (conotação) que, coincidentes com os caracteres apresentados em determinados fatos, permite seu ingresso no universo jurídico; (ii) consequência é o componente da norma que tem por função prescrever condutas intersubjetivas, apresentando-se como uma proposição relacional que enlaça dois ou mais sujeitos de direito em torno de uma conduta regulada como proibida, permitida ou obrigatória.

Considerado o conjunto das normas jurídicas, muito embora as estruturas lógicas sejam homogêneas, diferenciam-se elas por seus conteúdos. Chamamos de *regra-matriz de incidência tributária* a norma jurídica por meio da qual se institui o tributo, verificando-se, na hipótese e na consequência normativa, critérios que permitem o reconhecimento do fato jurídico tributário e da relação jurídica tributária *stricto sensu* (obrigação tributária), respectivamente.

Essas noções sobre a estrutura da norma que institui o tributo evidenciam que o sujeito passivo da obrigação de pagar tributo, com a acepção referida pelo art. 3º do CTN, é o *contribuinte*. Trata-se da pessoa física ou jurídica de quem se exige o cumprimento da prestação pecuniária tributária. Considerando a estrutura da regra-matriz de incidência, é aquele que tem relação jurídica com o fato, tendo-o praticado. Isso porque: (i) conquanto o critério pessoal figure no consequente normativo, está ele umbilicalmente ligado ao critério material; (ii) muito embora a Constituição de 1988 não costume indicar diretamente quem são os sujeitos passivos, ao relacionar a ação ou estado a ser tributado essa delimitação traz implicações para o legislador infraconstitucional, que deve escolher pessoa ligada a essa ação ou estado; e (iii) se o legislador escolher pessoa diversa daquela relacionada no critério material, estará tributando sujeito que não apresenta o "signo presuntivo de riqueza".

Por esses motivos, tem-se que sujeito passivo da obrigação de pagar tributo, nos estritos termos da regra-matriz de incidência tributária, é apenas o contribuinte.

O exame do direito positivo permite concluir, porém, sobre a possibilidade de exigir de terceiros o valor correspondente ao débito tributário, recebendo estes o nome de *responsáveis tributários*. Embora a pessoa que preenche o lugar sintático de devedor na relação jurídico-tributária seja o contribuinte, assim entendida a pessoa diretamente ligada ao fato antecedente da regra-matriz de incidência e de quem se exige o cumprimento da obrigação tributária (art. 121, I, do CTN), ocasiões há em que um outro sujeito, sem revestir a condição de contribuinte, passa a ser obrigado ao pagamento de valor correspondente ao débito do tributo, em virtude de disposição expressa de lei (art. 121, II, do CTN), sendo este denominado *responsável tributário*.

Trata-se de norma jurídica distinta, que tem na regra-matriz de incidência de tributária o seu pressuposto de aplicação, mas que com ela não se confunde. Cada qual apresenta delimitação própria da hipótese de incidência e dos sujeitos integrantes do vínculo obrigacional. Por conseguinte, sua aplicação é dependente da adoção de específicos procedimentos e requisitos probatórios.

Se, de um lado, a positivação do liame previsto na regra-matriz de incidência tributária exige a prova do fato previsto em sua hipótese, para a norma de responsabilidade sua específica determinação hipotética há de ser demonstrada. Considerando que a responsabilidade para o administrador surge quando *o crédito correspondente à obrigação tributária seja resultante de atos praticados com excesso de poderes ou infração de lei, contrato social ou estatutos* (art. 135, III, do CTN), tais fatores são pressupostos indeclináveis para incidência da norma de responsabilidade, exigindo-se que estejam comprovados.

Atento a essas peculiaridades, José Eduardo Silvério Ramos dedicou-se ao tema, pesquisando e desenvolvendo texto de caráter analítico-hermenêutico. Desse movimento, pautado pelo constructivismo lógico-semântico, resultou sua Tese de Doutorado, apresentada no âmbito do Programa de

Pós-Graduação em Direito da Pontifícia Universidade Católica de São Paulo (PUC/SP) e defendida perante banca examinadora composta pelos Professores Robson Maia Lins, Tácio Lacerda Gama, Tárek Moysés Moussallem e Charles William McNaughton, além de mim, na qualidade de sua orientadora.

O resultado desse trabalho é agora apresentado ao público, por meio da edição de obra intitulada "Responsabilidade Tributária dos Sócios e do Administrador: Normas Jurídicas, Fatos Jurídicos e Provas". Não tenho dúvidas de que sua obra, que ora se faz publicar pela Editora Noeses, é uma importante contribuição para a comunidade jurídica, conferindo, aos estudiosos e aplicadores do direito, elementos fundamentais para a compreensão e reflexão sobre essa atual e complexa temática.

São Paulo, 09 de setembro de 2020.

Fabiana Del Padre Tomé

Professora da Pontifícia Universidade Católica
de São Paulo (PUC/SP) e do Instituto Brasileiro
de Estudos Tributários (IBET).

SUMÁRIO

1. INTRODUÇÃO

Utilizando o método hermenêutico analítico, sob a perspectiva do constructivismo lógico-semântico, far-se-á uma análise do sistema do direito positivo brasileiro, partindo do altiplano das normas constitucionais e passando pelas normas gerais em matéria de legislação tributária, especialmente dos enunciados relacionados aos sujeitos passivos da relação jurídica tributária e da responsabilidade tributária. O objetivo é estudar especificamente a prova da responsabilidade tributária do sócio e administrador nas três hipóteses previstas no Código Tributário Nacional: (i) art. 134, VII; (ii) art. 135, III; e (iii) art. 135, I c/c 134, VII; bem como o ônus da prova em matéria tributária, o procedimento e o momento da produção probatória para imputação da responsabilidade tributária ao sócios e administradores.

No capítulo 2, serão abordadas noções sobre o direito positivo, a ciência do direito e o direito tributário. A teoria da regra-matriz de incidência tributária será o referencial teórico utilizado na descrição das normas jurídicas de responsabilidade tributária do sócio. São normas que se relacionam com a regra-matriz de incidência dos tributos cuja responsabilidade pelo pagamento é atribuída ao sócio. Serão tecidas as considerações necessárias sobre a aplicação da norma e a constituição do crédito tributário contra o sócio, o ônus da prova em matéria tributária, o procedimento e o momento da produção probatória, uma vez que o sistema do direito positivo prescreve o procedimento e o momento para a constituição dos fatos jurídicos, inclusive para a constituição do fato jurídico da responsabilidade tributária do sócio e respectiva constituição e cobrança do crédito tributário.

No capítulo 3, analisar-se-á a relação jurídica tributária, pois ao sujeito passivo é atribuído o dever de pagar tributo através do vínculo relacional que o une com o sujeito ativo, titular do crédito tributário. Da regra-matriz de incidência tributária decorre a relação jurídica tributária e da norma de responsabilidade tributária decorre a relação de responsabilidade tributária. Há um vínculo entre essas relações ao se atribuir ao responsável tributário a obrigação tributária, correspondente ao dever de pagar o crédito tributário. O sujeito passivo, que poderá ser contribuinte ou responsável, estará obrigado ao pagamento do crédito por ser inserido no polo passivo de uma relação jurídica tributária ou de responsabilidade tributária.

Os limites e possibilidades de escolha do sujeito passivo pelo legislador serão analisados no capítulo 4. A análise será feita partindo do altiplano das normas constitucionais e transcorrendo as normas gerais em matéria de legislação tributária, com o objetivo de descrever as pessoas que podem figurar como sujeito passivo da relação jurídica tributária que tenha como objeto o pagamento de tributo (obrigação tributária principal). O enfoque será especialmente direcionado às normas jurídicas que atribuem aos sócios ("terceiro responsável") a obrigação de pagar tributo. Ainda nesse capítulo será analisada a responsabilidade *lato sensu*, pois o Código Tributário Nacional (CTN) enuncia que o sujeito passivo da relação jurídica tributária, pessoa obrigada ao pagamento do tributo ou penalidade (art. 121, CTN), pode ser o contribuinte ou responsável; a responsabilidade tributária em sentido *lato sensu* pode ser atribuída ao contribuinte e ao responsável (que sempre será um terceiro). O termo responsabilidade tributária tem diversas acepções e disciplinas jurídicas. Pretende-se contribuir com a conceituação de "contribuinte", "responsável" e "responsabilidade tributária" mediante análise sintática, semântica e pragmática desses termos. Partindo da premissa de que as normas jurídicas que imputam a responsabilidade pelo pagamento do tributo têm regimes jurídicos distintos, o presente estudo tem como objeto as normas que atribuem a responsabilidade tributária ao sócio.

No capítulo 5, serão descritas as normas jurídicas de responsabilidade tributária dos sócios, nas hipóteses previstas nos arts. 134 e 135 do CTN, para identificar o fato jurídico da responsabilidade do sócio, em cada uma dessas distintas hipóteses legais. Apesar de o direito brasileiro distinguir a personalidade jurídica da sociedade da personalidade jurídica de seus sócios – somente sendo possível imputar ao sócio a responsabilidade pelo pagamento das obrigações tributárias da sociedade em hipóteses taxativas – verifica-se na *praxi* jurídica uma indiscriminada imputação de responsabilidade tributária aos sócios das sociedades. Na jurisprudência do Superior Tribunal de Justiça não há uniformidade em relação à responsabilidade tributária do sócio no tocante (i) às diferentes hipóteses legais de responsabilidade tributária (arts. 134 e 135, CTN) e (ii) à natureza de cada espécie de responsabilidade. Existem entendimentos divergentes reconhecendo responsabilidade solidária, pessoal e subsidiária.

Finalmente, no capítulo 6, será estudada a prova da responsabilidade tributária do sócio, em relação a cada uma das hipóteses (arts. 134 e 135, CTN). Serão abordados o ônus da prova do fato jurídico da responsabilidade tributária do sócio, o procedimento e o momento probatório para constituir validamente o crédito tributário contra o sócio. O sistema de referência para a análise da validade são as normas do sistema de direito positivo brasileiro, que indicam os momentos em que os fatos podem ser constituídos mediante produção probatória e os limites dentro dos quais a verdade será produzida.

Constatou-se que existem entendimentos jurisprudenciais sem fundamento nas normas decorrentes dos textos do direito positivo pátrio relativos à prova da responsabilidade tributário do sócio, inclusive de entendimento consolidado no Superior Tribunal de Justiça aplicando presunção, a Certidão de Dívida Ativa (CDA) em desconformidade com o direito posto. Nesta obra, pretende-se delimitar os requisitos para a constituição dos fatos jurídicos da responsabilidade tributária dos sócios nos termos prescritos pelo ordenamento do direito positivo brasileiro.

2. NOÇÕES SOBRE DIREITO POSITIVO, CIÊNCIA DO DIREITO E DIREITO TRIBUTÁRIO

Neste capítulo serão tecidas, pontualmente, noções essenciais sobre o direito positivo, a ciência do direito e o direito tributário, que servirão como premissas para o desenvolvimento deste livro.

2.1 O sistema do direito positivo

O sistema de direito positivo pode ser compreendido como o conjunto de normas jurídicas que constitui um sistema hierarquizado e organizado de determinado Estado.[1]

De acordo com Hans Kelsen, a ordem jurídica é um sistema de normas, composto por todas as normas cuja validade

---

1. Os termos "ordenamento jurídico" e "sistema jurídico" são aqui aceitos como sinônimos do sistema do direito positivo, registrando que alguns autores distinguem ordenamento jurídico e sistema jurídico, outros consideram ambos sinônimos. Para Gregorio Robles Morchón, entre outros, o direito positivo, veiculado por distintos atos normativos, constitui o ordenamento jurídico, dado bruto a ser trabalhado pelo cientista do direito, que organizando o direito positivo o organizará em um sistema jurídico. Para Paulo de Barros Carvalho, entre outros, ordenamento jurídico e sistema jurídico são sinônimos, pois o direito positivo, embora veiculado por atos normativos distintos, constituiu um sistema hierarquizado e organizado de normas jurídicas. (CARVALHO, Paulo de Barros. *Direito tributário, linguagem e método*. 5ª ed. São Paulo: Noeses, 2013, p. 216-217).

pode ter sua origem remontada a uma mesma norma fundamental, que é o fundamento último de validade de uma norma dentro de um sistema (ordem jurídica de um Estado isolado, uma ordem jurídica nacional).[2] O direito positivo é o conjunto de normas jurídicas válidas num dado Estado soberano; é o conjunto que forma o sistema do direito positivo.

De acordo com Paulo de Barros Carvalho, "as normas jurídicas formam um sistema, na medida em que se relacionam de várias maneiras, segundo um princípio unificador". O direito positivo é um sistema nomoempírico prescritivo.[3] Daí é possível

> ver a ordem jurídica brasileira como um sistema de normas, algumas de comportamento, outras de estrutura, concebido pelo homem para motivar e alterar a conduta no seio da sociedade. É composto por subsistemas que se entrecruzam em múltiplas direções, mas que se afunilam na busca de seu fundamento último de validade semântica que é a Constituição do Brasil. E esta, por sua vez, constitui também um subsistema, o mais importante, que paira, sobranceiro sobre todos os demais, em virtude de sua privilegiada posição hierárquica, ocupando o tópico superior do ordenamento e hospedando as diretrizes substanciais que regem a totalidade do sistema jurídico nacional.[4]

O direito positivo é veiculado por atos normativos distintos, derivados de normas de hierarquia superior e produzidos nos termos prescritos pelo sistema do direito conforme descreve

---

2. KELSEN, Hans. *Teoria geral do direito e do Estado*. Tradução de Luiz Carlos Borges. São Paulo: Martins Fontes, 1998, p. 161-163; 169.

3. CARVALHO, Paulo de Barros. *Curso de direito tributário*. 11. ed. São Paulo: Saraiva, 1999, p. 98. Fabiana Del Padre Tomé esclarece: "não obstante seja comum a distinção entre sistemas reais e proposicionais, conforme os elementos pertençam ao mundo da experiência ou caracterizem enunciados linguísticos, tal dicotomia fica sem sentido diante da consideração de que a linguagem é constitutiva da realidade. Daí falarmos apenas em sistemas proposicionais, que denominamos nomológicos quando suas partes consistirem em entidades ideais, e nomoempíricos se as proposições, descritivas ou prescritivas, tiverem denotação existencial". (TOMÉ, Fabiana Del Padre. *A prova no direito tributário: de acordo com o Código de Processo Civil de 2015*. 4ª ed. São Paulo: Noeses, 2016, p. 58).

4. CARVALHO, Paulo de Barros. *Curso de direito tributário*. 11. ed. São Paulo: Saraiva, 1999, p. 102.

Hans Kelsen,[5] formando um sistema hierarquizado e organizado de normas jurídicas. É o que observa Ricardo Guastini:

> No que concerne à validade dos atos normativos, cumpre observar antes de tudo que os atos normativos (o ordenar, o permitir, o revogar etc.) não passam de atos de linguagem. Trata-se, apesar disso, de atos de linguagem disciplinados (não só por regras linguísticas, mas também) por normas jurídicas: precisamente por normas de segundo grau, ou metanormas, em torno da produção do direito. Os atos normativos são, particularmente, disciplinados por, ao menos, dois tipos de metanormas: a – Por um lado, metanormas de competência; b – Por outro lado, metanormas de direito processual, ou seja, normas de conduta que estabelecem os processos por meio dos quais a competência normativa em questão deve ser exercida [...]
>
> Portanto, pode-se dizer que o critério de validade dos atos normativos é a conformidade a metanormas de competência e direito processual.
>
> [...] Como se vê, em ambos os casos, a validade de uma norma está condicionada pela sua não incompatibilidade com normas superiores (não metanormas, mas, por assim dizer, supernormas).[6]

Nas palavras de Paulo de Barros Carvalho, no sistema do direito positivo, "suas normas estão dispostas numa estrutura hierarquizada, regida pela fundamentação ou derivação que opera tanto no aspecto material quanto no formal ou processual, o que lhe imprime possibilidade dinâmica, regulando, ele próprio, sua criação e suas transformações".[7] Entre os

---

5. Sobre a derivação: "as normas de um sistema dinâmico têm de ser criadas através de atos de vontade pelos indivíduos que foram autorizados a criar normas por alguma norma superior. Essa autorização é uma delegação. O poder de criar normas é delegado de uma autoridade para outra autoridade; a primeira é a autoridade superior, a segunda é a inferior. A norma fundamental de um sistema dinâmico é a regra básica de acordo com a qual devem ser criadas as normas do sistema. Uma norma faz parte de um sistema dinâmico se houver sido criada de uma maneira que é – em última análise – determinada pela norma fundamental. (KELSEN, Hans. *Teoria geral do direito e do Estado*. Tradução de Luiz Carlos Borges. 3.ed. São Paulo: Martins Fontes, 1998, p. 165).

6. GUASTINI, Riccardo. *Das fontes as normas*. Tradução de Edson Bini. São Paulo: Quartier Latin, 2005, p. 277-278; 280.

7. CARVALHO, Paulo de Barros. *Direito tributário, linguagem e método*. 5ª ed. São

elementos do sistema do direito positivo se destacam a fundamentação e a derivação das normas, e, por consequência, a inter-relação ou intertextualidade das normas partes do sistema.

A hierarquia e a validade são dois axiomas do direito posto.[8] A hierarquia é imprescindível, pois "sem hierarquia não há sistema de direito, pois ninguém poderia apontar o fundamento de validade das unidades componentes, não se sabendo qual deve prevalecer".[9]

A Constituição é o fundamento último de validade do sistema do direito positivo. É o ponto de partida para todos que pretendem analisá-lo. Os aspectos principais do sistema constitucional tributário, traçados na Constituição da República Federativa do Brasil de 1988 (CRFB/1988) afetos ao presente estudo, especialmente os princípios constitucionais tributários e os limites constitucionais para eleição do sujeito passivo da relação jurídica tributária, serão analisados posteriormente.

O sistema do direito positivo brasileiro abrange normas constitucionais, leis complementares, leis ordinárias, leis delegadas, medidas provisórias, decretos legislativos, resoluções (art. 59, CRFB/1988) e atos normativos infralegais que regulamentam as leis. Cabe ressaltar que os tratados internacionais em que o Brasil seja parte (art. 5º, §2º, CRFB/1988) também integram o sistema do direito positivo brasileiro e que "os tratados e convenções internacionais sobre direitos humanos que forem aprovados, em cada Casa do Congresso Nacional, em dois turnos, por três quintos dos votos dos respectivos

---

Paulo: Noeses, 2013, p. 218.

8. BARRETO, Paulo Ayres. Ordenamento e sistema jurídico. In: CARVALHO, Paulo de Barros (Coord). *Constructivismo Lógico-Semântico*. São Paulo: Noeses, 2014, p. 256.

9. CARVALHO, Aurora Tomazini de. *Curso de teoria geral do direito*. 3.ed. São Paulo: Noeses, 2013, p. 223-224.

membros, serão equivalentes às emendas constitucionais" (art. 5º, §3º, CRFB/1988).

O subsistema designado por sistema tributário nacional, que compreende as normas constitucionais tributárias, as normas gerais em matéria de legislação tributária veiculadas por lei complementar, leis ordinárias e atos normativos dos entes tributantes, é parte do sistema do direito positivo. A perspectiva de estudo do direito tributário como um ramo do direito é meramente didática, tendo em vista que para a interpretação das normas tributárias é necessária a análise do conjunto das normas (em sentido *lato sensu*) válidas no Brasil.

Para Paulo de Barros Carvalho, "o direito positivo, enquanto camada da linguagem prescritiva se projeta sobre o contexto social, regulando condutas intersubjetivas e direcionando-as para os valores que a sociedade quer ver praticados".[10] Ao presente estudo interessam as normas que prescrevem aos sujeitos passivos a conduta obrigatória de pagar tributo, mais especificamente, aquelas que atribuem ao sócio das sociedades o dever de adimplir a obrigação tributária na condição de responsável tributário.[11] Esses enunciados prescritivos formam a matéria bruta a ser ordenada, mediante esforço interpretativo e organizacional, para atingir o nível de sistema, sem contradições e ambiguidades:

> Os enunciados prescritivos, assim que postos em circulação, como conjunto de decisões emanadas das fontes de produção de direito, formariam matéria bruta a ser ordenada pelo cientista à custa de ingentes esforços de interpretação e organização das unidades normativas em escalões hierárquicos até atingir o nível apurado de sistema, entidade que apareceria como resultado desse intenso labor estruturante, sem contradições,

10. CARVALHO, Paulo de Barros. *Direito tributário, linguagem e método*. 5. ed. São Paulo: Noeses, 2013, p. 207-208.

11. O termo obrigação tributária será empregado para designar a obrigação tributária principal (art. 113, §1º, CTN), pois a "obrigação tributária acessória" (art. 113, §2º, CTN) será designada de dever instrumental.

> isento de ambiguidades e previsto para ser compreendido pelo destinatário.[12]

Retornando à acepção de sistema, entre as várias definições do termo, será adotada a concepção de Fabiana Del Padre Tomé, segundo a qual "o sistema apresenta-se como conjunto de elementos relacionados entre si, é possível visualizar a sociedade como um macrossistema dentro do qual se inserem diversos subsistemas, dentre eles o do direito positivo".[13]

Segundo a autora, compreendendo a sociedade e o direito como sistemas comunicacionais, "a sociedade é o sistema mais abrangente em que a comunicação pode desenvolver-se, sendo integrada por atos de transmissão, recebimento e compreensão de informações", onde está inserido o subsistema comunicacional do direito. Propondo a teoria comunicacional da compreensão do direito como um fenômeno de comunicação, o direito se manifesta como linguagem, ou nas palavras de Gregorio Robles, "o direito é texto". O subsistema comunicacional do direito é regido por regras específicas, diversas do sistema comunicacional social e de outros subsistemas (como o econômico, o político e o religioso). Em decorrência dessas particularidades, "o ponto de partida de qualquer análise sistêmica teórica deve ser a diferença entre sistema e ambiente, distinção esta aplicável tanto ao macrossistema da sociedade como aos sistemas situados no seu interior, como é o caso do sistema jurídico".[14]

A comunicação entre os seres humanos poderá ocorrer através de vários jogos, adotados em momentos diferentes e autônomos. Sendo assim, é necessário adotar um sistema de referência para uma comunicação válida. O sistema de

---

12. CARVALHO, Paulo de Barros. *Direito tributário:* linguagem e método. 5ª ed. São Paulo: Noeses, 201, p. 216-217.

13. TOMÉ, Fabiana Del Padre. *A prova no direito tributário:* de acordo com o Código de Processo Civil de 2015. 4ª ed. São Paulo: Noeses, 2016, p. 58.

14. Idem, p. 59-60; 62.

referência tem relação com os jogos de linguagem, que são autônomos e possuem regras próprias, a serem observadas pelos envolvidos (emissor e destinatário).[15] O sistema comunicacional do direito positivo brasileiro é o sistema de referência adotado na investigação desenvolvida nesta obra, devendo ser adotado na construção das normas jurídicas que regularam as condutas intersubjetivas entre os concidadãos da sociedade, inclusive nas relações jurídicas entre o Fisco e o sujeito passivo.

2.2 A ciência do direito sob a perspectiva do constructivismo lógico-semântico

A ciência do direito é o ramo do conhecimento sistematizado que tem como objeto de estudo o direito positivo. Conforme Hans Kelsen, as normas jurídicas são objeto da ciência do direito e as relações inter-humanas são objeto do conhecimento jurídico enquanto relações jurídicas, ou seja, como relações constituídas por normas jurídicas.[16]

Determinando o direito como um sistema de normas, como uma ordem normativa, a ciência do direito limitar-se-á ao conhecimento e descrição de normas jurídicas, dos fatos normados por elas e das relações delas decorrentes.[17] Distintos, portanto, o sistema do direito positivo, composto por "enunciados prescritivos" de condutas (norma jurídica estatuída pelo legislador), e a ciência do direito, com suas "proposições jurídicas" de caráter descritivo, conforme descreve Hans Kelsen:

---

15. MORCHÓN, Gregorio Robles. *As regras do direito e as regras dos jogos* – ensaio sobre a teoria analítica do direito. Tradução de Poliana Mayer. São Paulo: Noeses, 2011, p. 20-34.

16. KELSEN, Hans. *Teoria pura do direito.* Tradução de João Batista Machado. 8ª ed. São Paulo: Martins Fontes, 2009, p. 79.

17. Idem, p. 84-85.

> As proposições ou enunciados nos quais a ciência jurídica descreve essas relações devem, como *proposições* jurídicas, ser distinguidas das *normas* jurídicas que são produzidas pelos órgãos jurídicos a fim de por elas serem aplicadas e serem observadas pelos destinatários do Direito. *Proposições* jurídicas são juízos hipotéticos que enunciam ou traduzem que, de conformidade com o sentido de uma ordem jurídica – nacional ou internacional – dada ao conhecimento jurídico, sob certas condições ou pressupostos fixados por esse ordenamento, devem intervir certas consequências pelo mesmo ordenamento determinadas. As *normas* jurídicas, por seu lado, não são juízos, isto é, enunciados sobre um objeto dado ao conhecimento. Elas são antes, de acordo com o seu sentido, mandamentos e, como tais, comandos imperativos. Mas não são apenas comandos, pois também são permissões e atribuições de poder ou competência. Em todo caso, não são – como, por vezes identificando Direito com ciência jurídica, se afirma – instruções (ensinamentos). O Direito prescreve, permite, confere poder ou competência – não "ensina" nada. Na medida, porém, em que as normas jurídicas são expressas em linguagem, isto é, em palavras e proposições, podem elas aparecer em forma de enunciados do mesmo tipo daqueles através dos quais se constatam os fatos. [...] Na distinção entre proposição jurídica e norma jurídica ganha expressão a distinção que existe entre a função do conhecimento jurídico e a função, completamente distinta daquela, da autoridade jurídica. A ciência jurídica tem por missão conhecer – de fora, por assim dizer – o Direito e descrevê-lo com base no seu conhecimento. Os órgãos jurídicos têm – como autoridade jurídica – antes de tudo por missão produzir o Direito para que ele possa então ser conhecido e descrito pela ciência jurídica.[18]

Estabelecida a distinção entre norma jurídica e proposição jurídica, cabe demonstrar o método científico a ser utilizado neste trabalho, pois conforme escreve Tercio Sampaio Ferraz Junior, "a ciência jurídica se articula em diferentes modelos" para articulação do pensamento jurídico.[19] Esses modelos estão relacionados aos métodos que podem ser utilizados pelo sujeito cognoscente para o estudo do objeto cognoscível.

---

18. KELSEN, Hans. *Teoria pura do direito.* Tradução de João Batista Machado. 8ª ed. São Paulo: Martins Fontes, 2009, p. 80-81.

19. FERRAZ JUNIOR, Tercio Sampaio. *Introdução ao estudo do direito.* 9ª ed. São Paulo: Atlas, 2016, p. 64.

Nas palavras de Fabiana Del Padre Tomé, “o método seria, em princípio, o meio escolhido pelo sujeito do conhecimento para aproximar-se do objeto por ele mesmo delimitado e, portanto, constituído no próprio processo de cognição”.[20]

O direito pode ser estudado por vários métodos: história do direito, sociologia do direito, dogmática jurídica ou ciência do direito em sentido estrito, antropologia jurídica e filosofia do direito, dentre outros.

O método adotado e difundido nas obras de Paulo de Barros Carvalho, especialmente no livro *Direito tributário: linguagem e método*, denominado constructivismo lógico-semântico, desenvolvido a partir da filosofia da linguagem e da obra de Lourival Vilanova, será o método de aproximação do objeto de estudo (o sistema do direito positivo). Ele servirá como sistema de referência da ciência do direito para aproximar o objeto cultural que é o sistema jurídico.[21]

Inicialmente, a teoria do conhecimento era centrada no estudo da relação entre sujeito e objeto. Posteriormente, na perspectiva da filosofia da consciência de Kant, o conhecimento passou a ter caráter constitutivo quando “o ato de consciência produz a forma de consciência, dotada de conteúdo (objeto)”.[22] O movimento do “giro-linguístico” concebeu uma nova perspectiva filosófica do conhecimento, a partir do qual o conhecimento é construído pela linguagem. Os objetos do mundo (ontologicamente considerados) são os dados brutos, a partir do qual o ser cognoscente por um processo, composto por “três faces diferentes: o ato de consciência, o

---

20. TOMÉ, Fabiana Del Padre. *A prova no direito tributário:* de acordo com o Código de Processo Civil de 2015. 4ª ed. São Paulo: Noeses, 2016, p. 2.

21. CARVALHO, Paulo de Barros. *Direito tributário, linguagem e método*. 5ª ed. São Paulo: Noeses, 2013, p. 4.

22. Idem, p. 10.

resultado do ato (que é a forma), o conteúdo do ato (que é seu objeto)",[23] constituirá o objeto pela linguagem.

Na perspectiva da construção da realidade pela linguagem, Dardo Scavino observa:

> o mundo "real" está determinado, como propunha o antropólogo Edward Sapir, pelos hábitos de linguagem de uma comunidade que orientam nossa interpretação dos fatos. Ou como sustenta outro antropólogo, B. L. Whorf, as línguas recortam a realidade em porções diferentes que constituem em cada caso o exprimível, de maneira que os recortes mais heterogêneos (Whorf compara as línguas europeias com as línguas de tribos ameríndias) já não têm muitas coisas em comum, até o ponto que a tradução fica, muitas vezes, impossível.[24]

As premissas do giro-linguístico, com ênfase na construção da realidade pela linguagem, são adotadas pelo constructivismo lógico-semântico, resultando num método científico (metalinguagem) que estuda o direito positivo e, através de uma análise sintática, semântica e pragmática, constrói as normas jurídicas a partir do suporte físico dos textos do direito positivo.

Fabiana Del Padre Tomé sintetiza o método:

> [...] o denominado *constructivismo lógico-semântico* propõe-se a, respeitado a todos os modelos epistemológicos existentes, servir de método para ingresso na intimidade do fenômeno jurídico, mediante trabalho analítico, porém com influência culturalista, considerando ser o direito um objeto cultural, produto da ação humana. Trata-se de estratégia de movimentação do intelecto para apreender e devassar o objeto do conhecimento, e que persiste em toda a dimensão de seu trabalho. Método analítico, mas com acentuado aspecto culturalista, em que, a cada instante, se recupera a circunstância do homem, contextualizando-o.[25]

---

23. CARVALHO, Paulo de Barros. *Direito tributário, linguagem e método*. 5ª ed. São Paulo: Noeses, 2013.

24. SCAVINO, Dardo. *A filosofia atual:* pensar sem certezas. Tradução de Lucas Galvão de Brito. São Paulo: Noeses, 2014, p. 9-10.

25. TOMÉ, Fabiana Del Padre. *A prova no direito tributário:* de acordo com o Código de Processo Civil de 2015. 4ª ed. São Paulo: Noeses, 2016, p. 6-7.

Adotando as premissas do "giro-linguístico", a realidade será constituída pela linguagem, sendo sempre relativa, podendo ser constituída sob diferentes perspectivas e, por isso, será verdade sempre relativa, resultando na desconstrução da "verdade absoluta". Para Paulo de Barros Carvalho:

> Atravessamos o tempo do "giro-linguístico", concepção do mundo que progride, a velas pandas, quer nas declarações estridentes de seus adeptos mais fervorosos, quer no remo surdo das construções implícitas dos autores contemporâneos. A cada dia, com o cruzamento vertiginoso das comunicações, aquilo que fora tido como "verdade" dissolve-se num abrir e fechar de olhos, como se nunca tivesse existido, e emerge nova teoria para proclamar, em alto e bom som, também em nome da "verdade", o novo estado de coisas que o saber científico anuncia.
>
> [...] firmado o pressuposto da indeterminabilidade da "verdade última", já que não consta haver tribunal credenciado para enunciá-la, isso não impediria a elaboração de um discurso preciso, consistente, dotado de força preditiva, porém com assomo de simplicidade, unificando fenômenos que pareceriam desconexos à compreensão daqueles que partissem do chamado "conhecimento vulgar".
>
> Pondere-se: ultrapassar o modelo que trabalha com a "verdade absoluta", no âmbito da linguagem empregada em função descritiva, não significa prescindir dos valores "verdadeiro/falso". [...] Há, portanto, duas dimensões operativas: (i) uma, de caráter eminentemente lógico, que advém da necessidade imanente ao ser humano de lidar com a "verdade" e com a "falsidade" das proposições; (ii) outra, de índole ontológica, a concepção de "verdade" como valor filosófico.[26]

Tecidas essas breves considerações, o presente estudo será desenvolvido pelo método hermenêutico analítico (hermenêutico, por construir o objeto de estudo e atribuir-lhe sentido e analítico por recortar o objeto de conhecimento decompondo-o), denominado constructivismo lógico-semântico.

Sem perder a perspectiva da interpretação sistêmica do direito positivo, será feito um recorte dos enunciados do

---

26. CARVALHO, Paulo de Barros. *Direito tributário, linguagem e método*. 5ª ed. São Paulo: Noeses, 2013, p. 159-161.

direito posto afetos ao sujeito passivo da relação jurídica tributária. Em seguida, um segundo recorte destacará os enunciados que atribuem a responsabilidade tributária aos sócios das sociedades, para construir o conceito de "responsável tributário" e descrever as normas de responsabilidade tributária que atribuem aos sócios o dever satisfazer a obrigação tributária, decorrente do fato jurídico tributário realizado pela sociedade (contribuinte), buscando afastar as ambiguidades e as contradições existentes nos enunciados do direito positivo.

2.3 Incidência tributária e aplicação da norma

No tocante ao fenômeno da incidência da norma jurídica, existem duas correntes principais: (i) teoria da incidência automática e infalível, capitaneada por Pontes de Miranda; (ii) teoria que distingue incidência e aplicação da norma, corrente que exige sempre a atuação do homem para sua ocorrência, conforme ressalta Robson Maia Lins.[27]

Paulo de Barros Carvalho destaca a diferença entre incidência e aplicação da norma:

> Para que haja comunicação da mensagem jurídica geral e abstrata e sua eficácia é necessário, portanto, o fenômeno da incidência, que é a percussão da norma, por meio da juridicização do acontecimento do mundo da experiência social, fazendo propagar efeitos peculiares na disciplina das condutas interpessoais.
>
> As normas jurídicas, entretanto, não incidem por força própria. É indispensável que seja efetuada sua aplicação, isto é, que alguém interprete a amplitude dos preceitos legais, fazendo-os incidir no caso particular e sacando, assim, a norma individual e concreta. A incidência das normas jurídicas requer o homem, como elemento intercalar, movimentando as estruturas do direito, construindo, a partir de normas gerais e abstratas, outras gerais e abstratas, gerais e concretas, individuais e abstratas, ou individuais e concretas, para, com isso, imprimir positividade ao

27. LINS, Robson Maia. *Curso de direito tributário brasileiro*. São Paulo: Noeses, 2019, p. 115-116.

> sistema, até atingir o máximo de motivação das consciências e, dessa forma, tentar mexer na direção axiológica dos comportamentos intersubjetivos. [...] [28]

Nessa perspectiva, abandona-se a ideia de "incidência automática e infalível" da norma, já que a autoridade competente deverá, verificada a incidência tributária (a ocorrência do fato que subsome à hipótese legal), aplicar a norma ao caso através da linguagem competente, pois os fatos jurídicos são constituídos pela linguagem jurídica. Segundo Robson Maia Lins, "diferentemente do que se verifica na teoria de Pontes de Miranda, portanto, aqui somente há incidência – o acontecimento qualifica-se, então, como "fato jurídico" – quando da efetiva aplicação da norma por um participante do sistema".[29]

Sobre a fenomenologia da incidência tributária, escreve Fabiana Del Padre Tomé:

> Quando examinamos o sistema do direito positivo, identificamos variadas espécies de normas jurídicas. Conforme o universo de destinatários a que a norma se refere, esta pode ser classificada em geral ou individual; a primeira dirige-se a um conjunto indeterminado de destinatários, enquanto a segunda individualiza os sujeitos de direito para os quais se volta. Ainda, considerando a descrição contida na hipótese normativa, há normas abstratas, que oferecem critérios para identificar fatos de possível ocorrência, e concretas, remetendo a acontecimentos passados, indicados de forma denotativa. Esses caracteres podem ser combinados de modo que constituam normas (i) gerais e abstratas, (ii) gerais e concretas, (iii) individuais e abstratas, e (iv) individuais e concretas.[30]

As normas gerais e abstratas, veiculadas no texto da lei, não atuam diretamente sobre condutas intersubjetivas em

---

28. CARVALHO, Paulo de Barros. *Direito tributário, linguagem e método*. 5ª ed. São Paulo: Noeses, 2013, p. 169.

29. LINS, Robson Maia. *Curso de direito tributário brasileiro*. São Paulo: Noeses, 2019, p. 119.

30. TOMÉ, Fabiana Del Padre. *A prova no direito tributário:* de acordo com o Código de Processo Civil de 2015. 4ª ed. São Paulo: Noeses, 2016, p. 45.

decorrência de sua generalidade e abstração. É necessário que sejam emitidas outras regras, as normas individuais e concretas derivadas das normas gerais e abstratas, através do processo de positivação do direito, para regular condutas, "determinando que em virtude da ocorrência de certo fato jurídico nasceu a relação em que um sujeito de direito S' tem uma obrigação, proibição ou permissão perante outro sujeito S"."[31] Tárek Moysés Moussallem avalia: "o sistema do direito positivo carece de normas individuais e concretas para regular cada caso específico. Sem estas, a conduta humana restaria não regulada".[32] As regras-matrizes de incidência tributária são exemplos de normas gerais e abstratas e o lançamento tributário e sentenças exemplos de normas individuais e concretas.

Conforme descreve o autor, as normas superiores precisam de normas de inferior hierarquia (no processo de positivação do direito) para que se aproximem da conduta a ser regrada. O processo de positivação, que consiste na passagem da abstração e generalidade para a concretude e individualidade das normas jurídicas, se efetiva através da aplicação do direito. A aplicação do direito deve ser praticada pelo órgão credenciado pelo sistema do direito (sujeito competente), podendo ser aplicada pelos Poderes constituídos e pelo particular ("lançamento por homologação", contrato, etc.). Ao final, conclui que "a incidência da norma é realizada pela aplicação do direito".[33]

Não é qualquer sujeito de direito que está habilitado para aplicar a norma, mas somente aquele que estiver assim qualificado pelo ordenamento positivo.[34] Tácio Lacerda Gama descreve que a competência para promover a incidência da

---

31. TOMÉ, Fabiana Del Padre. *A prova no direito tributário:* de acordo com o Código de Processo Civil de 2015. 4ª ed. São Paulo: Noeses, 2016, p. 45.

32. MOUSSALLEM, Tárek Moysés. *Fontes do direito tributário.* São Paulo: Max Limonad, 2001, p. 104.

33. Idem, p. 105-106; 109.

34. CARVALHO, Paulo de Barros. *Direito tributário:* linguagem e método. 5ª ed. São Paulo: Noeses, 2013, p. 169-170.

norma tributária é atribuída a agentes públicos, que assumem prerrogativas de traduzir para a linguagem do direito positivo os acontecimentos conforme previsão na hipótese das normas e imputar os efeitos juridicamente previstos.[35] De acordo com o Código Tributário Nacional, são instrumentos de aplicação de normas tributárias: (i) o lançamento (de ofício e por declaração), (ii) o auto de infração, ambos de competência da autoridade administrativa (art. 142, CTN), e (iii) o ato de competência do particular, quando é atribuído ao sujeito passivo o dever instrumental de efetuar o "lançamento por homologação" (art. 150, CTN).[36]

2.3.1 Aplicação da norma, verdade, realidade e a linguagem das provas

No processo de positivação do direito, a aplicação da norma tributária exige o perfeito enquadramento do fato ocorrido no mundo fenomênico à previsão normativa.[37] Exige-se que o fato (evento) tenha ocorrido, de verdade, para que seja constituído como fato jurídico pela linguagem do direito.

De acordo com Vilém Flusser, "universo, conhecimento, verdade e realidade são aspectos linguísticos, de tal modo que

---

35. GAMA, Tácio Lacerda. *Competência tributária:* fundamentos para uma teoria da nulidade. 2ª ed. São Paulo: Noeses, 2011, p. 262.

36. Para Tácio Lacerda Gama, "o Código Tributário Nacional prevê duas modalidades fundamentais de instrumentos introdutores para promover a incidência de normas tributárias: o lançamento de ofício e o auto de infração" e aponta "a competência atribuída aos particulares para positivar a competência tributária num caso concreto". (GAMA, Tácio Lacerda. *Competência tributária:* fundamentos para uma teoria da nulidade. 2ª ed. São Paulo: Noeses, 2011, p. 262).

37. Aplicar o direito consiste em enquadrar um caso concreto à norma jurídica adequada e imputar-lhe os efeitos nela prescritos. Para fazer incidir uma norma, o aplicador primeiro verifica a ocorrência de um acontecimento, interpretando os suportes factuais a que tem acesso, para depois indagar-se a que tipo jurídico este se enquadra, realizando, assim, a subsunção do conceito do fato ao conceito da hipótese normativa. (CARVALHO, Aurora Tomazini de. *Curso de teoria geral do direito.* 3ª ed. São Paulo: Noeses, 2013, p. 482).

a língua é, forma, cria, e propaga a realidade".[38] Trilhando essa teoria, Paulo de Barros Carvalho conclui:

> a realidade jurídica é constituída, em toda a sua extensão, em todos os seus momentos e manifestações, em todas as suas instâncias organizacionais, pela linguagem do direito posto, entrando nessa função configuradora tanto as normas gerais e abstratas e gerais e concretas como as individuais e abstratas e as individuais e concretas, as quais decompostas, exigem a multiplicidade imensa dos enunciados jurídico-prescritivos.[39]

Fabiana Del Padre Tomé, em sua obra dedicada à prova no direito tributário, investiga com profundidade a "verdade" e aborda suas principais correntes filosóficas: (i. verdade por correspondência, ii. fenomenalismo, iii. verdade por coerência, iv. verdade por consenso e iv. verdade pragmática). Após muitas reflexões, adota a concepção de que a verdade não se dá pela relação entre a palavra e a coisa, mas entre as próprias palavras (entre linguagens). A verdade não é simplesmente *descoberta*, mas *criada* pelo ser humano no interior de determinado sistema. Toma a verdade "como o *valor em nome do qual se fala*, caracterizando *necessidade lógica do discurso*". Entende ser "inadmissível a atribuição de veracidade ou falsidade a um enunciado, com fundamento na correspondência deste com a *coisa* ou com a *manifestação da coisa*, ocorrida no mundo da experiência,"; "a verdade de que falamos pode ser referida como a correspondência entre a proposição e uma pré-interpretação mais originária do acontecimento", referindo-se "à *verdade construída,* que não é simplesmente revelada ou descoberta". Renunciando à ideia de verdade objetiva, afirma: "a verdade não se descobre: inventa-se, cria-se, constrói-se". Não existe uma verdade que possa reclamar validade universal, pois é sempre relativa e dependente das

---

38. FLUSSER, Vilém. *Língua e realidade*. 3ª ed. São Paulo: Annablume, 2007, p. 40.

39. CARVALHO, Paulo de Barros. *Direito tributário, linguagem e método*. 5ª ed. São Paulo: Noeses, 2013, p. 173.

circunstâncias de tempo e de espaço em que se encontra inserida. [40]

Para Fabiana Del Padre Tomé, a verdade é construída pela linguagem a partir de um sistema de referência; a verdade jurídica é constituída pela linguagem prescrita pelo sistema do direito positivo, de maneira que "só ingressam no ordenamento jurídico, portanto, os fatos que ali sejam postos pela linguagem eleitos pelas regras do direito".[41]

Para Tercio Sampaio Ferraz Junior, "não obstante a qualificação e os princípios de balizamento, a decisão não emerge automaticamente da subsunção do caso à norma. Há ainda o requisito da prova".[42] A linguagem das provas é de fundamental importância para a construção da realidade jurídica. O fato jurídico deve ser constituído segundo a linguagem das provas (trata-se de "dever-ser"), para certificar a veracidade do enunciado subsumido, observando-se a importância capital da *prova* no ordenamento jurídico, inclusive no âmbito da tributação: a constituir a obrigação tributária e aplicar sanções nessa esfera do direito, não basta a observância das regras formais que disciplinam a emissão destes atos; a materialidade deve ser demonstrada, mediante a produção de prova da existência do fato (evento) sobre o qual se fundam as normas constituidoras das relações jurídicas tributárias,[43] para constituir o fato jurídico tributário ou o fato ilícito e instaurar a relação jurídica tributária (obrigacional ou sancionatória). No mesmo sentido é o entendimento de Aurora Tomazini de Carvalho.[44]

---

40. TOMÉ, Fabiana Del Padre. *A prova no direito tributário:* de acordo com o Código de Processo Civil de 2015. 4ª ed. São Paulo: Noeses, 2016, p. 21-30.

41. Idem, p. 80-81.

42. FERRAZ JUNIOR, Tercio Sampaio. *Introdução ao estudo do direito.* 9ª ed. São Paulo: Atlas, 2016, p. 281.

43. TOMÉ, Fabiana Del Padre. *A prova no direito tributário:* de acordo com o Código de Processo Civil de 2015. 4ª ed. São Paulo: Noeses, 2016, p. 46-47.

44. Em suma, a interpretação da linguagem do fato e a consequente construção do fato jurídico, é um ato valorativo, mas não desregrado, porque de acordo com

Como a realidade jurídica é constituída pela linguagem das provas, a aplicação da norma exige a linguagem competente, nos termos prescritos no sistema do direito posto, para constituir o fato jurídico tributário e o fato jurídico da responsabilidade tributária do sócio, objeto deste estudo, previstos nas hipóteses da norma jurídica tributária e de responsabilidade tributária. Para constituir o fato jurídico tributário e o fato jurídico da responsabilidade tributária exige-se que (i) a autoridade competente (ii) faça a subsunção do fato (evento) realizado no mundo fenomênico ao antecedente da norma, (iii) constituindo o fato jurídico tributário e o fato jurídico da responsabilidade tributária pela linguagem competente, (iv) utilizando a linguagem das provas demonstrando a ocorrência de todos os critérios necessários ao fenômeno da incidência.

A incidência e aplicação da norma, seja da regra-matriz de incidência tributária (prevê o fato jurídico tributário), seja da norma de responsabilidade tributária (prevê o fato jurídico da responsabilidade tributária), sempre exigirá a linguagem das provas. Não existe fato jurídico sem linguagem e os fatos jurídicos devem ser constituídos pela linguagem das provas.

2.4 Regra-matriz de incidência tributária e norma jurídica de responsabilidade tributária

O direito positivo é um instrumento de intervenção social. Importante atentar para a separação entre os sistemas do direito positivo e da realidade social.[45] O mundo social do "ser" é regulado pelo "dever ser" prescrito pelo direito posto.

---

critérios de presunção racional, adotado pelo ordenamento jurídico, é vedado ao aplicador decidir com base em elementos diversos dos constantes na linguagem das provas em direito admitidas. Nesta esteira, exige-se que sejam expostos os motivos do ato decisório, baseados nos elementos constantes do processo, o que se objetiva na fundamentação do auto de aplicação. (CARVALHO, Aurora Tomazini de. *Curso de teoria geral do direito.* 3ª ed. São Paulo: Noeses, 2013, p. 489).

45. CARVALHO, Aurora Tomazini de. *Curso de teoria geral do direito.* 3ª ed. São Paulo: Noeses, 2013, p. 171.

Muito antes da sistematização da lógica deôntica, por Von Wrigt, credenciada para revelar a estrutura da linguagem jurídica, Kant já diferenciava as leis da natureza, submetidas ao princípio da causalidade física (ser), das leis jurídicas estruturadas pela imputabilidade deôntica (dever ser). Hans Kelsen também assim o fez, ainda que indutivamente (sem o emprego de uma lógica própria), distinguindo as relações articuladoras das proposições de cada sistema: num a síntese do "ser" [...] e noutro, a do "dever ser" [...], ambas relações de índole lógica, vínculos implicacionais que atrelam um fato-causa a um fato-efeito e constituem causalidades, ainda que muito distintas.[46]

Enquanto da causalidade física decorrem relações implicacionais constituídas pela linguagem descritiva ("ser"), "a causalidade jurídica, espécie de causalidade normativa, é aquela própria dos sistemas prescritivos, do que o direito positivo é espécie, que compreende as relações que devem se dar entre sujeitos, representadas pela síntese do 'dever-ser'".[47] Verifica-se que "na causalidade jurídica as relações não 'são', mas 'devem ser' em razão de uma força autoritária. O legislador livremente constrói o vínculo entre o fato jurídico (causa) e sua eficácia (efeito)".[48]

Na linguagem prescritiva do direito (linguagem normativa), a partir da sistematização da lógica deôntica desenvolvida por Von Wright, o "dever ser" será formalizado pelos três, e apenas três, modais deônticos: permitido (P); proibido (V); e obrigatório (O).[49] A norma jurídica tributária que prevê a obrigação tributária é formalizada pelo modal deôntico obrigatório (O), prescrevendo que realizado o fato jurídico tributário (fato-causa), ter-se-á como consequente (fato-efeito) o dever

---

46. CARVALHO, Aurora Tomazini de. *Curso de teoria geral do direito.* 3ª ed. São Paulo: Noeses, 2013, p. 198.

47. Idem, p. 201.

48. Idem, p. 205.

49. Idem, p. 207; 209.

de pagar tributo, nascendo a relação jurídico-tributária, surgindo para o sujeito passivo a obrigação de pagar o tributo e para o sujeito ativo o poder/dever de exigi-lo.

A ocorrência do fato jurídico tributário é requisito para surgir a relação jurídica tributária, composta por dois sujeitos, sendo um – o *sujeito ativo* – o titular do direito subjetivo público de exigir o cumprimento da prestação pecuniária equivalente ao tributo, e outro – o *sujeito passivo*, portador do dever jurídico de adimplir referida prestação.[50] O sujeito passivo da relação jurídica tributária será melhor analisado no capítulo sobre o sujeito passivo na Constituição e no Código Tributário Nacional.

Esquema 1: Sujeitos da relação jurídica tributária

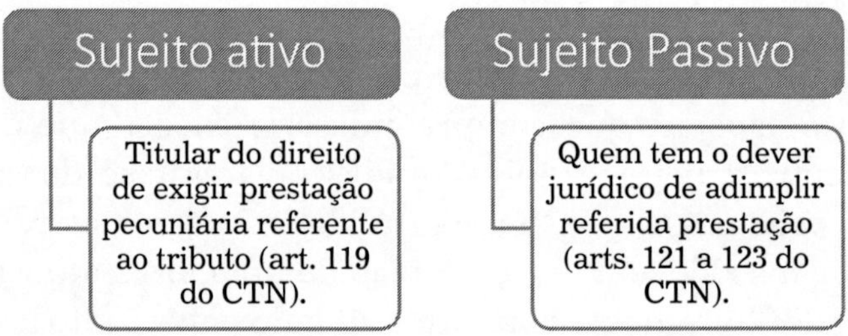

O Código Tributário Nacional prevê o surgimento da obrigação tributária com a ocorrência do fato gerador (art. 113, §1º, CTN). Fato gerador é uma expressão utilizada pelo legislador e pela doutrina para designar dois institutos jurídicos distintos: o fato gerador abstrato (hipótese legal) e o fato gerador concreto (fato jurídico). Geraldo Ataliba designou os dois institutos de hipótese de incidência e fato imponível, para identificar o fato gerador *in abstrato* e o fato gerador *in concreto*.[51]

Paulo de Barros Carvalho propôs a teoria da regra-matriz de incidência tributária, nome utilizado para designar a norma

50. CARVALHO, Paulo de Barros. *Direito tributário, linguagem e método*. 5ª ed. São Paulo: Noeses, 2013, p. 632.

51. ATALIBA, Geraldo. *Hipótese de incidência tributária*. 5ª ed. São Paulo: Malheiros, 1993.

jurídica tributária, onde os termos "hipótese tributária" e "fato jurídico tributário" correspondem às expressões "fato gerador abstrato" e "fato gerador concreto", respectivamente.[52]

Para afastar a imprecisão do termo "fato gerador", neste trabalho serão empregadas as locuções "hipótese tributária" e "fato jurídico tributário" para referir-se ao "fato gerador abstrato" e ao "fato gerador concreto", respectivamente. Ocasionalmente, poderá ser utilizada a expressão "fato gerador" para alinhar o texto à linguagem do CTN.

Paulo de Barros Carvalho descreve a regra-matriz de incidência tributária, em síntese, como "estrutura linguística que tem como finalidade precípua condicionar o proceder coletivo, produzindo a almejada eficácia social do mandamento". Trata-se de esquema lógico de representação formal por ele designado como "norma tributária em sentido estrito", aquela que assinala o núcleo do impacto jurídico da exação. E, por instituir o âmbito de incidência do tributo, é também denominada "norma-padrão" ou "regra-matriz de incidência tributária".[53]

A regra-matriz de incidência tributária é a norma geral e abstrata que institui o tributo, prevê a obrigação tributária (pagamento do tributo), formalizada pelo modal deôntico obrigatório (O). Os critérios (material, espacial, temporal, pessoal e quantitativo) necessários para identificar o fato jurídico tributário serão enunciados na forma predicativa monádica (*S é P*) e o fato jurídico relacional na forma dos predicados poliádicos (*S' R S"*).[54] A norma geral não descreve um fato, mas os critérios para identificar os fatos eleitos pelo legislador como aptos a desencadear a incidência tributária, pois cada fato é único. Realizado o fato jurídico tributário (fato-causa) ter-se-á como

52. CARVALHO, Paulo de Barros. *Direito tributário, linguagem e método*. 5ª ed. São Paulo: Noeses, 2013.

53. Idem, p. 664-667.

54. CARVALHO, Paulo de Barros. *Fundamentos jurídicos da incidência*. São Paulo: Saraiva, 1998, p. 133.

consequente (fato-efeito) o dever de pagar tributo, enunciado por linguagem competente e autoridade competente, constituindo em linguagem o fato jurídico tributário, instaurando a relação jurídica tributária composta por dois sujeitos, sendo um – o sujeito ativo – o titular do direito subjetivo público de exigir o cumprimento da prestação pecuniária equivalente ao tributo, e outro – o sujeito passivo – portador do dever jurídico de adimplir referida prestação.[55]

No antecedente ou descritor da regra-matriz de incidência, são descritos os três critérios identificadores do fato jurídico tributário: a) critério material; b) critério pessoal; c) critério temporal.[56] No seu consequente ou prescritor, parte do juízo hipotético que estipula a regulação da conduta, prescreve os direitos e obrigações aos envolvidos, de alguma forma, com o fato jurídico tributário. Nele estão os critérios para identificar os sujeitos envolvidos na relação e a conduta a ser praticada por cada um deles. Os critérios são dois: critério pessoal e critério quantitativo. O critério identifica os sujeitos ativo e passivo da relação jurídica-tributária. No critério quantitativo, composto pela base de cálculo e alíquota, estão as grandezas utilizadas para dimensionar o fato jurídico tributário e apurar a quantia a ser paga como tributo.[57]

Neste estudo interessa o critério pessoal, especialmente o sujeito passivo, que nos termos do Código Tributário Nacional poderá ser o contribuinte ou o responsável. Será feito um recorte quanto ao responsável, analisando as acepções do termo "responsável tributário", descrevendo as normas jurídicas de responsabilidade tributária do sócio (arts. 134 e 135, CTN) e, ao final, será abordada a prova da responsabilidade tributária do sócio.

---

55. CARVALHO, Paulo de Barros. *Direito tributário, linguagem e método*. 5ª ed. São Paulo: Noeses, 2013, p. 632.

56. CARVALHO, Paulo de Barros. *Curso de direito tributário*. 11. ed. São Paulo: Saraiva, 1999, p. 176; 178-179.

57. Idem, p. 199-200.

Importante destacar que a regra-matriz se relaciona com outras normas jurídicas, também formalizadas logicamente, como por exemplo, as normas jurídicas que atribuem ao responsável tributário o dever de adimplir o crédito tributário, inclusive as normas de responsabilidade tributária do sócio (arts. 134 e 135, CTN) objeto deste trabalho. Essa relação já foi reconhecida, inclusive, pela jurisprudência do Supremo Tribunal Federal:

> 4. A responsabilidade tributária pressupõe duas normas autônomas: a regra matriz de incidência tributária e a regra matriz de responsabilidade tributária, cada uma com seu pressuposto de fato e seus sujeitos próprios. A referência ao responsável enquanto terceiro (*dritter Persone, terzo ou tercero*) evidencia que não participa da relação contributiva, mas de uma relação específica de responsabilidade tributária, inconfundível com aquela. O "terceiro" só pode ser chamado responsabilizado na hipótese de descumprimento de deveres próprios de colaboração para com a Administração Tributária, estabelecidos, ainda que a *contrario sensu*, na regra matriz de responsabilidade tributária, e desde que tenha contribuído para a situação de inadimplemento pelo contribuinte. [...] (RE 562276, Rel. Min. Ellen Gracie, Tribunal Pleno, j.03-11-2010, Repercussão Geral, Mérito, DJe-027 Divulg 09-02-2011 Public 10-02-2011).

Sobre os diferentes resultados do cálculo de relações entre os enunciados normativos que tratam da sujeição passiva tributária, Andréa Medrado Darzé entende:

> dois são os efeitos mais comuns que provoca; *i.* a ineficácia técnico-sintática do enunciado sobre sujeição passiva que compõe a regra-matriz de incidência em sentido amplo; ou *ii.* a necessidade de positivação de nova norma individual e concreta que *ii.1* revoga parcialmente ou *ii.2* que irá existir conjuntamente com a norma que constituiu o crédito tributário em face do sujeito passivo que realizou o fato tributado.[58]

Dessa forma, a relação entre a regra-matriz de incidência tributária e as respectivas regra-matrizes de responsabilidade dos sócios (arts. 134 e 135, CTN) serão oportunamente analisadas.

---

58. DARZÉ, Andréa Medrado. *Responsabilidade:* solidariedade e subsidiariedade. São Paulo: Noeses, 2010, p. 90-91.

Conforme observa Tácio Lacerda Gama, o modelo da regra-matriz de incidência tributária proposto por Paulo de Barros Carvalho, com pequenas alterações, pode ser utilizado para explicar as demais normas tributárias gerais e abstratas fundadas nos arts. 134 e 135 do CTN, razão pela qual o modelo lógico será utilizado na construção das normas gerais de responsabilidade tributária, descrevendo todos os elementos necessários para a persecução tributária contra os sócios das sociedades.[59]

---

59. [...] Cabe relembrar que a teoria da regra-matriz de incidência, preconizada por Paulo de Barros Carvalho, oferece um modelo lógico de representação que agrega todos os elementos necessários da persecução tributária. Com o auxílio desse modelo, o intérprete vai ao direito positivo buscar resposta para as seguintes indagações: *i.* que conduta torna um tributo devido? *ii.* onde deve ser praticada essa conduta, para que o tributo se torne devido? *iii.* quando se considera devido o tributo? *iv.* quem deve pagar o tributo? *v.* quem deve receber o tributo? *vi.* como se calcula o valor a ser pago? As três primeiras indagações dizem respeito à hipótese de incidência tributária. Já as três subsequentes definem a relação jurídica-tributária. Os quatro âmbitos no quais se desdobra a materialidade do tributo (s.e.t.c.) – sujeito, espaço, tempo e matéria – se dividem nessas seis perguntas, compondo a norma tributária em sentido estrito. É justamente esse o arranjo de proposições prescritivas que dão forma ao aspecto material da competência tributária. Com pequenas alterações, o modelo preconizado por Paulo de Barros Carvalho oferece instrumentos necessários para a compreensão das demais normas que fundamentam o exercício das competências administrativas. Todas as proposições sancionatórias e os chamados deveres instrumentais devem ser criados por lei. As proposições que dão forma a esses deveres, por sua vez, podem ser reconduzidas a estruturas do tipo "se A então B". Nestas, encontram-se as proposições que disciplinam condutas, referindo-se ao sujeito, espaço, tempo e comportamento. Por isso, uma vez aceita a possibilidade de uso da regra-matriz de incidência tributária para explicar a norma tributária em sentido estrito, estará, automaticamente, aceita a possibilidade de se valer desse modelo para explicar as demais normas tributárias gerais e abstratas que fundamentam o aspecto material da competência administrativa. (GAMA, Tácio Lacerda. *Competência tributária:* fundamentos para uma teoria da nulidade. 2ª ed. São Paulo: Noeses, 2011, p. 265-266).

3. RELAÇÃO JURÍDICA TRIBUTÁRIA

A relação consiste em vínculo entre dois seres, que compõem os polos da relação. Trata-se de gênero, que se subdivide em diversas espécies: relação social, política e jurídica.[60] As relações jurídicas, por sua vez, se subdividem em várias subespécies, sendo objeto deste estudo as relações jurídicas tributárias, mais especificamente, aquelas decorrentes das normas jurídicas de responsabilidade tributária.

As normas jurídicas regulam as condutas intersubjetivas através dos três, e somente três, modais deônticos: permitido (P); proibido (V) e obrigatório (O), conforme descrito por Von Wright.[61] As normas incidem sobre os fatos sociais descritos no antecedente das normas jurídicas. O legislador valora os fatos sociais, recorta e insere no direito positivo os fatos aptos a desencadearem consequências jurídicas. Os fatos sociais que subsumirem ao antecedente da norma serão juridicizados, tornar-se-ão fatos jurídicos, implicando na realização da

60. A relação é o *gênero* de uma realidade espiritual (que existe no mundo do pensamento) e este gênero se subdivide em diversas espécies, exemplo: relação social, relação geográfica, relação política. Uma espécie do gênero relação é a relação *jurídica*. (BECKER, Alfredo Augusto. *Teoria geral do direito tributário*. 3ª ed. São Paulo: Lejus, 1998, p. 337).

61. Von Wright formalizou "a linguagem normativa, surgindo, assim, a Lógica Deôntica, com seus três, e somente três, modais: (i) permitido (P); (ii) proibido (V); e (iii) obrigatório (O)". (CARVALHO, Aurora Tomazini de. *Curso de teoria geral do direito*. 3ª ed. São Paulo: Noeses, 2013, p. 209).

conduta prescrita no consequente da norma jurídica. Surgirá, então, a relação jurídica entre o sujeito ativo e o sujeito passivo conforme explica Paulo de Barros Carvalho:

> Considerando que o direito existe para disciplinar os comportamentos humanos no convívio social, o consequente normativo é a categoria fundamental do conhecimento jurídico. Forma-se, invariavelmente, por uma proposição relacional, enlaçando dois ou mais sujeitos de direito em torno de uma conduta regulada como proibida, permitida ou obrigatória. Para terem sentido e, portanto, serem devidamente compreendidos pelo destinatário, os comandos jurídicos devem revestir um *quantum* de estrutura formal. Em símbolo lógico, teremos: D[F→(S'RS")], que se interpreta da seguinte forma: "dever-ser que, dado o fato F, então se instala a relação jurídica R, entre sujeitos S' e S"." Apenas com esse esquema formal haverá possibilidade de sentido deôntico completo. Sua composição sintática é constante: um juízo condicional, em que se associa uma consequência à realização de um acontecimento fáctico previsto no antecedente, fazendo-o por meio implicacional. Eis o porquê de afirmar-se ser a norma jurídica a unidade irredutível de manifestação do deôntico.[62]

As condutas prescritas pelas normas jurídicas são de observância obrigatória, razão pela qual a relação jurídica é dotada de coercibilidade, característica que a distingue das relações sociais e morais.[63]

Apesar da relação poder ser uma ligação entre pessoas, coisas ou fatos, a relação jurídica, por regular condutas intersubjetivas, sempre vinculará pessoas, não pessoas e coisas. "A pessoa (física ou jurídica) é o único polo admissível das relações jurídicas. Por isto, toda e qualquer relação jurídica

---

62. CARVALHO, Paulo de Barros. *Direito tributário, linguagem e método*. 5ª ed. São Paulo: Noeses, 2013, p. 167-168.

63. Assim como não é possível pensar em magnetismo sem força (energia) vinculante, também não é possível pensar em relação jurídica sem *coercibilidade*. A coercibilidade é o *vincular continuado* da relação jurídica; é a *propriedade lógica* da relação jurídica. A relação jurídica é, essencialmente, *bilateral atributiva* de modo que a coercibilidade resulta como o corolário imediato daquela bilateralidade atributiva. BECKER, Alfredo Augusto. *Teoria geral do direito tributário*. 3ª ed. São Paulo: Lejus, 1998, p. 339.

(inclusive a que atribui direito real ao *sujeito ativo*) é *sempre pessoal*: entre pessoa e pessoa, nunca entre pessoa e coisa", conforme Alfredo Augusto Becker.[64]

Como o direito regula condutas intersubjetivas, então a relação jurídica sempre dar-se-á entre dois sujeitos de direito. Portanto, é imprescindível a existência de, no mínimo, dois sujeitos para existir uma relação jurídica. Conforme avalia Lourival Vilanova, "o direito é relacional porque é um fato social e o fato social é inter-relacional [...]. A sociedade não tem ponto de partida no sujeito-indivíduo, mas na relação *minimal*: pelo menos um sujeito diante de um outro sujeito".[65]

Para Miguel Reale, "a bilateralidade atributiva distingue sempre o Direito, porque a relação jurídica não toca apenas a um sujeito isoladamente, nem ao outro, mesmo quando se trata do Estado, mas sim ao nexo de polaridade e de implicação dos dois sujeitos".[66] Assim, apenas a relação intersubjetiva, a relação minimal, dotada de bilateralidade atributiva, tem relevância para o direito positivo.

A relação jurídica tributária terá no mínimo dois sujeitos (ativo e passivo), que serão analisados posteriormente.

3.1 Relação de fato e relação jurídica

O sistema social abrange os fatos sociais, as normas morais, religiosas, dentre várias outras. O direito positivo é um subsistema do sistema social, é um recorte desse. A elaboração das normas jurídicas inicia-se com recortes dos fatos sociais mais relevantes, segundo valoração do legislador, que serão aptos a desencadear consequências jurídicas. Segundo Paulo de

64. BECKER, Alfredo Augusto. *Teoria geral do direito tributário.* 3ª ed. São Paulo: Lejus, 1998, p. 340.

65. VILANOVA, Lourival. *Causalidade e relação no direito.* 4ª ed. São Paulo: RT, 2000, p. 111.

66. REALE, Miguel. *Filosofia do direito.* 19. ed. São Paulo Saraiva, 1999, p. 691-692.

Barros Carvalho, o "fato jurídico é a parte do suporte fáctico que o legislador, mediante a expedição de juízos valorativos, recortou do universo social para introduzir no mundo jurídico".[67]

É possível falar em fatos sociais e fatos jurídicos e relações de fato e relações jurídicas. Dos fatos sociais decorrem relações sociais e dos fatos jurídicos instauram-se relações jurídicas. De acordo com Lourival Vilanova, "puras relações de fato existem entre os fatos naturais (físicos, biológicos). As relações sociais jurídicas ou não jurídicas são constitutivamente relações normadas"[68] por normas jurídicas ou sociais (morais, costumeiras, etc.). [..] "quando falamos em relações sociais que são relações de fato, adotamos um critério de aferimento. *Relativamente ao sistema de normas jurídicas*, as relações sociais que compõem o universo social subdividem-se em relação de fato e relações jurídicas".[69]

Adotando como sistema de referência o direito positivo, serão relevantes para o direito as relações de fato relacionadas com as normas jurídicas, que servirão como suporte fático dessas, aptas a constituir, modificar ou extinguir relações jurídicas.

3.2 Causalidade e relação no direito

Sobre a norma jurídica, Aurora Tomazini de Carvalho lembra que o direito positivo é um instrumento de intervenção social, portanto, necessário distinguir os mundos do "ser" e do "dever ser". Muito antes da sistematização da lógica deôntica, proposta por Von Wrigt, credenciada para revelar a estrutura da linguagem jurídica, Kant já diferenciava as leis da natureza, submetidas ao princípio da causalidade física (ser),

67. CARVALHO, Paulo de Barros. *Direito tributário, linguagem e método*. 5ª ed. São Paulo: Noeses, 2013, p. 113.

68. VILANOVA, Lourival. *Causalidade e relação no direito*. 4ª ed. São Paulo: RT, 2000, p. 112.

69. Idem, p. 113.

das leis jurídicas estruturadas pela imputabilidade deôntica (dever ser). Hans Kelsen também assim o fez, ainda que indutivamente (sem o emprego de uma lógica própria), distinguindo as relações articuladoras das proposições de cada sistema: num a síntese do "ser" e noutro, a do "dever ser", ambas relações de índole lógica, vínculos implicacionais que atrelam um fato-causa a um fato-efeito e constituem causalidades, ainda que muito distintas.[70]

Estabelecendo um paralelo entre a lei natural e a lei (norma) jurídica, como faz Paulo de Barros Carvalho,[71] mas usando um exemplo diferente (ao deixar cair um vaso de planta da varanda de um apartamento situado no décimo andar de um edifício, por força da lei natural da gravidade, o vaso cairá); tem-se aqui o mundo do "ser" regido pela causalidade natural. Se aquele que deixar o vaso de planta cair causar dano ao patrimônio de terceiros, tendo agido com culpa e causado danos a terceiros, por força de norma jurídica, terá o dever de reparar o dano causado por conduta culposa; aqui trata-se do "dever ser" imputado pela causalidade deôntica.

Enquanto da causalidade física decorrem relações implicacionais constituídas pela linguagem descritiva ("ser"), "a causalidade jurídica, espécie de causalidade normativa, é aquela própria dos sistemas prescritivos, do que o direito positivo é espécie, que compreende as relações que devem se dar entre sujeitos, representadas pela síntese do 'dever-ser'".[72]

Nas palavras de Lourival Vilanova,

> fatos só naturais ligam-se, pela causalidade natural, a outros fatos naturais. [...] A norma de direito faz a causalidade jurídica,

---

70. CARVALHO, Aurora Tomazini de. *Curso de teoria geral do direito.* 3ª ed. São Paulo: Noeses, 2013, p. 198.

71. CARVALHO, Paulo de Barros. *Fundamentos jurídicos da incidência.* São Paulo: Saraiva, 1998, p. 127-128.

72. CARVALHO, Aurora Tomazini de. *Curso de teoria geral do direito.* 3ª ed. São Paulo: Noeses, 2013, p. 201.

> estabelecendo relações-de-causalidade, que inexistem sem ela, a norma. Ou, se existem, a norma recebe a causalidade, dá-lhe relevância jurídica, que dizer, liga-a a efeitos que só existem no mundo jurídico.[73]

Verifica-se que "na causalidade jurídica as relações não "são", mas "devem ser" em razão da uma força autoritária. O legislador livremente constrói o vínculo entre o fato jurídico (causa) e sua eficácia (efeito)".[74]

E a linguagem prescritiva do direito estabelecerá o "dever ser" com referência normativa a objetos e situações objetivas manifestando-se nas modalidades: proibindo, obrigando ou permitindo.[75] Enfaticamente, "na linguagem prescritiva do direito (linguagem normativa), a partir da sistematização da lógica deôntica desenvolvida por Von Wright, o 'dever ser' será formalizado pelos três, e apenas três, modais deônticos: permitido (P); proibido (V); e obrigatório (O)".[76]

3.3 Relação jurídica *stricto sensu*

A linguagem prescritiva do direito, através das normas jurídicas que utilizam os suportes fáticos recortados dos fatos sociais, prescreve condutas intersubjetivas a serem observadas pelos sujeitos, relacionando-os, fazendo surgir relações jurídicas.

De acordo com Paulo de Barros Carvalho,

> quando se diz que, ocorrido o fato, nasce a relação jurídica, estamos lidando com o acontecimento de dois fatos: do fato-causa

73. VILANOVA, Lourival. *Causalidade e relação no direito.* 4ª ed. São Paulo: RT, 2000, p. 123.

74. CARVALHO, Aurora Tomazini de. *Curso de teoria geral do direito.* 3ª ed. São Paulo: Noeses, 2013, p. 205.

75. VILANOVA, Lourival. *Causalidade e relação no direito.* 4ª ed. São Paulo: RT, 2000, p. 114.

76. CARVALHO, Aurora Tomazini de. *Curso de teoria geral do direito.* 3ª ed. São Paulo: Noeses, 2013, p. 207-209.

> (fato jurídico) e do fato-efeito (relação jurídica). Obviamente, estou aludindo à relação de causalidade jurídica (imputabilidade) e não à relação de causalidade física ou natural.[77]

Para Lourival Vilanova:

> O *fato jurídico, em sua composição interna, pode ser relação, ou dar lugar a uma relação.* Pode a relação *já existir, como relação biossocial* – relação de paternidade –, mas, só por si, ainda não é relação jurídica: é a relação fáctica à qual a norma liga a consequência, ou o "efeito", que vem a ser a relação jurídica. A relação fáctica é suporte fáctico, como observa Pontes de Miranda (*Tratado de direito privado*, v. 1, p. 117 e 125), objeto da incidência da regra. A relação jurídica é sempre o que vem do lado da *eficácia:* é consequencial ou efectual, mesmo, acrescentemos, que a norma apanhe o dado fáctico da relação biossociológica de parentesco, que funcionará como antecedente jurídico (como fato jurídico).[78]

Lourival Vilanova adota a classificação "relações em sentido amplo" e "relações em sentido estrito":

> Onde quer que se dê norma e fato, sobrevém relação jurídica: sobrevêm os efeitos que se ligam ao fato, que se tornou, pela incidência da hipótese fáctica, fato jurídico. Se o fato já por si está contido na relação – relação fáctica – a norma incidente qualifica-o como fato jurídico produtor de efeitos: a relação jurídica, quer num sentido amplo, quer num sentido estrito. Mas a relação jurídica é o momento efectual. E não é relação entre fatos naturais, nem relação de sujeito com fato natural (ou coisa). É relação intersubjetiva, entre sujeitos-de-direito.[79]

Do trecho acima deduz-se que a relação jurídica em sentido estrito é de efeito (efectual), que consiste na relação intersubjetiva entre sujeitos-de-direito, outorgando direito subjetivo (ao

---

77. CARVALHO, Paulo de Barros. *Fundamentos jurídicos da incidência.* São Paulo: Saraiva, 1998, p. 130.

78. VILANOVA, Lourival. *Causalidade e relação no direito.* 4ª ed. São Paulo: RT, 2000, p. 123.

79. Idem, p. 124.

sujeito ativo da relação jurídica) e prescrevendo o dever jurídico correspondente (ao sujeito passivo da relação jurídica).

As condutas (vedadas, exigidas ou facultadas) são estruturas relacionais,[80] interligando os sujeitos ativo e passivo. A norma geral e abstrata identifica os critérios da regra-matriz de incidência tributária (material, espacial, temporal, pessoal e quantitativo) necessários à formação do vínculo relacional. Para a relação jurídica *stricto sensu* ser constituída exige-se linguagem competente do ato de aplicação, norma concreta e individualizada,[81] para instaurar o vínculo relacional entre o sujeito ativo e o passivo. É o que ressalta Paulo de Barros Carvalho:

> Eis que o nascimento dos direitos e deveres subjetivos no contexto da relação jurídica também se manifesta por um fato, instaurando-se mediante a formação de um enunciado linguístico protocolar e denotativo. No consequente da norma não temos ainda o vínculo, apenas os critérios para determiná-lo, isto é, as classes de predicado que a relação deverá conter. Somente com o enunciado do consequente da norma individual e concreta é que aparecerá o fato da relação jurídica, na sua integridade constitutiva, atrelando dois sujeitos (ativo e passivo), em torno de uma prestação submetida ao operador deôntico modalizado (O, V e P).[82]

Oportunas as palavras de Aurora Tomazini de Carvalho sobre a relação jurídica *stricto sensu*:

> Define-se "relação jurídica" (*stricto sensu*) como o vínculo abstrato segundo o qual, por força da imputação normativa, uma pessoa, chamada de sujeito ativo, tem o direito subjetivo de exigir de outra, denominada sujeito passivo, o cumprimento de certa prestação, sendo que esta última tem o dever jurídico de adimpli-la. Tal vínculo é constituído no consequente de normas individuais, produzidas no processo de aplicação do direito.

80. VILANOVA, Lourival. *Causalidade e relação no direito*. 4ª ed. São Paulo: RT, 2000, p. 115.

81. CARVALHO, Aurora Tomazini de. *Curso de teoria geral do direito*. 3ª ed. São Paulo: Noeses, 2013, p. 588.

82. CARVALHO, Paulo de Barros. *Fundamentos jurídicos da incidência*. São Paulo: Saraiva, 1998, p. 129-130.

> Dizemos que é abstrato para reforçar o fato do vínculo não existir empiricamente (enquanto dado bruto). Trata-se de uma construção proposicional, identificada com a formalização (abstrata lógica) da linguagem veiculada pelo ato de aplicação. E, é decorrente de imputação normativa, porque produzido mediante a incidência de uma norma jurídica de caráter geral, como efeito de um fato jurídico, propagado em razão da existência da causalidade do direito (vínculo que liga a proposição-hipótese à proposição-consequente).[83]

Nessa linha, teremos o fato jurídico tributário *stricto sensu* e o fato jurídico relacional. Este último determinará a realização da conduta prescrita no consequente da norma, de acordo com o entendimento de Paulo de Barros Carvalho:

> O fato jurídico *stricto sensu* se apresenta na forma de enunciado descritivo, declarando um evento que ocorreu no pretérito. Volta-se, portanto, para o passado, com efeitos nitidamente declaratórios. Já o fato jurídico relacional projeta-se para o futuro, estabelecendo que, a partir da unidade de tempo nele firmada, uma conduta será deonticamente devida por um sujeito perante outro sujeito de direito. Função declarativa, num; função constitutiva, noutro.[84]

Conclui-se, portanto, que a relação jurídica *stricto sensu*, relacionando os sujeitos-de-direito, surgirá com a enunciação-enunciada da norma individual e concreta, produzida em linguagem competente e pela autoridade competente, para instaurar o vínculo relacional entre os sujeitos-de-direito, para que o sujeito ativo possa exercer seu direito subjetivo, exigindo do sujeito passivo os deveres correlatos, que no caso da relação jurídica tributária será o cumprimento da obrigação tributária.

A conclusão aplica-se às relações jurídicas que vincularão (i) o sujeito ativo e o contribuinte; (ii) o sujeito ativo e o responsável tributário.

---

83. CARVALHO, Aurora Tomazini de. *Curso de teoria geral do direito.* 3ª ed. São Paulo: Noeses, 2013, p. 586.

84. CARVALHO, Paulo de Barros. *Fundamentos jurídicos da incidência.* São Paulo: Saraiva, 1998, p. 133.

3.4 Relação jurídica tributária

A norma jurídica tributária que prevê a obrigação tributária principal, o pagamento do tributo, é formalizada pelo modal deôntico obrigatório (O). O fato jurídico tributário será enunciado na forma predicativa monádica (*S é P*) e o fato jurídico relacional será enunciado na forma dos predicados poliádicos (*S' R S"*).[85] Realizado o fato jurídico tributário (fato-causa), ter-se-á como consequente (fato-efeito) o dever de pagar tributo, enunciado por linguagem competente (norma individual e concreta) e autoridade competente. Instaurar-se-á a relação jurídica tributária, composta por dois sujeitos, sendo um – o sujeito ativo – o titular do direito subjetivo público de exigir o cumprimento da prestação pecuniária equivalente ao tributo, e outro – o sujeito passivo – portador do dever jurídico de adimplir a prestação.[86]

A regra-matriz de incidência tributária é norma geral e abstrata. No seu consequente, em seu critério pessoal, está previsto o sujeito passivo da relação jurídica tributária. Porém, o vínculo relacional entre os sujeitos da relação jurídica não surge automaticamente com a prática do fato descrito no antecedente da norma, de forma "automática e infalível". Aurora Tomazini de Carvalho ressalta: "somente com a norma individual e concreta, veiculada pelo ato de aplicação, que a relação jurídica se constitui, antes, ela não existe".[87] Entendimento similar é o de Maria Rita Ferragut: "as relações previstas no consequente das normas gerais e abstratas não apresentam vínculo capaz de gerar direitos e obrigações, mas apenas critérios para determiná-las".[88]

---

85. CARVALHO, Paulo de Barros. *Fundamentos jurídicos da incidência*. São Paulo: Saraiva, 1998, p. 133.

86. CARVALHO, Paulo de Barros. *Direito tributário, linguagem e método*. 5ª ed. São Paulo: Noeses, 2013, p. 632.

87. CARVALHO, Aurora Tomazini de. *Curso de teoria geral do direito*. 3ª ed. São Paulo: Noeses, 2013, p. 589.

88. FERRAGUT, Maria Rita. *Responsabilidade tributária e o Código Civil de 2002*. 3ª ed. São Paulo: Noeses, 2013, p. 30.

Da mesma forma a "regra-matriz de responsabilidade tributária", norma que se relaciona com a regra-matriz de incidência tributária, é norma geral e abstrata. No seu consequente, em seu critério pessoal, está previsto abstratamente o sujeito passivo da relação de responsabilidade tributária, mas o vínculo relacional entre os sujeitos da relação jurídica não surge automaticamente com a prática do fato jurídico da responsabilidade tributária. É necessário expedir norma individual e concreta, veiculada pelo ato de aplicação, constituindo a relação entre o Fisco e o responsável tributário.

A norma individual e concreta, veiculada pelo lançamento tributário (ato privativo da autoridade administrativa, nos termos do art. 142, CTN) ou por ato do particular (o "autolançamento", previsto no art. 150, CTN), irá instaurar a relação jurídica tributária entre os sujeitos ativo e passivo (contribuinte ou responsável), constituindo o crédito tributário.

Esquema 2: Lançamento tributário

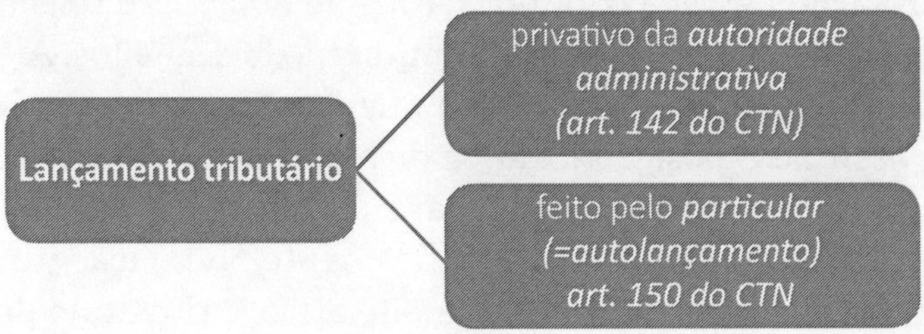

O procedimento, o momento da instauração da relação jurídica tributária e a constituição do crédito tributário contra o sócio da sociedade (art. 134, VII e 135, III, CTN) são fundamentais para o tema deste trabalho. O fato jurídico da responsabilidade tributária do sócio deve ser comprovado no tempo oportuno, através das provas (processo) previstas no sistema do direito positivo, necessárias para a constituição da prova (produto) da responsabilidade tributária do sócio. A esse respeito, Fabiana Del Padre Tomé enfatiza:

> A verdade não se dá pela relação entre a palavra e a coisa, mas entre as próprias palavras, ou seja, entre linguagens, daí porque a "verdade não é simplesmente descoberta, mas criada pelo ser humano no interior de determinado sistema". E "o sistema do direito positivo indica os momentos em que os fatos podem ser constituídos mediante produção probatória", fornecendo limites dentro dos quais a verdade será produzida, prescrevendo sejam tomadas como verídicas as situações verificadas no átimo e forma legais, independentemente de sua relação com o mundo das coisas.[89]
>
> A verdade que se busca no curso do processo de positivação do direito, seja ele administrativo ou judicial, é a verdade lógica, quer dizer, a verdade em nome da qual se fala, alcançada mediante a constituição de fatos jurídicos, nos exatos termos prescritos pelo ordenamento: a *verdade jurídica*.[90]

O assunto será estudado oportunamente, incluindo a prova da responsabilidade tributária do sócio, o ônus da prova em matéria tributária, o procedimento e o momento da prova.

3.5 Sujeitos da relação jurídica tributária

A relação jurídica tributária, espécie do gênero relação jurídica, sempre ocorrerá entre, no mínimo, dois sujeitos. Alfredo Augusto Becker alerta: "a pessoa que se encontra no polo negativo, assume a posição jurídica de *sujeito passivo* na relação jurídica. A pessoa que tomar lugar no polo positivo, assume a posição de *sujeito ativo*".[91] Especificamente na relação jurídica tributária, encontrar-se-ão (i) o sujeito ativo, o titular do direito subjetivo público de exigir o cumprimento da prestação pecuniária equivalente ao tributo, (ii) o sujeito passivo, portador do dever jurídico de adimplir referida prestação.

89. TOMÉ, Fabiana Del Padre. *A prova no direito tributário.* 3ª ed. São Paulo: Noeses, 2012, p. 16-17.

90. Idem, p. 28.

91. BECKER, Alfredo Augusto. *Teoria geral do direito tributário.* 3ª ed. São Paulo: Lejus, 1998, p. 341.

Embora os sujeitos ativo e passivo sejam estudados posteriormente, cabe antecipar uma análise sucinta dos elementos da relação jurídica tributária.

Conforme descreve Miguel Reale, em toda relação jurídica destacam-se quatro elementos fundamentais: a) um sujeito ativo, o titular ou o beneficiário principal da relação; b) um sujeito passivo, considerado o devedor da prestação principal; c) o vínculo de atributividade capaz de ligar uma pessoa a outra; d) um objeto, que é a razão de ser do vínculo constituído.[92] *A lição de Miguel Reale, afeta à teoria geral do direito, aplica-se aos ramos do direito, inclusive ao direito tributário. De acordo com Rubens Gomes de Souza, a "obrigação tributária, como as demais obrigações jurídicas, consta de quatro elementos: (1) sujeito ativo, (2) sujeito passivo, (3) objeto e (4) causa".* [93]

Esquema 3: Dos "elementos da relação jurídica", conforme doutrina de Rubens Gomes de Souza

92. REALE, Miguel. *Lições preliminares de direito.* 27. ed. São Paulo: Saraiva, 2002.

93. SOUZA, Rubens Gomes de. *Compêndio de legislação tributária.* São Paulo: Resenha Tributária Ltda., 1975, edição póstuma, p. 84.

O objeto de uma relação jurídica, a razão de ser do vínculo relacional e sobre o qual recai tanto a exigência do credor como a obrigação do devedor, pode ser uma coisa (como um imóvel, exemplo de direito real), uma prestação (de fazer, de não fazer etc.) ou então a própria pessoa, como nos direitos pessoais. A coisa pode ser objeto da relação, mas conforme adverte Miguel Reale, "o que não se pode admitir é que a relação jurídica se estabeleça entre uma pessoa e uma coisa: só pessoas podem ser sujeitos de uma relação jurídica, e sem duas ou mais pessoas ela não se constitui", nos termos da "teoria dos dois sujeitos", que para o autor melhor se denominaria "teoria intersubjetiva da relação jurídica".[94]

Assim, o objeto da relação jurídica pode ser uma pessoa, uma prestação ou uma coisa, sobre o qual recairá o vínculo de atributividade, mas os sujeitos da relação sempre serão pessoas e o vínculo jurídico se dará entre os sujeitos ativo e passivo, inclusive nos casos de tributos que tenham como critério material ser proprietário de bem imóvel, como nos casos do Imposto Predial e Territorial Urbano (IPTU) e do Imposto sobre a Propriedade Territorial Rural (ITR).

Considerando que a relação jurídica tributária sempre ocorrerá entre pessoas, segue-se ao estudo do sujeito ativo e do sujeito passivo.

3.5.1 Sujeito ativo

O sujeito ativo da obrigação tributária é "o credor, aquele que tem o direito de exigir de outrem o cumprimento da obrigação".[95] Figura no polo ativo da relação jurídica tributária e possui o poder-dever de exigir o cumprimento da obrigação.

---

94. REALE, Miguel. *Lições preliminares de direito*. 27. ed. São Paulo: Saraiva, 2002.

95. SOUZA, Rubens Gomes. *Compêndio de legislação tributária*. São Paulo: Resenha Tributária, 1975. (edição póstuma), p. 89.

O CTN, no Título II – Obrigação Tributária, Capítulo III, trata do sujeito ativo. Enuncia que o "sujeito ativo da obrigação é a pessoa jurídica de direito público, titular da competência para exigir o seu cumprimento" (art. 119, CTN).

Sobre a competência tributária, Regina Helena Costa constata:

> No Estado de Direito, a tributação há de comportar-se dentro de certos limites, para que possa ser legitimamente exercida. Assim, a noção de competência tributária corresponde ao "poder de tributar", juridicamente limitado pela própria Constituição.
>
> é a aptidão para criar tributos, mediante a edição do necessário veículo legislativo (artigo 150, I, CR), indicador de todos os aspectos de sua hipótese de incidência.[96]

O sistema constitucional tributário traçado na Constituição Federal de 1988 é analítico, de forma que as Unidades da Federação, ao exercerem a competência tributária que lhes foi outorgada, deverão observar os limites estabelecidos pelo poder constituinte. Noutras palavras, as Unidades da Federação somente poderão instituir os tributos previstos no texto constitucional, existindo apenas três exceções: (i) a competência residual da União Federal para instituir, mediante lei complementar, impostos não previstos no art. 153 da CRFB/1988, desde que não cumulativos e que não tenham fato gerador ou base de cálculo próprios daqueles já discriminados na Constituição (art. 154, I, CRFB/1988); (ii) impostos extraordinários, na iminência ou caso de guerra externa (art. 154, II, CRFB/1988); e (iii) outras fontes destinadas a garantir a manutenção ou a expansão da seguridade social (art. 195, §6º c/c art. 154, I, CRFB/1988).

O texto constitucional, ao atribuir a competência tributária para instituir os tributos, já identifica, pelo menos em relação aos impostos e contribuições sociais, o sujeito ativo da relação jurídica tributária.

---

96. COSTA, Regina Helena. *Curso de direito tributário:* Constituição e Código Tributário Nacional. 2ª ed. São Paulo: Saraiva, 2012, p. 60.

O sujeito ativo da relação jurídica tributária é identificado na regra-matriz de incidência tributária, norma geral e abstrata, enunciada nas leis instituidoras dos tributos. O credor é identificado antes da ocorrência do fato jurídico tributário, ao contrário do que acontece com o sujeito passivo, que somente será individualizado após a ocorrência do fato tributado na norma individual e concreta.

3.5.2 Sujeito passivo

O sujeito passivo da obrigação tributária é o "devedor, isto é, a pessoa obrigada a cumprir a prestação que constitui o objeto da obrigação que o sujeito ativo tem o direito de exigir".[97] Será sempre uma pessoa, física ou jurídica. Como já visto, a relação jurídica sempre vinculará duas pessoas, nunca pessoa e coisa. Esta premissa se aplica a todas as relações jurídicas tributárias, inclusive nos casos de tributos que tenham como critério material "ser proprietário de bem móvel ou imóvel" (verbo + complemento); no caso do IPTU, por exemplo, o sujeito passivo será proprietário ou possuidor do imóvel situado no perímetro urbano.[98]

Poderá ser pessoa física ou jurídica, independentemente da capacidade civil das pessoas físicas e da regularidade das pessoas jurídicas, conforme enuncia o CTN:

> Artigo 126. A capacidade tributária passiva independe:
>
> I – da capacidade civil das pessoas naturais;
>
> II – de achar-se a pessoa natural sujeita a medidas que importem privação ou limitação do exercício de atividades civis, comerciais ou profissionais, ou da administração direta de seus bens ou negócios;

---

97. SOUZA, Rubens Gomes. *Compêndio de legislação tributária.* São Paulo: Resenha Tributária, 1975. (edição póstuma), p. 91.

98. RAMOS, José Eduardo Silvério. *Tributação ambiental:* o IPTU e o meio ambiente urbano. Belo Horizonte: Fórum, 2011.

III – de estar a pessoa jurídica regularmente constituída, bastando que configure uma unidade econômica ou profissional.

Em relação às pessoas jurídicas de direito público, cabe ressaltar que os entes da federação não podem tributar uns aos outros em decorrência da imunidade recíproca, que protege o patrimônio, a renda e os serviços dessas entidades e de suas autarquias. Essas vedações não se aplicam quando esses fatos estiverem relacionados à exploração de atividade econômica regida pelas normas aplicáveis a empreendimentos privados, ou em que exista contraprestação ou pagamento de preços ou tarifas pelos usuários, nem exonera o promitente comprador da obrigação de pagar imposto relativamente ao bem imóvel. Porém, o Supremo Tribunal Federal, decidiu com Repercussão Geral, tendo como Processo Paradigma o Recurso Extraordinário nº 601392, que "os serviços prestados pela Empresa Brasileira de Correios e Telégrafos - ECT, inclusive aqueles em que a empresa não age em regime de monopólio, estão abrangidos pela imunidade tributária recíproca (CF, art. 150, VI, a e §§ 2º e 3º)", Tema 235 - Imunidade tributária das atividades exercidas pela Empresa Brasileira de Correios e Telégrafos – ECT.

O sujeito ativo é prontamente identificado na regra-matriz de incidência tributária (norma geral e abstrata), enquanto o sujeito passivo só será identificado através da norma individual e concreta (lançamento tributário ou ato do contribuinte). A lei instituidora do tributo, assim como a lei que atribua a responsabilidade tributária, deve definir o sujeito passivo, em observância ao princípio constitucional da legalidade tributária (art. 150, I, CRFB/1988) e as normas gerais de direito tributário, de maneira que somente a lei pode estabelecer a definição do sujeito passivo (art. 97, III, CTN).

Além da legalidade tributária, conforme analisa Luiz Emygdio Freire Rosa Júnior, o sujeito passivo deve ser definido em lei em atenção ao princípio da tipicidade tributária, para maior proteção de quem deve pagar o tributo, impondo que a lei defina todos os elementos da obrigação tributária, não sobrando espaço algum a ser preenchido pela administração tributária.[99]

Uma vez definido em lei o sujeito passivo, a regra-matriz de incidência tributária e a norma jurídica de responsabilidade tributária (normas gerais e abstratas) preveem abstratamente o sujeito passivo (aquele que realizar operação relativa à circulação de mercadoria, aquele que auferir renda ou provento de qualquer natureza etc.), que somente será identificado quando realizar o fato jurídico tributário ou o fato jurídico da responsabilidade tributária. Segundo Geraldo Ataliba, a "hipótese de incidência indica o critério para a identificação do sujeito passivo – e não a determina imediatamente – porque só o fato imponível se relaciona com alguém determinado".[100]

A lei definirá o sujeito passivo. Oportuno lembrar que o tributo é prestação pecuniária compulsória instituída em lei e cobrado mediante atividade administrativa plenamente vinculada (art. 3º, CTN). Além disso, salvo disposições de lei em contrário, as convenções entre os particulares, relativas à responsabilidade pelo pagamento de tributos, não podem ser opostas ao Fisco no intuito de modificar a definição legal do sujeito passivo das obrigações tributárias (art. 123, CTN). A lei definirá o sujeito passivo. Os particulares e a administração tributária não podem modificar a definição legal do sujeito passivo.

O objeto desta obra *é o sujeito passivo da obrigação tributária principal (art.* 113, §1º, CTN), não o sujeito passivo da obrigação acessória (art. 113, §2º, CTN), obrigado ao cumprimento dos deveres instrumentais (art. 122, CTN).

O sujeito passivo poderá ser o contribuinte ou o responsável, nos termos enunciados pelo CTN ao tratar do sujeito

---

99. ROSA JÚNIOR, Luiz Emygdio Freire. *Manual de direito financeiro e tributário.* 16. ed. Rio de Janeiro: Renovar, 2002, p. 494.

100. ATALIBA, Geraldo. *Hipótese de incidência tributária.* 5ª ed. São Paulo: Malheiros, 1993, p. 77.

passivo, Título II – Obrigação Tributária, Capítulo IV – Sujeito Passivo, Seção I – Disposições Gerais:

> Art. 121. Sujeito passivo da obrigação principal é a pessoa obrigada ao pagamento de tributo ou penalidade pecuniária.
>
> Parágrafo único. O sujeito passivo da obrigação principal diz-se:
>
> I - contribuinte, quando tenha relação pessoal e direta com a situação que constitua o respectivo fato gerador;
>
> II - responsável, quando, sem revestir a condição de contribuinte, sua obrigação decorra de disposição expressa de lei.

Nos termos do CTN, o gênero sujeito passivo da obrigação tributária principal se subdivide em duas espécies: contribuinte e responsável. Nesse sentido pontua Luiz Emygdio F. da Rosa Júnior "sujeito passivo é a expressão genérica que comporta duas espécies: contribuinte e responsável (CTN, artigo 121, parágrafo único)".[101] As espécies de sujeito passivo têm pertinência ao tema central deste trabalho, razão pela qual o tema será abordado com mais detalhes posteriormente.

Esquema 4: Espécies de sujeito passivo

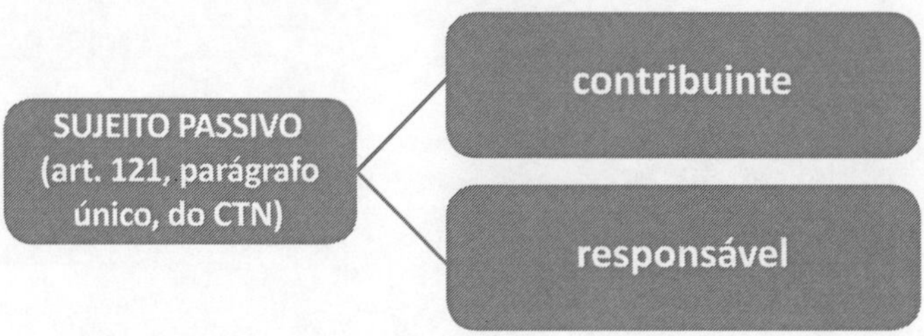

101. ROSA JÚNIOR, Luiz Emygdio Freire. *Manual de direito financeiro e tributário.* 16. ed. Rio de Janeiro: Renovar, 2002, p. 494.

4. O SUJEITO PASSIVO NA CONSTITUIÇÃO E NO CÓDIGO TRIBUTÁRIO NACIONAL

Analisar-se-á os enunciados da Constituição Federal de 1998 e do Código Tributário Nacional, com o intuito de identificar os limites e os parâmetros constitucionais e legais para a escolha do sujeito passivo.

O Sistema Constitucional Tributário traçado na Carta de 1988 é rígido e analítico. As Unidades da Federação, ao exercerem a competência tributária que lhes foi outorgada, deverão observar os limites impostos pelo Poder Constituinte e somente poderão instituir os tributos expressamente previstos no texto constitucional. Há apenas três exceções: (i) a competência residual da União Federal para instituir, mediante lei complementar, impostos não previstos no art. 153, CRFB/1988, desde que sejam não cumulativos e não tenham fato gerador ou base de cálculo próprios daqueles já discriminados na Constituição (art. 154, I, CRFB/1988); (ii) competência da União para instituir impostos extraordinários na iminência ou no caso e guerra externa (art. 154, II, CRFB/1988); e (iii) competência da União para instituir outras fontes destinadas a garantir a manutenção ou a expansão da seguridade social (art. 195, §6º c/c art. 154, I, CRFB/1988).

Além das regras de competência, deverão ser observados os direitos fundamentais e os princípios constitucionais tributários como limites ao poder de tributar. Segundo Aliomar Baleeiro, os princípios constitucionais funcionam como "limitações constitucionais ao poder de tributar" e são especializações ou explicitações dos direitos e garantias individuais.[102] Conforme ressalta Sacha Calmon Navarro Coêlho:

> Para começar, ditos princípios traduzem no em suas expansões projeções de direitos fundamentais, ou melhor, no miolo, são garantias de direitos fundamentais, notadamente capacidade, liberdade, dignidade humana, propriedade e igualdade, além de valores republicanos, federalistas e solidaristas.[103]

4.1 Princípios constitucionais tributários

Para instituir tributos e eleger o sujeito passivo da relação jurídica tributária os entes tributantes (União Federal, Estados Membros, Distrito Federal e Municípios) deverão observar os limites constitucionais, especialmente os princípios constitucionais tributários. Nos subitens seguintes serão analisados os de maior relevância em relação à escolha do sujeito passivo da relação jurídica tributária.

4.1.1 Princípio da legalidade tributária

O princípio da legalidade tributária (art. 5º, II e art. 150, I, CRFB/1988) veda a instituição ou majoração de tributo sem lei que o estabeleça. Num Estado Democrático de Direito, a legalidade não deve ser aferida apenas no sentido formal (se a lei foi emanada do Poder Legislativo). É preciso que a lei esteja de acordo com as garantias e os princípios constitucionais, sob pena de inconstitucionalidade. A legalidade deve ser

---

102. BALEEIRO, Aliomar. *Limitações constitucionais ao poder de tributar.* 5ª ed. Rio de Janeiro: Forense, 1977, p. 414.

103. COÊLHO, Sacha Calmon Navarro. *Curso de direito tributário brasileiro.* 9ª ed. Rio de Janeiro: Forense, 2006, p. 198.

ponderada, portanto, formal e materialmente. É o que defende Alberto Nogueira:

> Não basta, agora, no Estado Democrático de Direito, a mera adequação do ato administrativo ou da lei (*stricto sensu*) à literalidade dos preceitos constitucionais. Os direitos fundamentais, no nosso sistema atual, como prescritos na Constituição, se tornam imperativos e têm aplicação imediata (artigo 5º, §1º), e não excluem outros decorrentes do regime e dos princípios por ela adotados (idem, §2º). Temos então que, em decorrência, a lei tributária (e com maior razão a exigência tributária, seja a referente a tributo, seja a relativa às chamadas obrigações acessórias) deve respeitar não apenas os preceitos constitucionais (no sentido meramente normativo, ou seja, de regras formais) mas – e principalmente – os princípios consagrados de forma expressa ou implícita no regime (notadamente o regime democrático e social).[104]

Há exceções ao princípio da legalidade formal previstas na Constituição. No caso de iminência ou guerra (art. 154, II, CRFB/1988) e de calamidade pública, estando em recesso o Congresso Nacional, tais tributos poderão ser instituídos sem lei formal.[105] Há possibilidade de majoração ou minoração de alguns tributos por ato do Poder Executivo (imposto de importação, imposto de exportação, imposto sobre produtos industrializados, imposto sobre operações de crédito, câmbio e seguro ou relativos a títulos ou valores mobiliários), desde que observados os limites estabelecidos em lei (art. 153, §1º, CRFB/1988). Fora as exceções constitucionais, os tributos somente poderão ser instituídos ou majorados por lei, em seu sentido formal e material.[106]

---

104. NOGUEIRA, Alberto. *Os limites da legalidade tributária no Estado Democrático de Direito:* fisco x contribuinte na arena jurídica: ataque e defesa. Rio de Janeiro: Renovar, 1996, p. 28-30.

105. COÊLHO, Sacha Calmon Navarro. *Curso de direito tributário brasileiro.* 9ª ed. Rio de Janeiro: Forense, 2006, p. 222.

106. Entre nós, como está na Constituição de 1988, o princípio da legalidade tributária exige lei em sentido formal (instrumento normativo proveniente do Poder Legislativo) e material (norma jurídica geral e impessoal, abstrata e obrigatória, clara, precisa, suficiente (COÊLHO, Sacha Calmon Navarro. *Curso de direito tributário brasileiro.* 9ª ed. Rio de Janeiro: Forense, 2006, p. 221).

Além da disposição constitucional, o Código Tributário Nacional enuncia que somente a lei pode instituir e majorar tributos, definir o fato gerador da obrigação principal, estabelecer cominação de penalidades para as ações ou omissões contrárias a seus dispositivos (art. 97, I, III e V, CTN).[107]

Conclui-se, que a lei deve definir o sujeito passivo da relação jurídica tributária.

4.1.2 Princípio da tipicidade tributária

O princípio da tipicidade tributária exige que a lei tributária instituidora do tributo contenha todos os critérios da regra-matriz de incidência tributária (critério material, critério pessoal, critério temporal e critério quantitativo). Conforme ensina Paulo de Barros Carvalho, o princípio da tipicidade tributária define-se em duas dimensões: no plano legislativo e no da facticidade:

> i) no plano legislativo, como estrita necessidade de que a lei adventícia traga no seu bojo, de modo expresso e inequívoco, os elementos descritores do fato jurídico e os dados prescritores da relação obrigacional; e ii) no plano da facticidade, como exigência da estrita subsunção do evento aos da norma geral e abstrata, vinculando-se, obviamente, à adequada correspondência entre a obrigação que adveio do fato protocolar e a previsão genérica constante da norma abstrata, conhecida como regra-matriz de incidência.[108]

Para Sacha Calmon Navarro Coêlho, a lei tributária não pode conter espaços a serem preenchidos pelos aplicadores,

---

107. Art. 97. Somente a lei pode estabelecer: I – a instituição de tributos, ou a sua extinção; II – a majoração de tributos, sua redução, ressalvando o disposto nos artigos 21, 26, 39, 57 e 65; III – a definição do fato gerador da obrigação tributária principal, ressalvado o disposto no inciso I do §3° do artigo 52, e do seu sujeito passivo; IV – a fixação da alíquota do tributo e da sua base de cálculo, ressalvado o disposto nos artigos 21, 26, 39, 57 e 65; V – a cominação de penalidades para as ações ou omissões contrárias a seus dispositivos, ou para outras infrações nela definidas; VI – as hipóteses de exclusão, suspensão e extinção de créditos tributários, ou de dispensa ou redução de penalidades.

108. CARVALHO, Paulo de Barros. A prova no procedimento administrativo tributário. *Revista Dialética de Direito Tributário* 34. São Paulo: Dialética, 1998, p. 105.

sob pena de abrir possibilidade de interpretação do Executivo, que, como é tradição no Brasil, tende a interpretar de forma a aumentar a arrecadação.[109]

Para ele, a tipicidade, ou precisão conceitual, é outro nome da legalidade material. Primeiramente, a tipicidade diz respeito ao conteúdo da lei (norma), enquanto a legalidade formal tem a ver com o veículo (lei). Em segundo lugar, engloba o fato jurígeno-tributário e o consequente dever jurídico (sujeitos ativos e passivos, bases de cálculo, alíquotas, como, onde, quando pagar o tributo) e tipifica rigorosamente o descritor e o prescritor da norma jurídica tributária. Em terceiro lugar, a tipicidade tributária é cerrada para impedir que o aplicador da norma interfira em sua configuração pela via interpretativa ou integrativa. Neste ponto, o direito tributário é mais rígido que o direito penal, cuja lei permite ao juiz, ao sentenciar, fixar a pena com dosimetria, diminuí-la e afrouxá-la posteriormente.[110]

A lei tributária deverá conter todos os critérios necessários à configuração do fato jurídico tributário, sob pena de não haver incidência tributária. É vedado ao aplicador o suprimento da omissão. O Código Tributário Nacional dispõe que somente a lei pode estabelecer estas matérias que, em conjunto, formam a própria estrutura da norma tributária: definir o *fato gerador*, fixar as *bases de cálculo* e *alíquotas*, majorar o tributo e estatuir as infrações à lei fiscal e suas penalidades. Consagra o princípio da tipicidade, que é exauriente (legalidade material). Conceitua exaustivamente, tipificando tudo o que diz respeito a estas matérias, exaltando o princípio da tipicidade.[111]

---

109. COÊLHO, Sacha Calmon Navarro. *Curso de direito tributário brasileiro.* 9ª ed. Rio de Janeiro: Forense, 2006, p. 219.

110. Idem, p. 219-220.

111. Idem, p. 220-221.

Para Roque Antonio Carrazza:

> Os *tipos tributários* como *fecham* a realidade tributária não podendo ser *alargados* por meio de presunções, ficções ou meros indícios. É inadmissível que o agente fiscal *abra* aquilo que o legislador, atento aos ditames constitucionais, cuidadosamente *fechou*. O afã de evitar que os mais *espertos* se furtem ao pagamento dos tributos absolutamente não autoriza a utilização do arbítrio. Em suma, a *busca da justiça* não prevalece sobre a *segurança jurídica*, que o *princípio da tipicidade fechada* confere aos contribuintes.[112]

O princípio da tipicidade tributária aplica-se integralmente aos casos de responsabilidade tributária, devendo a lei enunciar todos os critérios necessários à ocorrência do fato jurídico da responsabilidade tributária e identificar abstratamente o responsável tributário. Da mesma forma que o fato jurídico tributário só ocorre quando verificada a ocorrência de todos os critérios da regra-matriz de incidência tributária, o fato jurídico da responsabilidade tributária só ocorrerá quando verificados os critérios da regra-matriz de responsabilidade tributária.

4.1.3 Princípio da capacidade contributiva

A Constituição Federal de 1988, em seu art. 145, §1º, estabelece:

> sempre que possível, os impostos terão caráter pessoal e serão graduados segundo a capacidade econômica do contribuinte, facultado à administração tributária, especialmente para conferir efetividade a esses objetivos, identificar, respeitados os direitos individuais e nos termos da lei, o patrimônio, os rendimentos e as atividades econômicas do contribuinte.

No polo passivo da relação jurídica tributária podem figurar o contribuinte ou o responsável. Ao instituir o tributo, o ente tributante deverá observar a capacidade contributiva

112. CARRAZZA, Roque Antonio. *Curso de direito constitucional tributário*. São Paulo: Malheiros, 2003, p. 411.

do contribuinte. Esse "precisa ter a condição econômica para sustentar o ônus fiscal, conforme o comando constitucional (art. 145, §1º, CRFB/1988)",[113] devendo essa capacidade de contribuir ser mensurada com base nas riquezas tributadas, no fato signo presuntivo de riqueza eleito pelo legislador como critério material da regra-matriz de incidência tributária.

Relevante o texto de Geraldo Ataliba e Aires Barreto:

> Este princípio impõe que o legislador escolha como pressuposto dos impostos um fato, ligado ao contribuinte, que revele sua capacidade contributiva. Esse fato deve ser um "fato signo presuntivo de riqueza" (Alfredo Becker) do contribuinte e não do terceiro. Logo, a pessoa que deve ter seu patrimônio diminuído em razão do acontecimento desse fato há de ser a que provoca ou causa e que dele extrai proveito ou vantagem (Rubens Gomes de Souza).[114]

Conforme explica Andréa Medrado Darzé, os cientistas do direito classificaram a capacidade contributiva em objetiva (ou absoluta) e subjetiva (relativa). A capacidade contributiva objetiva está relacionada à escolha de eventos economicamente mensuráveis para figurar no suporte fático da tributação. Trata-se de limite objetivo afeto ao critério material da regra-matriz. Já a capacidade contributiva subjetiva determina que a cobrança do tributo respeite o nível de resistência econômica demonstrada pela pessoa que realiza o fato jurídico tributário; está relacionada ao sujeito passivo e pode ser aferida por vários critérios, dentre eles: a) a mesma ocorrência factual descrita como hipótese de incidência do tributo, isoladamente considerada; b) a situação econômica do seu realizador.[115] Após tecer suas considerações, a autora concluiu:

---

113. BECHO, Renato Lopes. *Responsabilidade tributária de terceiros:* CTN, arts. 134 e 135. São Paulo: Saraiva, 2014, p. 39.

114. ATALIBA, Geraldo; BARRETO, Aires F. Substituição e responsabilidade tributária. *Revista de Direito Tributário.* Cadernos de Direito Tributário n. 49. São Paulo: RT, p. 73.

115. DARZÉ, Andréa Medrado. *Responsabilidade:* solidariedade e subsidiariedade. São Paulo: Noeses, 2010, p. 43-44.

> Diante de todas essas considerações, e tendo em vista as disposições constitucionais relativas à matéria, podemos deduzir três conclusões bem sintéticas: uma, que o princípio da capacidade contributiva absoluta, com toda a sua magnitude, foi prestigiado pela Constituição da República; outra, que ele se aplica a toda e qualquer espécie tributária e não somente aos impostos; e, por fim, que a dosagem da percussão tributária deve se dar em estrita conformidade com o nível de aptidão econômica demonstrada pelo sujeito passivo que realizou o fato tributário, tendo em vista aquela mesma experiência factual, isoladamente considerada. Ou, em termos mais diretos, que os valores repassados ao Estado devam corresponder a uma parcela da manifestação da riqueza demonstrada pela singela realização do fato tributário.
>
> Qualquer tentativa em sentido diverso, que pretenda ver recolhido tributo em decorrência da prática de eventos que não tenham relevância econômica ou que utilize critérios alheios ao fato tributário para quantificar o valor devido, distancia-se deste limite material da norma de competência, implicando a necessidade de vir a ser declarada a invalidade do tributo criado.[116]

Adotando as premissas acima, concluímos que quem realiza o fato jurídico tributário é o contribuinte, então, em relação a ele deve ser aferida a capacidade contributiva, não em relação ao responsável, que realiza o fato jurídico da responsabilidade tributária. Para compatibilizar as regras da capacidade contributiva com a responsabilidade tributária, deve-se adotar como premissa que quem arca com o encargo tributário é o contribuinte. O responsável tributário tem o dever de repassar ao Fisco o tributo decorrente de fato signo de riqueza do contribuinte.

Tal princípio não se aplicará aos casos de responsabilidade tributária de natureza sancionatória. Nesses casos não precisa ser aferida a capacidade contributiva, pois o responsável está sendo punido pela prática de ato fiscalmente ilícito, conforme explica Renato Lopes Becho.[117] Assim, nos casos

116. DARZÉ, Andréa Medrado. *Responsabilidade:* solidariedade e subsidiariedade. São Paulo: Noeses, 2010, p. 51.

117. BECHO, Renato Lopes. *Responsabilidade tributária de terceiros:* CTN, arts. 134

de responsabilidade tributária dos sócios, não se aplica esse princípio.

4.1.4 Princípio do não confisco

Dentre as limitações constitucionais do poder de tributar, é vedada a utilização de tributo com efeito de confisco (art. 150, IV, CRFB/1988). Essa vedação traduz o princípio do não confisco. Além de observar a capacidade contributiva, tratada acima, o ente tributante não poderá utilizar o tributo com efeito de confisco. Esse princípio não se aplica à responsabilidade tributária de natureza sancionatória, conforme será analisado adiante.

4.2 Parâmetros constitucionais para a escolha do sujeito passivo

Paulo de Barros Carvalho entende que, como a obrigação tributária "só se instaurará com o sujeito passivo que integrar a ocorrência típica", em decorrência do "limite constitucional da competência do legislador tributário", a Constituição Federal limita a escolha do legislador, que somente poderá escolher para "ocupar a posição de sujeito passivo tributário quem estiver em relação com o fato jurídico praticado".[118] Luís César Souza de Queiroz, em sua obra *Sujeição passiva tributária*, defende que somente o contribuinte é sujeito passivo da relação jurídica tributária.[119]

O sujeito passivo é aquele que figura no polo passivo da relação jurídica tributária. Alfredo Augusto Becker pondera que o legislador, ao estruturar a regra jurídica tributária, tem

---

e 135. São Paulo: Saraiva, 2014, p. 39-40.

118. CARVALHO, Paulo de Barros. *Direito tributário, linguagem e método*. 5ª ed. São Paulo: Noeses, 2013, p. 632-633.

119. QUEIROZ, Luís César Souza de. *Sujeição passiva tributária*. 3ª ed. Rio de Janeiro: GZ, 2017.

liberdade de escolher qualquer pessoa como tal,[120] fazendo apenas duas ressalvas a essa liberdade:

> Primeira ressalva – Nos países, cujo sistema jurídico encontra-se integrado com regra jurídica *constitucional* que impõe o "princípio da capacidade contributiva", o legislador ordinário tem o dever jurídico de escolher para sujeito passivo da relação jurídica tributária:
>
> a) Aquela pessoa de cuja renda ou capital, acima do mínimo indispensável, a hipótese de incidência é fato-signo presuntivo;
>
> b) Qualquer outra pessoa (substituto legal tributário), desde que lhe outorgue o direito de reembolso ou de retenção do tributo contra o substituído (contra aquela pessoa de cuja renda ou capital a hipótese de incidência é fato-signo presuntivo).[121]

As ressalvas feitas por Alfredo Augusto Becker se aplicam ao direito brasileiro. A Constituição Federal prescreve a observância da legalidade tributária, tipicidade tributária, capacidade tributária e não confisco, mas não veda a atribuição de responsabilidade tributária à pessoa diversa do contribuinte, que poderá figurar no polo passivo da relação jurídica tributária como responsável. Esses princípios constitucionais sempre deverão ser observados em relação ao contribuinte, pessoa que tem seu patrimônio pessoal (em sentido *lato sensu*) afetado pela tributação. Em relação ao responsável, que tem a obrigação de recolher o tributo alcançando o patrimônio do contribuinte, deverão ser observadas apenas a legalidade e a tipicidade tributária.

---

120. O legislador, ao estruturar a regra jurídica tributária, tem liberdade (com as duas únicas ressalvas abaixo indicadas) de escolher *qualquer* pessoa (*física ou jurídica ou estatal*) para sujeito passivo da relação jurídica tributária. Este sujeito passivo poderá ser pessoa que esteja ligada à hipótese de incidência por relação de natureza social ou geográfica ou física ou jurídica (ex.:procurador ou vendedor, etc.) e até poderá ser pessoa que *nenhuma* relação tenha com a hipótese de incidência. (BECKER, Alfredo Augusto. *Teoria geral do direito tributário*. 3ª ed. São Paulo: Lejus, 1998, p. 279).

121. BECKER, Alfredo Augusto. *Teoria geral do direito tributário*. 3ª ed. São Paulo: Lejus, 1998, p. 280.

Andréa Medrado Darzé escreveu sobre os limites constitucionais e, mais especificamente, em relação aos princípios da capacidade contributiva e da vedação de confisco:

> o que se constata é que referidos princípios constituem limites que se dirigem diretamente para a repercussão do tributo e não propriamente para a eleição da pessoa de quem se exige o cumprimento da prestação. E essa realidade poderá variar ainda a depender do fato eleito como causa para a imputação da responsabilidade.
>
> Em termos mais diretos, é evidente que exigir tributo do sujeito que realizou o fato tributário é o caminho mais fácil e seguro para garantir que a tributação recaia sobre a parcela da riqueza objetivamente manifestada. Ocorre que algumas circunstâncias acidentais podem tornar a arrecadação nesses moldes muito dificultosa, chegando até mesmo a inviabilizá-la.[122]

Para Regina Helena Costa o *sujeito passivo*, que responde pelo débito inerente à obrigação tributária, usualmente, é o *contribuinte*, aquele que protagoniza a situação fática descrita na hipótese de incidência, mas existem diversas hipóteses de sujeição passiva tributária. Conclui que, "apesar de a Constituição, ao apontar as regra-matrizes de incidência, já determinar implicitamente, quem poderá ser assim qualificado, caberá à lei indicar, de modo expresso, quem são tais pessoas."[123]

A Constituição dá os contornos do arquétipo tributário dos tributos, donde deduz-se o critério material a ser eleito pelo legislador infraconstitucional competente para enunciar a lei veículo da regra-matriz de incidência. Ela não impede que a lei escolha o sujeito passivo, na condição de responsável, desde que respeitados os limites constitucionais e aqueles mencionados por Regina Helena Costa:

---

122. DARZÉ, Andréa Medrado. *Responsabilidade:* solidariedade e subsidiariedade. São Paulo: Noeses, 2010, p. 80.

123. COSTA, Regina Helena. *Curso de direito tributário:* Constituição e Código Tributário Nacional. 2ª ed. São Paulo: Saraiva, 2012, p. 207.

> As limitações constitucionais no trato da matéria de responsabilidade tributária são as seguintes: a) exigência de *lei complementar* (artigo 146, II, *b*) e b) *razoabilidade*, a orientar o legislador na escolha do terceiro que virá a responder pelo ônus tributário, uma vez que sempre há de estar vinculado indiretamente ao fato gerador (artigo 5º, LIV).[124]

Renato Lopes Becho, no tocante à escolha do sujeito passivo, entende que o princípio da supremacia constitucional elucida a questão de saber se o sistema constitucional tributário pode ter seus contornos definidos por lei infraconstitucional:

> Ao que nos parece, não há autorização para a eleição de outro sujeito passivo pela norma infraconstitucional, que não aqueles que realizam a materialidade prevista constitucionalmente. Isso não significa que outros parâmetros constitucionais não precisem ser respeitados. Eles balizam a cobrança do tributo partindo-se do núcleo máximo possível, que é a realização do critério material. Tais parâmetros são, por exemplo, os princípios da capacidade contributiva, do não confisco, da seletividade (para os impostos que tiverem sob sua égide), bem como de certas regras específicas, como, por exemplo, a não cumulatividade.
>
> Admitir que uma lei infraconstitucional possa fixar o sujeito passivo de um tributo previsto na Constituição é o mesmo que dizer que uma lei ordinária pode mudar a Constituição, negando-se a supremacia desta sobre todo o sistema jurídico. Por exemplo, se se admitir que o sujeito passivo do Imposto de Importação seja o transportador, teremos a União invadindo a esfera de competência dos Estados, já que o ICMS incide, dentre outros fatos jurígenos, ou imponíveis, sobre serviços de transporte interestadual, ou então fere a competência municipal, se for causa da hipótese de incidência do ISS (transporte municipal).
>
> É até uma das formas de se burlar o princípio da capacidade contributiva a colocação, como sujeito passivo do imposto, de outra pessoa que não aquela que realizou a operação ou está na sua situação econômica. Enfim, aquele que realizou o fato tributável deve ser seu sujeito passivo.[125]

---

124. COSTA, Regina Helena. *Curso de direito tributário:* Constituição e Código Tributário Nacional. 2ª ed. São Paulo: Saraiva, 2012, p. 215.

125. BECHO, Renato Lopes. *Responsabilidade tributária de terceiros:* CTN, arts. 134 e 135. São Paulo: Saraiva, 2014, p. 20-21.

O entendimento acima se aplica ao contribuinte. Não há óbice a eleger o responsável tributário se o tributo incidir sobre o signo de riqueza do contribuinte, não sobre o responsável, desde que a lei estipule mecanismos para esse repasse do tributo ao Fisco e seja ressarcido do ônus tributário, que deve incidir sobre o patrimônio do contribuinte.

O contribuinte não pode ser qualquer um, mas somente aquele que realiza o fato jurídico tributário nos moldes do arquétipo deduzido a partir dos enunciados do texto constitucional. Já o responsável deve ter alguma relação com o "fato gerador", nos termos do CTN, ou seja, com a materialidade prevista constitucionalmente.

Conforme manifestação de Maria Rita Ferragut, "desconhecemos a existência de qualquer norma constitucional que indique quem deva ser o sujeito passivo de uma relação jurídica tributária. Por isso, entendemos que a escolha é infraconstitucional", desde que seja assegurado ao responsável o ressarcimento do tributo. O ressarcimento não é exigível nos casos de responsabilidade prevista em norma sancionatória.[126]

Assim, para eleger o sujeito passivo da relação jurídica tributária deverão ser observados os princípios constitucionais tributários, especialmente os da legalidade tributária, tipicidade tributária, capacidade contributiva e do não confisco. O sujeito passivo poderá ser o contribuinte ou o responsável. Quando eleito o responsável, em atenção ao princípio da capacidade contributiva e não confisco, o mecanismo de responsabilidade tributária não poderá afetar o patrimônio, a renda e os demais signos de riqueza do responsável, mas sim do contribuinte, assegurando ao responsável o ressarcimento do ônus tributário (responsabilidade tributária obrigacional). Os princípios da capacidade tributária e não confisco não se aplicam aos casos de responsabilidade tributária

---

126. FERRAGUT, Maria Rita. *Responsabilidade tributária e o Código Civil de 2002*. 3ª ed. São Paulo: Noeses, 2013, p. 34-35.

sancionatória, não exigem que a lei estabeleça mecanismos de ressarcimento ao responsável, como nos casos de responsabilidade tributária dos sócios.

4.3 Os trabalhos da Comissão Especial do Código Tributário Nacional: o anteprojeto e o projeto do Código

Estabelecidos os parâmetros constitucionais, devem ser analisadas as normas gerais em matéria de legislação tributária previstas no Código Tributário Nacional. Antes, porém, serão tecidas breves considerações sobre os trabalhos da Comissão Especial do Código Tributário Nacional, o anteprojeto e o projeto do CTN.

Nos "Trabalhos da Comissão Especial do Código Tributário Nacional", nomeada pelo Ministro da Fazenda Oswaldo Aranha, para elaborar o anteprojeto do Código Tributário Nacional (Portaria Ministerial n. 784, publicada no Diário Oficial de 20 de agosto de 1953),[127] consta o anteprojeto que, após extensos debates e ampla participação de representantes do Fisco e dos contribuintes, forma a base do projeto que resultou na aprovação da Lei n. 5.172/1966, que instituiu o Código Tributário Nacional.

No parecer de Aliomar Baleeiro, aprovado pela Comissão de Constituição e Justiça da Câmara dos Deputados (Projeto

127. Trabalhos da Comissão Especial do Código Tributário Nacional. Publicador: Rio de Janeiro: Ministério da Fazenda. Data de publicação: 1954. Descrição física: 547 p. Conteúdo: Exposição de Motivos do Ministro da Fazenda, Dr. Oswaldo Aranha, encaminhando ao Sr. Presidente da República o Projeto de Código Tributário Nacional. Relatório apresentado pelo Prof. Rubens Gomes de Sousa, relator geral, e aprovado pela Comissão Especial nomeada pelo Ministro da Fazenda para elaborar o Projeto de Código Tributário Nacional. Anteprojeto de autoria do Prof. Rubens Gomes de Sousa, que serviu de base aos trabalhos da Comissão Especial do Código Tributário Nacional. Sugestões oferecidas ao Anteprojeto de Código Tributário Nacional. Assuntos: Tributação, codificação, Brasil| Código tributário, projeto, Brasil, (1954). BRASIL, Senado Federal. Disponível em: http://www2.senado.gov.br/bdsf/handle/id/511517 Acesso em: 22 nov. 2017.

n. 4.838/1954), consta que antes do Código Tributário Nacional existiam mais de 2000 aparelhos fiscais espalhados pelo território brasileiro, editados pela União, Estados, Distrito Federal e Municípios. Cada um "regrava diversamente os prazos de prescrição, as regras de solidariedade, o conceito de fato gerador, as bases de cálculo dos impostos que lhes eram distribuídos".[128] Até então, não existia um sistema tributário nacional, faltando uniformidade em relação aos principais institutos de direito tributário e um mínimo de segurança jurídica.

No intuito de estabelecer um sistema tributário nacional, com fundamento de validade no art. 5º, XV, "b", da Constituição Federal de 1946, que outorgava à União competência para "legislar sobre normas gerais de direito financeiro" foi aprovado o Código Tributário Nacional, instituído pela Lei n. 5.172/1966, estabelecendo as normas gerais, "com caráter nacional decorrente da sua aplicabilidade simultânea aos três níveis de governo integrantes da Federação".[129] A partir do CTN, passou a ser possível falar em sistema tributário nacional, com institutos de direito tributário uniformes em todo o território nacional.

Trata-se da técnica constitucional de atribuir ao legislador federal a competência para legislar, em caráter nacional, sobre matéria afeta, em última análise, à competência dos entes estaduais ou municipais, muito utilizada pelo sistema constitucional tributário brasileiro. A essa técnica, inaugurada na Constituição de 1946 com a nomenclatura "normas gerais de direito financeiro" (art. 5º, XV, "b"),[130] a doutrina atual, ainda que com alguma discordância em relação ao conteúdo

128. BALEEIRO, Aliomar de Andrade. O projeto Rubens Gomes de Souza-Osvaldo Aranha. *Doutrinas Essenciais*. São Paulo: *RT*, 737/741, mar. 1997, p. 1044.

129. BRASIL. Senado Federal. Disponível em: http://www2.senado.gov.br/bdsf/handle/id/511517 Acesso em: 22 nov. 2017.

130. BRASIL. Câmara dos Deputados. Disponível em: http://www2.camara.leg.br/legin/fed/consti/1940-1949/constituicao-1946-18-julho-1946-365199-publicacaooriginal-1-pl.html Acesso em: 26 dez. 2018.

e ao alcance da norma, convencionou chamar de "normas gerais em matéria de legislação tributária",[131] utilizando a nomenclatura da Constituição Federal de 1988 (art. 146, III).

O objetivo das normas gerais de matéria tributária é, em regra, dar uniformidade à legislação nacional. Isto importa, em última análise, em atribuir segurança jurídica e coesão ao sistema tributário, evitando, inclusive, conflitos de competência entre os entes da federação.

Na elaboração do projeto do Código, a Comissão Especial do Código Tributário Nacional utilizou como subsídio a legislação tributária então vigente nos entes da federação brasileira, a legislação estrangeira e a doutrina nacional e estrangeira.

No tocante à legislação estrangeira, conforme observa Alcides Jorge Costa, a prática de designação de terceiro como sujeito passivo da obrigação tributária é antiga. Consta como primeira menção ao instituto a lei italiana n. 4.021/1877:

> A designação de terceiro como sujeito passivo da obrigação tributária é prática antiga. Em seu estudo sobre a substituição tributária, Pietro Bodda refere que, na Itália, a primeira menção a esse instituto acha-se na lei n. 4021, de 24 de agosto de 1877, sobre o imposto de riqueza mobiliária. Esta lei, segundo Bodda, dizia que as Províncias, comunas, as pessoas jurídicas, as sociedades em comandita por ações e as sociedades anônimas deviam declarar não apenas seus rendimentos próprios, mas também os salários, pensões e ordenados que pagavam, os juros de suas dívidas contratuais e das obrigações que emitiam e pagar diretamente o imposto incidente sobre estes rendimentos, reembolsando-se dos respectivos montantes mediante retenção deduzida das quantias pagas. Também Myrbach-Rhenfeld, o primeiro sistematizador dos aspectos jurídicos da tributação, em livro publicado em 1906 e cuja tradução francesa é de 1910, chamava a atenção para o que depois se chamou de substituição tributária e dizia – e aqui transcreve suas palavras – que muito diferente da obrigação de pagamento imposta a uma pessoa é a obrigação que se apresenta ao

---

131. ANSELMO, Marcio Adriano. Critério Material do ISS: conteúdo semântico da expressão "definidos em lei complementar". *Revista Tributária e de Finanças Públicas*. v. 64, set.-out., São Paulo: RT, 2005, p. 130.

lado da primeira, em relação a diversos impostos, a obrigação de perceber e recolher imposto. Entendia Myrbach-Rheinfeld, que a quem incumbe esta obrigação aparece apenas como um órgão de arrecadação da administração financeira.[132]

Diante do relato acima, o estudo específico da substituição tributária, que não é objeto deste trabalho, pode ser aprofundado através de comparação com o direito italiano.[133] No direito positivo brasileiro, a substituição tributária foi introduzida pela Lei Complementar n. 44, de 07.12.1983.[134]

Em relação à doutrina nacional, como se observa do relatório apresentado por Rubens Gomes de Souza, relator geral, e aprovado pela Comissão Especial nomeada pelo Ministro da Fazenda para elaborar o Projeto do Código Tributário Nacional, a obra de Rubens Gomes de Souza (coautor do anteprojeto e do projeto) *Compêndio de legislação tributária* foi citada.[135] Escrita em momento anterior ao direito positivado no CTN,[136] influencia até hoje a classificação da sujeição passiva tributá-

132. COSTA, Alcides Jorge. ICMS e substituição tributária. *Revista Dialética de Direito Tributário* n.2. São Paulo: Dialética, 1995, p. 74.

133. PARLATO, Andrea. Il Sostituto Dimposta Studi Di Finanza Pubblica. Padova: Cedam, 1969; PIDIO, Patrizia. *Del sostituto d'imposta:* chi è e cosa fa. Pubblicato il 04 Dicembre 2015 alle ore 16:56. Disponível em: https://www.investireoggi.it/fisco/sostituto-dimposta-chi-e-e-cosa-fa/. Acesso em: 15 nov. 2017.

134. Especificamente no Brasil, a Lei Complementar 44, de 07-12-1983, acrescentando os §§9° e 10 ao artigo 2° do Decreto-lei n. 406/68, estabeleceu a possibilidade de se atribuir ao industrial, comerciante, atacadista ou produtor, a condição de responsável pelo imposto devido pelo comerciante varejista. Previu, ainda, corresponder à base de cálculo do tributo, para tais efeitos, ao valor da operação promovida pelo responsável (substituto) acrescido à margem de lucro atribuída ao comerciante varejista ou revendedor. No caso dos varejistas, a margem de lucro seria obtida mediante aplicação do percentual fixado em lei, com a possibilidade de majoração por convênio. Quanto aos revendedores, dependeria ela do preço máximo ou único estabelecido pelo fabricante ou fixado pelo fisco. (SILVA, Paulo Roberto Coimbra. *A substituição tributária progressiva nos impostos plurifásicos e não cumulativos.* Belo Horizonte: Del Rey, 2001, p. 67-68).

135. BRASIL, Senado Federal. Disponível em: http://www2.senado.gov.br/bdsf/handle/id/511517 Acesso em: 22 nov. 2017. Item 42, p. 124.

136. Em pesquisas na internet foi localizada edição desta obra publicada em 1954, mesmo ano da instauração da comissão especial.

ria. Há que se ressaltar que a ciência do direito, com seu caráter descritivo analítico, tem como objeto o direito positivo.

A doutrina de Rubens Gomes de Souza utilizou critério econômico para classificar a sujeição passiva em direta e indireta, segundo a qual haverá: (i) sujeição passiva direta quando o tributo for "cobrado da pessoa que esteja em relação econômica com o ato, fato ou negócio que dá origem à tributação; por outras palavras, o tributo deve ser cobrado da pessoa que tira um proveito econômico do ato, fato ou negócio tributado"; (ii) sujeição passiva indireta "quando a pessoa obrigada ao recolhimento do tributo não tiver relação pessoal e direta com o ato, fato ou negócio previsto na hipótese de incidência". O autor ainda propunha: "a sujeição passiva indireta apresenta duas modalidades: por transferência e por substituição; por sua vez a transferência comporta três hipóteses: solidariedade, sucessão e responsabilidade."[137]

Este critério de classificação não deve ser adotado, conforme adverte Paulo de Barros Carvalho, porque foi "tecido com critérios econômicos ou com dados ocorridos em momento pré-legislativo, não mais se sustenta em face de uma dogmática que se pretende rigorosa, voltada apenas para os aspectos jurídicos que os eventos do mundo possam oferecer".[138] Os critérios não jurídicos, onde se incluiu a "interpretação econômica", devem ser afastados.[139]

A análise da sujeição passiva da relação jurídica tributária deve ser feita utilizando critérios exclusivamente jurídicos, desconsiderando, portanto, critérios extrajurídicos. Deve partir dos enunciados prescritivos do direito positivo e

---

137. SOUZA, Rubens Gomes de. *Compêndio de legislação tributária*. São Paulo: Resenha Tributária Ltda., 1975 (edição póstuma), p. 92-93.

138. CARVALHO, Paulo de Barros. *Direito tributário:* linguagem e método. 5ª ed. São Paulo: Noeses, 2013, p. 656.

139. CARVALHO, Paulo de Barros. O absurdo da interpretação econômica do "fato gerador". Direito e sua autonomia – o paradoxo da interdisciplinaridade. *Revista da Faculdade de Direito da Universidade de São Paulo*, v. 102, p. 441-456, jan.-dez. 2007.

submetidos à análise da ciência do direito, com o fim de descrever e classificar as normas jurídicas que estabelecem a obrigação de pagar tributo.

Passa-se à análise dos enunciados do CTN que tratam da sujeição passiva, dos sujeitos da relação jurídica tributária.

4.4 O sujeito passivo no Código Tributário Nacional

O Código Tributário Nacional foi instituído pela lei ordinária n. 5.172, de 25-10-1966, com fundamento de validade na Constituição de 1946, que outorgou à União competência para legislar sobre "normas gerais de direito financeiro" (art. 5º, XV, "b"). Como a Constituição Federal de 1988 reservou à lei complementar de competência da União estabelecer "normas gerais em matéria de legislação tributária" (art. 146, III, "a", CRFB/1988), o CTN foi recepcionado pela Constituição vigente com *status* de lei complementar, mantendo seu caráter de lei nacional, a ser observada por todos os entes da federação brasileira (União Federal, Distrito Federal e Municípios) ao exercerem suas competências tributárias (i) legislativa, instituindo seus tributos por lei e regulamentando suas leis por atos normativos infralegais, e (ii) administrativa, fiscalizando e cobrando seus respectivos tributos.

O objetivo das normas gerais em matéria de legislação tributária é, em regra, uniformizar a legislação nacional, atribuindo segurança jurídica e coesão ao sistema tributário nacional, evitando, inclusive, conflitos de competência entre os entes da federação. As normas gerais sobre sujeição passiva, que versam sobre os sujeitos passivo (contribuinte e responsável) no polo passivo das relações jurídicas tributárias, deverão, portanto, ser observadas nacionalmente.

Nos termos das normas gerais, o sujeito passivo da obrigação tributária é a pessoa obrigada ao pagamento de tributo ou penalidade (art. 121, *caput*, do CTN), que nem sempre tem vinculação pessoal e direta com o fato gerador. Cabe relembrar que não será utilizada a classificação proposta por Rubens Gomes de Souza (sujeição passiva direta e indireta).[140]

Consta nos enunciados do CTN que o sujeito passivo da relação jurídica tributária é a pessoa obrigada ao pagamento de tributo ou penalidade (art. 121, *caput*, do CTN). O sujeito passivo é designado como (i) contribuinte "quando tenha relação pessoal e direta com a situação que constitua o respectivo fato gerador" (art. 121, parágrafo único, I, CTN), ou (ii) responsável "quando, sem revestir a condição de contribuinte, sua obrigação decorra de disposição expressa em lei" (art. 121, parágrafo único, II, CTN).

Na sequência, o CTN trata da responsabilidade tributária, no Capítulo V, onde consta, na Seção I, art. 128, a disposição geral:

> Art. 128. Sem prejuízo do disposto neste capítulo, a lei pode atribuir de modo expresso a responsabilidade pelo crédito tributário à terceira pessoa, vinculada ao fato gerador da respectiva obrigação, excluindo a responsabilidade do contribuinte ou atribuindo-a a este em caráter supletivo do cumprimento total ou parcial da referida obrigação.

Em seguida, nas Seções II a IV desse capítulo, estão indicados os enunciados sobre as hipóteses legais de responsabilidade tributária: (1) responsabilidade dos sucessores (arts. 129 a 133, CTN); (2) responsabilidade dos terceiros (arts. 134 a 135, CTN); e (3) responsabilidade por infração (arts.136 a 138, CTN).

Analisando os enunciados do Código Tributário Nacional verifica-se que os termos "contribuinte", "responsável" e "responsabilidade tributária", além de expressões conexas, foram utilizados pelo legislador com várias acepções. Fazendo o isolamento temático, encontram-se os seguintes termos mencionados no CTN: (i) "sujeito passivo" (37 vezes); (ii) "contribuinte" (25 vezes);

---

140. SOUZA, Rubens Gomes. *Compêndio de legislação tributária.* São Paulo: Resenha Tributária, 1975. (edição póstuma), p. 92-93.

(iii) "responsável" (6 vezes); (iv) "responsabilidade" (17 vezes); (v) "responsabilidade tributária" (3 vezes); (vi) "substituição" (1 vez) (no artigo 203 referindo-se à substituição da CDA); (vii) "substituto" não é enunciado no CTN; (viii) "terceiros" (7 vezes), designando "responsabilidade tributária de terceiros" do responsável (sujeito passivo) e "terceiros" estranhos ao fato jurídico tributário, não se referindo ao contribuinte ou responsável (art. 118, I; art. 197 e art. 198). É necessário investigar as acepções desses termos.

4.5 Acepções dos termos *contribuinte* e *responsável*

Conforme observa Paulo de Barros Carvalho, "o eixo temático da responsabilidade tributária tem-se mostrado, na experiência brasileira, terreno fecundo para o surgimento de dúvidas e imprecisões, principalmente considerando-se a polissemia do vocábulo".[141]

Diversas são as acepções dos termos contribuinte e responsável. É útil analisá-las, já que o constructivismo lógico-semântico propõe uma análise sintática, semântica e pragmática para construir o sentido dos textos do direito positivo.[142] Contribuinte e responsável estão relacionados à responsabilidade tributária, que será examinada na sequência.

Iniciando a análise sintática, na língua portuguesa, *contribuinte* é "aquele que contribui", "aquele que está sujeito à tributação ou paga tributos".[143] É sinônimo de "contribui-

141. CARVALHO, Paulo de Barros. *Direito tributário, linguagem e método*. 5ª ed. São Paulo: Noeses, 2013, p. 647.

142. Dardo Scavino, abordando as diferenças entre os eixos paradigmático e sintagmático da linguagem, escreveu que o sentido "modifica-se de acordo com o sintagma ou com a sucessão discursiva. De maneira que mesmo dentro de uma mesma língua ou de uma mesa cultura, os termos têm significações e sentidos diferentes. (SCAVINO, Dardo. *A filosofia atual:* pensar sem certezas. Tradução de Lucas Galvão de Brito. São Paulo: Noeses, 2014, p. 10).

143. MICHAELIS. *Dicionário brasileiro da língua portuguesa*. São Paulo: Melhoramentos, 2015. Disponível em: https://michaelis.uol.com.br/moderno-portugues/busca/portugues-brasileiro/contribuinte Acesso em: 27 dez. 2018.

dor, contributário, tributário, pagante, colaborador".[144] Para Caldas Aulete pode ser "1. Que faz contribuição. 2. Que paga tributos; sujeito a tributação (firma contribuinte). 3. Pessoa que faz contribuições. 4. Pessoa física ou pessoa jurídica sujeita a tributação em virtude de rendimentos ou de patrimônio. [F.: *contribuir* + *-nte.*]".[145]

Responsável é "aquele que assume ou tem responsabilidade", "aquele que responde pelos atos próprios ou de outrem", "aquele que tem de dar contas dos seus atos públicos", "aquele que é culpado por qualquer falta".[146] Significa "incumbido, encarregado de determinada tarefa ou obrigação", "que responde pelos próprios atos ou pelos de outros com relação a algo", "causador, culpado", "aquele ou aquela que se incumbiu de determinada tarefa", "aquele ou aquela que responde pelos seus atos ou atos alheios".[147] Como descreve Antônio Geraldo da Cunha, etimologicamente responsável é adjetivo que designa a pessoa "que responde pelos próprios atos ou pelos de outrem".[148] É a pessoa que responde pela obrigação, segundo o dicionário jurídico de Iedo Batista Neves.[149] Em sentido *lato*, responsabilidade é a qualidade de quem é responsável por seus próprios atos ou por atos de terceiros.

Responsabilidade é "condição de quem tem obrigação de responder pelos efeitos dos próprios atos ou pelos de outros:

---

144. DICIONÁRIO de sinônimos *online* de português do Brasil. *Dicio.com.br.* Disponível em: https://www.sinonimos.com.br/contribuinte/ Acesso em: 27 dez. 2018.

145. DICIONÁRIO Caldas Aulete. *Lexikon Editora Digital Ltda.* Disponível em: http://www.aulete.com.br/contribuinte. Acesso em: 27 dez. 2018.

146. MICHAELIS. *Dicionário brasileiro da língua portuguesa.* São Paulo: Melhoramentos, 2015. Disponível em: https://michaelis.uol.com.br/moderno-portugues/busca/portugues-brasileiro/contribuinte Acesso em: 27 dez. 2018.

147. DICIONÁRIO Caldas Aulete. *Lexikon Editora Digital Ltda.* Disponível em: http://www.aulete.com.br/contribuinte Acesso em: 27 dez. 2018.

148. CUNHA, Antônio Geraldo da. *Dicionário etimológico da língua portuguesa.* 4ª ed. Rio de Janeiro: Lexikon, 2010, p. 560.

149. NEVES, Iêdo Batista. *Vocabulário prático de tecnologia jurídica e de brocardos latinos.* Fases Edições, 1988.

[...] [F.: *responsável* + *-(i)dade.*]";[150] é "qualidade de quem é responsável", "obrigatoriedade de responder pelos próprios atos ou por aqueles praticados por algum subordinado", "obrigação moral, jurídica ou profissional de responder pelos próprios atos, relacionados ao cumprimento de determinadas leis, atribuições ou funções".[151]

Feita a análise sintática dos termos na língua portuguesa, passa-se à análise do texto em sentido estrito (suporte físico) do direito positivo, numa análise semântica, com intuito de estabelecer o "sentido mínimo", o "conteúdo mínimo", de contribuinte, responsável e responsabilidade tributária.

De acordo com Paulo de Barros Carvalho, a palavra contribuinte tem vários significados: "economicamente, contribuinte é a pessoa que arca com o ônus do pagamento do tributo. Nos domínios jurídicos, é o sujeito de direitos que ocupa o lugar sintático de devedor, no chamado "polo passivo da obrigação tributária"". E alerta: "o termo 'contribuinte', no direito e na economia, apresenta critérios de uso diferentes, propiciando conotações distintas. Seria como classificar as "mangas" em duas categorias, aquelas que (i) consistem na parte do vestuário que cobre o braço e aquelas que (ii) são frutos da árvore que chamamos de mangueira". Finalmente, conclui: "por certo, não podemos menos do que abandonar, energeticamente, essa classificação de 'contribuinte' em (i) 'contribuinte de fato' e (ii) 'contribuinte de direito'".[152] Aqui interessa o sentido jurídico de contribuinte, deduzido dos enunciados do direito posto.

---

150. DICIONÁRIO Caldas Aulete. *Lexikon Editora Digital Ltda.* Disponível em: http://www.aulete.com.br/contribuinte Acesso em: 27 dez. 2018.

151. MICHAELIS. *Dicionário brasileiro da língua portuguesa.* São Paulo: Melhoramentos, 2015. Disponível em: https://michaelis.uol.com.br/moderno-portugues/busca/portugues-brasileiro/contribuinte/ Acesso em: 27 dez. 2018.

152. CARVALHO, Paulo de Barros. *Direito tributário:* linguagem e método. 5ª ed. São Paulo: Noeses, 2013, p. 635.

O CTN, no Título II (Obrigação Tributária), Capítulo IV (Sujeito Passivo), Seção I (Disposições Gerais), enuncia:

> Art. 121. Sujeito passivo da obrigação principal é a pessoa obrigada ao pagamento de tributo ou penalidade pecuniária.
>
> Parágrafo único. O sujeito passivo da obrigação principal diz-se:
>
> I – contribuinte, quando tenha relação pessoal e direta com a situação que constitua o respectivo fato gerador;
>
> II – responsável, quando, sem revestir a condição de contribuinte, sua obrigação decorra de disposição expressa de lei.

O CTN prevê duas espécies de sujeito passivo da obrigação tributária: o contribuinte e o responsável. O contribuinte tem "relação pessoal e direta com a situação que constitua o respectivo fato gerador" (art. 121, parágrafo único, I, CTN); é aquele que realiza o fato jurídico tributário, cujos critérios identificadores estão descritos no antecedente da regra-matriz de incidência tributária. O responsável é pessoa que "sem revestir a condição de contribuinte, sua obrigação decorra de disposição expressa de lei" (art. 121, parágrafo único, II, CTN); não realiza o fato jurídico tributário, mas a lei lhe imputa o dever de cumprir a obrigação tributária.

Do suporte físico do art. 121, deduz-se que sujeito passivo é gênero, que se subdivide em duas espécies: (i) contribuinte e (ii) responsável. Entre várias acepções, o termo "responsável" foi utilizado em oposição à "contribuinte", pois a lei pode eleger como sujeito passivo o contribuinte (aquele que realiza o fato jurídico da regra-matriz de incidência tributária) ou o responsável (aquele que "sem revestir a condição de contribuinte, sua obrigação decorra de disposição expressa de lei"). Nesse contexto, o responsável será sempre pessoa diversa do contribuinte, um "terceiro responsável". O CTN também usa a expressão "terceiros" a estranhos ao fato jurídico tributário, não se referindo ao contribuinte ou responsável (art. 118, I; art. 197 e art. 198, CTN).

O sujeito passivo, contribuinte ou responsável, ocupará o polo passivo na relação jurídica tributária, conforme escolha do legislador, observados os limites e os parâmetros constitucionais já tratados.

O contribuinte tem relação direta com a ocorrência do fato jurídico tributário que subsume aos critérios descritos no antecedente da regra-matriz de incidência e, de sua conduta, resultará uma relação jurídica tributária de natureza obrigacional. É o que descreve Paulo de Barros Carvalho:

> Sujeito passivo da obrigação tributária é, por sua vez, a pessoa física ou jurídica, privada ou pública, de quem se exige o cumprimento da prestação pecuniária. Esse é, em termos jurídicos, o contribuinte, ou seja, aquele que deve realizar o pagamento dos tributos eventualmente devidos. [...] Em cada um dos eventos eleitos para compor a hipótese da regra-matriz de incidência, a autoridade legislativa apanha um sujeito, segundo o critério de sua participação, direta e pessoal com a ocorrência objetiva, e passa a chamá-lo de "contribuinte", fazendo-o constar da relação obrigacional, na qualidade de sujeito passivo.[153]

Em relação ao responsável, Paulo de Barros Carvalho observa que, em algumas oportunidades, outras pessoas, que não realizaram o fato jurídico tributário, poderão ser escolhidas para adimplirem a obrigação tributária, na condição de responsáveis (substitutos ou solidários). Entende, porém, que a obrigação tributária só se instaurará com o contribuinte, em decorrência do limite constitucional da competência. E, por isso, conclui: "somente pode ocupar a posição de sujeito passivo tributário quem estiver em relação com o fato jurídico praticado".[154] Luís César Souza de Queiroz entende que somente o contribuinte é sujeito passivo.[155] É também o que defende Regina Helena Costa:

---

153. CARVALHO, Paulo de Barros. *Direito tributário, linguagem e método.* 5ª ed. São Paulo: Noeses, 2013, p. 632-633.

154. Idem, p. 632-633.

155. QUEIROZ, Luís César Souza de. *Sujeição passiva tributária.* 3. ed. Rio de Ja-

> Pensamos que o regramento da sujeição passiva indireta, veiculado pelo Código Tributário Nacional, confunde vínculos jurídicos distintos, e, consequentemente, os sujeitos passivos de tais liames.
>
> Em relação à obrigação principal, portanto, há um único sujeito passivo possível, que o Código denomina contribuinte. Este é o protagonista do fato jurídico tributário e, portanto, logicamente, o sujeito passivo da obrigação.[156]

Apesar desses entendimentos, contribuinte e responsável podem ser sujeitos do polo passivo da relação jurídica tributária. A Constituição não impede que outras pessoas, que não tenham praticado o fato jurídico tributário, possam ser escolhidas como sujeito passivo, desde que observados os limites e os parâmetros constitucionais tratados acima. E, nos termos do CTN, o sujeito passivo poderá ser o contribuinte ou o responsável (art. 121, CTN). O sujeito passivo é aquele que ocupa o polo passivo na relação jurídica tributária. Nesse mesmo sentido, Maria Rita Ferragut destaca como ponto fundamental que o "sujeito passivo é aquele que figura no polo passivo da relação jurídica tributária, e não aquele que tem a aptidão para suportar o ônus fiscal", reportando-se ao art. 121 do CTN.[157] Por isso, afirma: "a responsabilidade constitui-se, também, numa *relação*, vínculo que se estabelece entre o sujeito obrigado a adimplir com o objeto da obrigação tributária e o fisco".[158]

Ambos ocupam o polo passivo da relação jurídica tributária, mas por fundamentos distintos. O contribuinte, por realizar o fato jurídico tributário (o critério material do "fato gerador") e o responsável, por realizar o fato jurídico da responsabilidade tributária. Nesse sentido, destaca Maria Rita Ferragut:

---

neiro: GZ, 2017.

156. COSTA, Regina Helena. *Curso de direito tributário:* Constituição e Código Tributário Nacional. 2ª ed. São Paulo: Saraiva, 2012, p. 227.

157. FERRAGUT, Maria Rita. *Responsabilidade tributária e o Código Civil de 2002.* 3ª ed. São Paulo: Noeses, 2013, p. 33.

158. Idem, p. 39.

> Os dois sujeitos passivos, por terem obrigação de adimplir com o objeto da prestação, são responsáveis considerando-se a acepção *lata* do termo. Entretanto, dada a ambiguidade presente no referido vocábulo, daqui por diante passaremos a designar "responsabilidade tributária" somente a obrigação do terceiro fundada no inciso II do referido parágrafo.
>
> Contribuinte é a pessoa que realizou o fato jurídico tributário, e que cumulativamente encontra-se no polo passivo da relação obrigacional. Se uma das duas condições estiver ausente, ou o sujeito será o responsável, ou será o realizador do fato jurídico, mas não o contribuinte. Praticar o evento, portanto, é condição necessária para essa qualificação, mas insuficiente.[159]

O contribuinte paga o tributo porque realiza o fato jurídico tributário cujos critérios são descritos no antecedente da regra-matriz de incidência tributária, que prescreve em seu consequente o dever de pagar tributo, decorrendo dessa norma uma relação jurídico-tributária entre sujeito ativo e o contribuinte (sujeito passivo), fazendo surgir ao contribuinte a obrigação de pagar o tributo devido. Essa relação jurídica sempre terá natureza obrigacional tributária. O responsável está obrigado ao pagamento do tributo porque realiza o fato jurídico da responsabilidade tributária, cujos critérios, por sua vez, estão descritos na norma jurídica de responsabilidade tributária; outra norma geral e abstrata, que se relaciona com a regra-matriz de incidência tributária.

Diversamente da responsabilidade civil, que em regra implica obrigação de indenizar decorrente de ato ilícito culposo ou doloso, a responsabilidade tributária pode decorrer de atos ilícitos (arts. 134, 135 e 137, CTN) ou de atos lícitos (arts. 129 a 133, CTN).[160]

---

159. FERRAGUT, Maria Rita. *Responsabilidade tributária e o Código Civil de 2002.* 3ª ed. São Paulo: Noeses, 2013, p. 34.

160. Diferentemente da responsabilidade civil que, salvo nas exceções legais surge da prática de ato ilícito culposo ou doloso, que resulte em dano a terceiro, e que implica a obrigação de indenizar, a responsabilidade tributária, embora em alguns casos requer a prática de atos ilícitos (artigos 134, 135 e 137 do CTN), por diversas vezes existe independentemente deles (artigos 129 ao 133 do CTN). (FERRAGUT, Maria Rita. *Respon-*

A responsabilidade tributária não decorre diretamente do fato jurídico tributário, mas está relacionada com esse, que pode ter como hipótese legal a ocorrência de um fato qualquer, que tenha relação indireta com o fato jurídico tributário, podendo ser "lícito ou ilícito (morte, fusão, excesso de poderes etc.) e não tipificado com fato jurídico tributário, que autoriza a constituição da relação jurídica entre o Estado-credor e o responsável".[161] O fato jurídico da responsabilidade tributária poderá ser antecedente, concomitante ou posterior ao fato jurídico tributário, dependendo da espécie de responsabilidade tributária.

Antes de prosseguir na análise das acepções da responsabilidade tributária, é possível tecer algumas conclusões sobre o contribuinte e o responsável.

O contribuinte (i) figura no polo passivo da relação jurídica tributária, (ii) tem relação direta com o fato gerador da obrigação tributária, pois é quem realiza o fato jurídico tributário, o critério material previsto na regra-matriz de incidência, decorrente da norma constitucional de competência tributária; (iii) arca com o ônus tributário, devendo a capacidade tributária ser subjetivamente analisada em relação ao contribuinte.

O responsável tributário (i) figura no polo passivo da relação jurídica tributária, (ii) realiza o fato jurídico da responsabilidade tributária, descrito no antecedente da norma jurídica de responsabilidade tributária, não tem "relação pessoal e direta com a situação que constitua o respectivo fato gerador", mas tem relação com algum dos critérios da regra-matriz de incidência tributária; (iii) poderá ou não arcar com o ônus tributário, dependendo da espécie de responsabilidade tributária (a capacidade contributiva é aferida subjetivamente em relação ao contribuinte).

---

sabilidade tributária e o Código *Civil de 2002.* 3ª ed. São Paulo: Noeses, 2013, p. 37).

161. FERRAGUT, Maria Rita. *Responsabilidade tributária e o* Código *Civil de 2002.* 3. ed. São Paulo: Noeses, 2013, p. 38.

4.6 Acepções de responsabilidade tributária

O CTN, em seu art. 121, prevê que contribuinte e responsável são sujeitos passivos da relação jurídica tributária. Na sequência, trata da responsabilidade tributária em seu capítulo V, seção I: "sem prejuízo do disposto neste capítulo, a lei pode atribuir de modo expresso a responsabilidade pelo crédito tributário a terceira pessoa, vinculada ao fato gerador da respectiva obrigação, excluindo a responsabilidade do contribuinte ou atribuindo-a a este em caráter supletivo do cumprimento total ou parcial da referida obrigação" (art. 128 do CTN). Se a lei pode atribuir a responsabilidade pelo crédito tributário a terceira pessoa, excluindo a responsabilidade do contribuinte ou atribuindo-a a este em caráter supletivo do cumprimento total ou parcial da obrigação, então, interpretando sistematicamente os arts. 121 e 128, deduz-se que a responsabilidade tributária poderá ser atribuída ao contribuinte ou responsável. Noutras palavras, contribuinte e responsável têm responsabilidade tributária.

Esquema 5: Contribuinte e Responsável têm responsabilidade tributária

No sentido acima, considerando que contribuinte e responsável têm responsabilidade tributária, o contribuinte sempre responde por ato próprio, por praticar o fato jurídico tributário.

E o responsável, responde por ato de outro (contribuinte)? Sim, na perspectiva de que o responsável (terceiro, não contribuinte) responde pelo ato do outro (contribuinte), que é quem realiza o fato jurídico tributário do qual decorrem a obrigação e o crédito tributário. Noutra perspectiva, o responsável também responde por ato próprio, pois somente estará obrigado a recolher o tributo se realizar o ato jurídico da responsabilidade tributária descrito na respectiva hipótese legal de responsabilidade.

A expressão responsabilidade tributária tem diversas acepções no direito tributário. Para Hugo de Brito Machado, o termo tem dois sentidos, um amplo e outro estrito:

> Em sentido amplo, é a *submissão de determinada pessoa, contribuinte ou não, ao direito do fisco de exigir a prestação da obrigação tributária*. Essa responsabilidade vincula qualquer dos sujeitos passivos da relação obrigacional tributária.
>
> Em sentido estrito, é a *submissão, em virtude de disposição legal expressa, de determinada pessoa que não é o contribuinte, mas está vinculada ao fato gerador da obrigação tributária, ao direito do fisco de exigir a prestação respectiva.*
>
> No CTN, a expressão *responsabilidade tributária* é empregada em sentido amplo nos arts. 123, 128, 136 e 138, entre outros. Mas também é usada em sentido restrito, especialmente quando o Código refere-se ao *responsável* como sujeito passivo diverso do contribuinte (artigo 121. II).[162]

Interpretando-se sistematicamente os enunciados dos arts. 121 e 128 do CTN, é possível compreender os mecanismos de atribuição do dever legal de recolher o tributo ao contribuinte ou responsável como responsabilidade tributária *lato sensu* ou responsabilidade tributária em sentido amplo.[163]

---

162. FERRAGUT, Maria Rita. *Responsabilidade tributária e o Código civil de 2002*. 3.ed. São Paulo: Noeses, 2013, p. 129.

163. 1) *Lato sensu* é expressão latina, que significa em sentido amplo. Ex.: "Ele cursava especialização *lato sensu* naquela universidade". 2) Sua locução antônima é *stricto sensu*. 3) É comum ver-se, por desconhecimento do latim, as grafias *lato senso* ou *latu sensu*, evidentemente equivocadas. 4) Por se tratar de expressão pertencente a outro idioma, há de vir obrigatoriamente entre aspas, em itálico, negrito,

Na língua portuguesa, responsabilidade é a qualidade de quem é responsável por seus próprios atos ou por atos de terceiros. A responsabilidade tributária em sentido *lato* é o dever legal de recolher o tributo, atribuído por lei ao contribuinte ou responsável.

Diante das várias acepções do enunciado *responsabilidade tributária*, Maria Rita Ferragut observa que se trata de proposição prescritiva, relação e fato, acepções que caminham juntas, pois em toda aparição do termo identificam-se essas três perspectivas, indissociáveis.[164] Apesar disso, analisou-as separadamente visando a aprofundar seu estudo:

> Como *proposição prescritiva*, responsabilidade tributária é norma jurídica deonticamente incompleta (norma *lato sensu*), de conduta, que, a partir de uma fato não tributário, implica a inclusão do sujeito que o realizou no critério pessoal passivo de uma relação jurídica tributária.
>
> Poderá tanto constar do veículo introdutor que instituiu o tributo, quanto de um outro. Independentemente da hipótese, é significação que comporá a construção da norma jurídica completa.
>
> A responsabilidade é proposição que tem o condão de alterar a norma individual e concreta que constituiu o crédito tributário, sempre que esta norma (a desconstituição) tiver inicialmente previsto um outro indivíduo como sujeito passivo da relação (responsabilidade por sucessão).
>
> Por outro lado, é proposição que não altera a norma individual e concreta de constituição do crédito, se, desde o início, o responsável tributário for o sujeito passivo da relação (responsabilidade

sublinhado ou com grifo equivalente, indicador de tal circunstância. 5) De igual modo, vedado é o uso do acento gráfico, que não existia na língua originária. 6) Não se olvide também a lição de Edmundo Dantès Nascimento no sentido de que expressões como essa não eram hifenizadas em latim, razão pela qual "não o podem ser em língua nenhuma", acrescentando tal autor que, "para quem pretende grafar escorreitamente não é permitido o hífen em expressões do latim clássico". Disponível em: http://www.migalhas.com.br/Gramatigalhas/10,MI205056,41046-Lato+senso+Lato+sensu+ou+Latu+sensu Acesso em: 20 mar. 2018.

164. FERRAGUT, Maria Rita. *Responsabilidade tributária e o Código civil de 2002*. 3. ed. São Paulo: Noeses, 2013, p. 38.

> por substituição, por solidariedade, responsabilidade de terceiros e por infrações).
>
> [...]
>
> A responsabilidade constitui-se, também, numa *relação*, vínculo que se estabelece entre o sujeito obrigado a adimplir com o objeto da obrigação tributária e o fisco.
>
> [...]
>
> Já como *fato*, responsabilidade é o consequente da proposição prescritiva que indica o sujeito que deverá ocupar o polo passivo da relação jurídica tributária, bem como os demais termos integrantes dessa relação (sujeito ativo e objeto prestacional).
>
> A qualificação desse fato decorre da relação de implicação, que tem como antecedente o relato de um outro fato, não tributário, prescrito em lei como apto a gerar a responsabilidade tributária.[165]

Para Andréa Medrado Darzé, responsabilidade tributária é:

> norma jurídica que prescreve em seu antecedente notas de um fato não tributário (lícito ou ilícito), mas que tem como pressuposto necessário um fato tributário (ainda que presumido) e em seu consequente notas de relação jurídica, na qual um terceiro, escolhido dentro da moldura que acabamos de expor, tem o dever de levar dinheiro aos cofres públicos a título de tributo. Trata-se, portanto, de norma que colabora na fixação do critério subjetivo passivo do tributo, entrando em relação com os demais enunciados que integram a regra-matriz de incidência em sentido amplo, cujo resultado variará a depender da espécie ou das características da responsabilidade de que se trate.[166]

Arthur M. Ferreira Neto designa a responsabilidade tributária como "instrumentos de responsabilização de terceiros que materializam a praticabilidade/eficiência", utilizados no lugar da "responsabilização pessoal e individual de cada contribuinte".[167]

165. FERRAGUT, Maria Rita. *Responsabilidade tributária e o Código Civil de 2002*. 3. ed. São Paulo: Noeses, 2013, p. 38-39.

166. DARZÉ, Andréa Medrado. *Responsabilidade:* solidariedade e subsidiariedade. São Paulo: Noeses, 2010, p. 87-88.

167. FERREIRA NETO, Arthur M. Fundamentos filosóficos da responsabilidade

Daniel Monteiro Peixoto define a responsabilidade tributária como o "conjunto de relações jurídicas, previstas em normas jurídicas tributárias materiais, que tem por objetivo a efetivação da cobrança do crédito tributário, prescrevendo (a) deveres instrumentais de retenção e recolhimento do valor do tributo, (b) deveres de ressarcimento do crédito tributário, ou, ainda, (c) deveres de submissão à determinada punição.[168]

A responsabilidade tributária *lato sensu*, ou em sentido amplo, corresponde à atribuição do dever legal de recolher o tributo ao contribuinte ou responsável. A responsabilidade tributária *stricto sensu* decorre de norma jurídica *stricto sensu*, que atribuiu ao responsável tributário o dever legal de adimplir o crédito tributário, resultando da norma relação jurídica tributária com caráter obrigacional ou sancionatório, conforme será oportunamente abordado.

4.6.1 O enunciado do art. 128 do CTN

Nos itens acima, foram analisados os enunciados dos arts. 121 e 128 na busca dos conceitos de contribuinte, responsável e responsabilidade. Resta averiguar o vínculo necessário do responsável com o respectivo fato gerador da obrigação para atribuir responsabilidade e investigar se a disposição geral do art. 128 é aplicável à responsabilidade tributária *lato sensu* ou apenas a algumas espécies de responsabilidade.

O CTN, na Seção I, do Capítulo V, que trata da responsabilidade tributária, traz a seguinte disposição geral:

> Artigo 128. Sem prejuízo do disposto neste capítulo, a lei pode atribuir de modo expresso a responsabilidade pelo crédito

---

tributária. In: (Coords.) FERREIRA NETO, Arthur M.; MICHELE, Rafael. *Curso avançado de substituição tributária* – modalidades e direitos do contribuinte. 2ª ed. Porto Alegre: Livraria do Advogado, 2016, p. 17; 56-59.

168. PEIXOTO, Daniel Monteiro. *Responsabilidade tributária e os atos de formação, administração, reorganização e dissolução de sociedades*. São Paulo: Saraiva, 2012, p. 151.

> tributário a terceira pessoa, vinculada ao fato gerador da respectiva obrigação, excluindo a responsabilidade do contribuinte ou atribuindo-a a este em caráter supletivo do cumprimento total ou parcial da referida obrigação.

A Seção I, composta apenas pelo artigo acima, é seguida das Seções II a IV que tratam, respectivamente, da (1) responsabilidade dos sucessores (arts. 129 a 133, CTN); (2) da responsabilidade dos terceiros (arts. 134 e 135, CTN) – aqui estão reguladas as responsabilidades dos sócios, objeto deste trabalho; e (3) da responsabilidade por infração (arts. 136 a 138, CTN).

Da primeira parte do enunciado do art. 128 – "sem prejuízo do disposto neste capítulo", deduz-se que, além das hipóteses previstas nos arts. 129 a 138, o legislador poderá estabelecer outras possibilidades de responsabilidade tributária. Da segunda parte do enunciado – "a lei pode atribuir de modo expresso a responsabilidade pelo crédito tributário a terceira pessoa, vinculada ao fato gerador da respectiva obrigação", entende-se que outras hipóteses de responsabilidade, a serem estabelecidas por lei, estão condicionadas ao vínculo do responsável ao fato gerador da respectiva obrigação (art. 128), que não seja relação pessoal e direta com o fato tributário (art. 121, parágrafo único, II, CTN).

O Supremo Tribunal Federal, no julgamento do RE 562276 com repercussão geral, já se manifestou sobre a necessidade de observância do art. 128 para instituir novas hipóteses de responsabilidade tributária:

> DIREITO TRIBUTÁRIO. RESPONSABILIDADE TRIBUTÁRIA. NORMAS GERAIS DE DIREITO TRIBUTÁRIO. ARTIGO 146, III, DA CF, ARTIGO 135, III, DO CTN. SÓCIOS DE SOCIEDADE LIMITADA. ARTIGO 13 DA LEI 8.620/93. INCONSTITUCIONALIDADES FORMAL E MATERIAL. REPERCUSSÃO GERAL. APLICAÇÃO DA DECISÃO PELOS DEMAIS TRIBUNAIS. [...] 2. O Código Tributário Nacional estabelece algumas regras matrizes de responsabilidade tributária, como a do artigo 135, III, bem como diretrizes para que o legislador de cada ente político estabeleça outras regras específicas de responsabilidade tributária

> relativamente aos tributos da sua competência, conforme seu artigo 128. 3. O preceito do artigo 124, II, no sentido de que são solidariamente obrigadas "as pessoas expressamente designadas por lei", não autoriza o legislador a criar novos casos de responsabilidade tributária sem a observância dos requisitos exigidos pelo artigo 128 do CTN, tampouco a desconsiderar as regras matrizes de responsabilidade de terceiros estabelecidas em caráter geral pelos artigos 134 e 135 do mesmo diploma. A previsão legal de solidariedade entre devedores – de modo que o pagamento efetuado por um aproveite aos demais, que a interrupção da prescrição, em favor ou contra um dos obrigados, também lhes tenha efeitos comuns e que a isenção ou remissão de crédito exonere a todos os obrigados quando não seja pessoal (artigo 125 do CTN) – pressupõe que a própria condição de devedor tenha sido estabelecida validamente. [...] (RE 562276, Rel. Min. Ellen Gracie, Tribunal Pleno, j. 03.11.2010, REPERCUSSÃO GERAL - MÉRITO *DJe*-027 DIVULG 09.02.2011 PUBLIC 10.02.2011 EMENT VOL-02461-02 PP-00419 *RTJ* VOL-00223-01 PP-00527 RDDT n. 187, 2011, p. 186-193 RT v. 100, n. 907, 2011, p. 428-442).

A respeito das possibilidades de interpretação do art. 128 do CTN, Renato Lopes Becho ressalta que uma corrente o considera como uma especificação de toda responsabilidade tributária, de modo que toda responsabilidade precisa ter vinculação com o "fato gerador":

> Não nos parece, portanto, que a interpretação conjunta entre o artigo 121, parágrafo único, I, combinada com o artigo 128 do CTN produza, sempre, bons resultados. Preferimos considerar que a responsabilidade tributária, nos termos em que estamos nos referindo (uma espécie de sujeição passiva tributária) não exige vinculação entre o responsável e o contribuinte. Mas esclarecemos que não estamos sustentando que o responsável não possa ter vinculação com alguns dos critérios da hipótese de incidência. Lembramos que o próprio legislador estabeleceu essa vinculação no CTN, como está no artigo 134, I. Contudo, não nos parece que o legislador tenha determinado que houvesse, sempre, alguma vinculação entre responsáveis e contribuintes ou entre responsáveis e qualquer dos critérios da regra matriz tributária.
>
> Aceitamos a indigitada vinculação, entretanto, para outras hipóteses de responsabilização tributária que não aquelas previamente dispostas no CTN. Em outras palavras, exceto para o

> disposto nos artigos 129 a 138 do Código, quando o legislador pretender estipular situações e pessoas dentro da responsabilidade tributária (CTN, artigo 121, parágrafo único, II), deverá respeitar o comando do artigo 128 do mesmo diploma, fazendo recair a responsabilização apenas sobre aquele relacionado. Por outro lado, na substituição tributária há que ser plenamente aplicado o artigo 128 do Código. Não nos parece possível haver substituição sem que o substituto tenha alguma vinculação com a materialidade da regra matriz tributária.[169]

Para o autor, a interpretação sistêmica dos arts. 121 e 128 nem sempre é a melhor opção, ou pelo menos, não deve ser utilizada em todas as modalidades de responsabilidade tributária.

Segundo o art. 121 do CTN, o contribuinte tem "relação pessoal e direta com a situação que constitua o respectivo fato gerador" e o responsável "sem revestir a condição de contribuinte, sua obrigação decorra de disposição expressa de lei". O responsável, sempre terceira pessoa, nunca realizará o fato jurídico tributário. O art. 128 enuncia que "a lei pode atribuir de modo expresso a responsabilidade pelo crédito tributário à terceira pessoa, vinculada ao fato gerador da respectiva obrigação". Ter relação pessoal e direta com o fato gerador (art. 121) significa realizar o fato jurídico tributário, conduta exclusiva do contribuinte. Ser "terceira pessoa, vinculada ao fato gerador da respectiva obrigação" (artigo 128), significa ter vínculo indireto com o fato gerador, pois o vínculo direto é exclusividade do contribuinte. Nessa linha, não vislumbramos incompatibilidade entre os enunciados do art. 121 e 128, mas uma complementaridade interpretativa sistêmica. Desse modo, o responsável sempre terá algum vínculo indireto com o "fato gerador" (com um dos critérios da regra-matriz de incidência ou com o fato jurídico tributário, respectivamente, fato gerador abstrato e fato gerador concreto).

---

169. BECHO, Renato Lopes. *Responsabilidade tributária de terceiros:* CTN, arts. 134 e 135. São Paulo: Saraiva, 2014, p. 36-37.

Maria Rita Ferragut entende que o legislador tem liberdade para eleger qualquer pessoa como responsável, entre aqueles pertencentes ao conjunto de indivíduos que esteja "*i.* indiretamente vinculados ao fato jurídico tributário ou *ii.* direta ou indiretamente vinculadas ao sujeito que o praticou":

> Esses limites fundamentam-se na Constituição e são aplicáveis com a finalidade de assegurar que a cobrança do tributo não seja confiscatória e atenda à capacidade contributiva, pois, se qualquer pessoa pudesse ser obrigada a pagar tributos por conta de fatos praticados por outras, com quem não detivessem qualquer espécie de vínculo (com a pessoa ou com o fato), o tributo teria grandes chances de se tornar confiscatório, já que poderia incidir sobre o patrimônio do obrigado e não sobre a manifestação de riqueza ínsita ao fato constitucionalmente previsto. Se o vínculo existir, torna-se possível a preservação do direito de propriedade e do não confisco.
>
> Em certa medida essa interpretação alarga o conteúdo do artigo 128 do CTN, mas permanece de acordo com as regras vigentes no sistema do direito positivo brasileiro. A vinculação indireta ao fato jurídico encontra-se prevista em lei e sobre ela não há o que se discutir. O alargamento a que nos referimos aplica-se à vinculação ao sujeito que realizou o fato, hipótese não expressamente contemplada em lei.
>
> Portanto, o legislador encontra-se subordinado a um limite para a escolha do responsável tributário: poderá ser qualquer terceiro, desde que pertencente ao conjunto de indivíduos que estejam indiretamente vinculados ao fato jurídico tributário, ou direta ou indiretamente vinculados ao sujeito que o praticou.[170]

Conclui-se que o art. 128, interpretado sistematicamente com o art. 121 e os preceitos constitucionais, é norma geral de responsabilidade tributária que deve ser observada, especialmente, em novas hipóteses estabelecidas em lei. Ela exige que o legislador escolha qualquer terceiro (responsável) indiretamente vinculado ao fato jurídico tributário, ou direta ou indiretamente vinculado com o contribuinte.

---

170. FERRAGUT, Maria Rita. *Responsabilidade tributária e o Código Civil de 2002.* 3.ed. São Paulo: Noeses, 2013, p. 43-44.

Existem, no entanto, entendimentos divergentes. Para Daniel Monteiro Peixoto, por exemplo, o art. 128 não se trata de "disposição geral" da classe universal "responsabilidade tributária", mas a algumas subclasses de responsabilidade e não se aplica às hipóteses de responsabilidade previstas nos arts. 129 a 136 do CTN.[171]

4.6.2 Classificações da responsabilidade tributária

Existem várias classificações sobre a responsabilidade tributária, baseadas em diferentes critérios classificatórios.

Alfredo Augusto Becker classifica os responsáveis em contribuinte *de jure*, responsável legal tributário e substituto legal tributário.[172]

Para Paulo de Barros Carvalho, a relação que envolve o responsável tributário não se trata de verdadeira obrigação tributária, mas de vínculo jurídico com natureza de sanção

171. O artigo 128 do CTN não é "disposição geral" da classe universal "responsabilidade tributária", mas somente da subclasse "responsabilidade tributária dispositiva". No esquema classificatório formulado no item 3.5, *supra*, a responsabilidade- dispositiva é colocada como categoria complementar à responsabilidade-sancionadora. Subjazem a essa organização classificatória os seguintes aspectos: (a) a responsabilidade do artigo 128 não se enquadra na categoria traçada no artigo 121, II, do CTN, conforme expusemos no tópico precedente; e, ainda, (b) não pode ser, efetivamente, "disposição geral" sobre responsabilidade tributária, i.e., não estabelece uma diretriz genérica para a compreensão dos institutos previstos nos artigos 129 a 136 do CTN. O artigo 128 encontra-se inserto logo na abertura do Capítulo V – Responsabilidade tributária, e vem designado, na condição de único dispositivo da "Seção I", como "disposição geral" sobre o tema. Sua ideia central é a de que, para que haja responsabilização deve estar indiretamente vinculado ao fato gerador da obrigação tributária. Já vimos acima que esse vínculo indireto nada mais é do que um vínculo negocial com outra pessoa, o contribuinte, do qual decorra a prática do fato jurídico tributário. A situação típica é a responsabilidade da fonte pagadora. Se, todavia, observarmos todas as situações subsequentes, vale dizer, as descritas nos artigos 129 a 138 do CTN, veremos que em nenhuma delas há este tipo de vínculo indireto, sendo manifesta a constatação de que: (a) em muitas hipóteses o fato jurídico tributário aconteceu antes mesmo do fato jurídico responsabilizador, não havendo como se conceber algum tipo de participação neste fato; (b) não necessariamente há, por parte do responsabilizado, algum tipo de manifestação da capacidade contributiva, conexa à situação econômica do fato jurídico tributário. (PEIXOTO, Daniel Monteiro. *Responsabilidade tributária e os atos de formação, administração, reorganização e dissolução de sociedades.* São Paulo: Saraiva, 2012, p. 156-157).

172. BECKER, Alfredo Augusto. *Teoria geral do direito tributário.* 3ª ed. São Paulo: Lejus, 1998, p. 137.

administrativa. Ele parte da premissa de que a obrigação tributária só se instaura com sujeito passivo que integre a ocorrência típica, razão pela qual a responsabilidade, nos termos do CTN, apresenta caráter sancionatório.[173] Algumas modalidades de responsabilidade tributária têm natureza de sanção administrativa, como, por exemplo, a dos sócios (artigo 134 e 135, CTN), mas nem todas têm natureza sancionatória.

Regina Helena Costa fala em responsabilidade tributária em sentido estrito e em sentido amplo. Para ela, tal qual Paulo de Barros Carvalho, o sujeito passivo da relação jurídica tributária é apenas o contribuinte, aquele que realiza o critério material da regra-matriz, de maneira que sua classificação englobará apenas o responsável (art. 121, parágrafo único, II, CTN). Para a autora, "os artigos 134 e 135 cuidam da *responsabilidade de terceiros*, ou, singelamente, responsabilidade em sentido estrito, relativa à situação em que a pessoa chamada a responder pelo débito do contribuinte deixou de cumprir um dever próprio, legalmente estabelecido".[174] Na sequência, escreve: "pode, assim, a responsabilidade em sentido amplo, traduzir liame de *natureza sancionatória*, como nas hipóteses dos arts. 134 e 135, CTN, ou de *caráter assecuratório*, como na sucessão a que aludem os arts. 130 a 132, CTN, e na substituição".[175]

Daniel Monteiro Peixoto defende que a responsabilidade tributária pode ser: a) não sancionadora (ou dispositiva), b) sancionadora: b.1) não punitiva (ou ressarcitória), b.2) punitiva.[176]

Renato Lopes Becho, a partir da obra de Rubens Gomes de Souza, sugere alguns reparos e entende que os sujeitos

173. CARVALHO, Paulo de Barros. *Direito tributário, linguagem e método.* 5ª ed. São Paulo: Noeses, 2013, p. 647-648.

174. COSTA, Regina Helena. *Curso de direito tributário:* Constituição e Código Tributário Nacional. 2ª ed. São Paulo: Saraiva, 2012, p. 221.

175. Idem, p. 228.

176. PEIXOTO, Daniel Monteiro. *Responsabilidade tributária e os atos de formação, administração, reorganização e dissolução de sociedades.* São Paulo: Saraiva, 2012, p. 151.

passivos são contribuinte, substituto e responsável. Ele propõe a seguinte classificação da sujeição passiva tributária, na qual a responsabilidade tributária seria uma espécie de sujeição indireta:

a) Sujeição passiva direta: contribuinte

b) Sujeição passiva indireta:

b.1) substituição

b.2) responsabilidade

b.2.1) no CTN

b.2.1.1) por sucessão

b.2.1.2) de terceiro

b.2.1.3) por infrações

b.2.2) na legislação não codificada

Andrea Medrado Darzé afirma que responsabilidade tributária "visa a alcançar um de três objetivos fundamentais: i. punir o responsável (sanção); ii. viabilizar a arrecadação (necessidade); ou iii. simplificar a arrecadação (interesse)."[177] Ao presente estudo interessa as que tenham objetivo de punir o responsável (sanção), especialmente, a responsabilidade tributária dos sócios. A autora classifica as normas de sujeição passiva dividindo-as em contribuintes e responsáveis, subdividindo os responsáveis em várias categorias:

> Considerando que a classificação mais acertada para as normas de sujeição é a que as divide em contribuintes e responsáveis, utilizando como critério o grau de proximidade que a pessoa compelida ao pagamento do tributo mantém com o fato jurídico tributário. Sendo pessoal e direta, ter-se-á a figura do contribuinte. Acaso inexistente ou de outra natureza que não pessoal

177. DARZÉ, Andrea Medrado. *Responsabilidade:* solidariedade e subsidiariedade. São Paulo: Noeses, 2010, p. 91-92.

e direta, ter-se-á responsável. A classe dos responsáveis, por sua vez, poderá sofrer tantos cortes quantos forem as naturezas dos fatos eleitos pelo legislador para sua instituição. Isso porque o Código Tributário Nacional não exaure as hipóteses de responsabilidade, delegando ao legislador ordinário a possibilidade de instituir tantas outras, desde que observados os limites positivados por ele próprio e pela Constituição da República.

No que diz respeito às suas características, a sujeição passiva poderá ser: *i.* exclusiva ou pessoal, quando competir a um único sujeito o pagamento do tributo, ou *ii.* plural ou concorrente, quando houver concurso de sujeitos passivos tributários, sejam eles pertencentes ao conjunto dos contribuintes ou dos responsáveis.

A sujeição passiva exclusiva inclui tanto os casos em que desde o início, é apenas uma pessoa obrigada ao pagamento do tributo – o que se verifica quando o devedor legal se resume à pessoa do contribuinte ou nas hipóteses de substituição tributária – como às situações em que, dada a concorrência de fato posterior, a obrigação tributária se transfere para novo sujeito passivo, excluindo a do antigo devedor (*i.e.* artigo 135, do CTN).

A sujeição passiva plural, por sua vez, subdivide-se em *i.* subsidiária, o devedor subsidiário responde pelo débito tributário apenas na eventualidade de ser impossível o seu adimplemento pelo devedor principal, que poderá ser tanto contribuinte quanto outro responsável, ou *ii.* solidária, também aqui mais de uma pessoa figura como sujeito passivo do tributo, a diferença é que qualquer deles pode ser compelido ao seu pagamento integral, sem ordem de preferência.[178]

Hugo de Brito Machado classificou a responsabilidade tributária em sentido amplo e em sentido estrito:

Em sentido amplo, é a *submissão de determinada pessoa, contribuinte ou não, ao direito do fisco de exigir a prestação da obrigação tributária.* Essa responsabilidade vincula qualquer dos sujeitos passivos da relação obrigacional tributária.

Em sentido estrito, é a *submissão, em virtude de disposição legal expressa, de determinada pessoa que não é o contribuinte, mas está vinculada ao fato gerador da obrigação tributária, ao direito do fisco de exigir a prestação respectiva.*

178. DARZÉ, Andréa Medrado. *Responsabilidade:* solidariedade e subsidiariedade. São Paulo: Noeses, 2010, p. 138-139.

> No CTN, a expressão *responsabilidade tributária* é empregada em sentido amplo nos artigos 123, 128, 136 e 138, entre outros. Mas também é usada em sentido restrito, especialmente quando o Código refere-se ao *responsável* como sujeito passivo diverso do contribuinte (artigo 121, II).[179]

Muitas são as classificações, baseadas em diferentes critérios. As várias espécies do gênero responsabilidade tributária têm regimes jurídicos específicos. O presente trabalho não pretende examinar todas as espécies, voltando-se para a responsabilidade tributária de natureza sancionatória, na qual se enquadra a responsabilidade dos sócios (arts. 134 e 135, CTN).

Nos termos propostos neste trabalho, opta-se por compreender a responsabilidade tributária *lato sensu* como a atribuição do dever legal de cumprimento da obrigação tributária principal, que pode ser atribuída por lei ao contribuinte ou ao responsável. Ambos são sujeitos passivos por ocuparem o polo passivo da relação jurídica tributária, conforme escolha do legislador, observados os limites e os parâmetros constitucionais aplicáveis a cada espécie de sujeito passivo (contribuinte e responsável) e a cada modalidade de responsabilidade tributária. Os princípios constitucionais da legalidade e da tipicidade tributária sempre deverão ser observados.

O contribuinte é aquele que realiza o fato jurídico tributário que subsome aos critérios descritos no antecedente da regra-matriz de incidência tributária (tem "relação pessoal e direta com a situação que constitua o respectivo fato gerador", nos termos do art. 121, parágrafo único, I, CTN). A relação jurídica tributária entre Fisco e contribuinte sempre terá natureza obrigacional. O contribuinte é responsável tributário *lato senso.* Arca com o encargo tributário, devendo observar os princípios constitucionais da capacidade tributária e não confisco.

179. MACHADO, Hugo de Brito. *Curso de direito tributário.* 20. ed. São Paulo: Malheiros, 2002, p. 129.

O responsável é quem realiza o fato jurídico da responsabilidade tributária, que subsome ao antecedente de uma das normas jurídicas de responsabilidade tributária, dentre as várias modalidades previstas em lei. Não tem "relação pessoal e direta com o fato gerador", pois não realiza o critério material da regra-matriz de incidência; sua obrigação prevista em lei decorre de algum vínculo com algum dos critérios da regra-matriz de incidência. A relação jurídica tributária entre Fisco e responsável poderá ter caráter obrigacional (de interesse arrecadatório ou assecuratório) ou sancionatório. O responsável, que será sempre "terceira pessoa" em relação ao contribuinte,[180] é responsável *stricto sensu.*

Os princípios constitucionais da capacidade tributária e não confisco (sempre aferidos subjetivamente em relação ao contribuinte) deverão ou não ser observados de acordo com a modalidade de responsabilidade tributária *stricto sensu*: na responsabilidade obrigacional de caráter arrecadatório, como na substituição tributária,[181] esses princípios devem ser observados; enquanto nas modalidades de natureza sancionatória: responsabilidade tributária de terceiros (arts. 134 e 135, CTN) e responsabilidade tributária por infração (arts. 136 a 138, CTN), não se aplicam tais princípios.[182]

---

180. O CTN também usa a expressão "terceiros" estranhos ao fato jurídico tributário, não se referindo ao contribuinte ou responsável (art. 118, I; 197 e 198, CTN).

181. O ônus tributário recai sobre o signo de riqueza do contribuinte, devendo ser considerado o regime tributário do substituído (capacidade contributiva, imunidade, isenção, etc.).

182. A aplicação dos princípios constitucionais da capacidade contributiva e do não confisco deve ser analisada em relação a cada uma das modalidades de responsabilidade tributária *stricto senso*, já que possuem regimes jurídicos diversos, tendo sido aqui analisada apenas exemplificativamente, pois o estudo do regime jurídico de cada uma das várias espécies foge ao escopo deste trabalho.

4.7 As hipóteses de responsabilidade tributária no Código Tributário Nacional

O contribuinte estará obrigado ao pagamento do tributo quando realizar o fato jurídico que subsome aos critérios descritos na regra-matriz de incidência tributária, enquanto o responsável estará obrigado ao pagamento do tributo somente se realizar o fato jurídico da responsabilidade tributária descrito no antecedente da respectiva norma de responsabilidade tributária *stricto sensu*.

O CTN, instituído pela lei ordinária n. 5.172/1966 e recepcionado pela Constituição de 1988 (art. 146, III, "c", CFRB/1988) com *status* de lei complementar, por veicular normas gerais em matéria de legislação tributária, prevê três espécies de responsabilidade tributária *stricto sensu*: (i) responsabilidade dos sucessores (arts. 129 a 133, CTN); (ii) responsabilidade de terceiros (arts. 134 e 135, CTN); e (iii) responsabilidade por infrações (arts. 136 a 138, CTN).

Outras hipóteses de responsabilidade tributária podem ser estabelecidas por lei, desde que veiculadas por lei complementar (art. 146, III, "c", CFRB/1988); a exigência de lei complementar também é defendida por Maria Rita Ferragut mas, para Renato Lopes Becho, podem ser prescritas por lei ordinária.[183] Devem ser observados também os limites e os parâmetros constitucionais e a norma geral do art. 128 do CTN.

Este trabalho tem como objeto de estudo as normas de responsabilidade tributária do sócio e do sócio administrador fundadas, respectivamente, nos arts. 134 e 135 do CTN, que serão descritas no capítulo a seguir.

---

183. Ao analisar o art. 128 do CTN escreveu: "não estão no CTN todas as hipóteses legais de responsabilidade tributária. Conforme consta do dispositivo, o legislador ordinário poderá estabelecer regras de responsabilização, desde que respeite o limite contido no artigo 128 do Código: vinculação com o *fato gerador*". (BECHO, Renato Lopes. *Responsabilidade tributária de terceiros:* CTN, arts. 134 e 135. São Paulo: Saraiva, 2014, p. 42).

4.8 Responsabilidade tributária: pessoal, subsidiária e solidária

Conforme observa Maria Rita Ferragut, em relação às suas características, a responsabilidade tributária poderá ser pessoal, subsidiária ou solidária:

> Será pessoal se competir exclusivamente ao terceiro adimplir a obrigação, desde o início (responsabilidade de terceiros, por infrações e substituição).
>
> Será subsidiária se o terceiro for responsável pelo pagamento da dívida somente se constatada a impossibilidade de pagamento do tributo pelo devedor originário. E, finalmente, será solidária se mais de uma pessoa integrar o polo passivo da relação, permanecendo todos eles responsáveis pelo pagamento da dívida.[184]

Já Andréa Medrado Darzé divide suas características em (i) exclusiva ou pessoal; e (ii) plural ou concorrente, subdividindo essa última em subsidiária ou solidária:

> No que diz respeito às suas características, a sujeição passiva poderá ser: *i.* exclusiva ou pessoal, quando competir a um único sujeito o pagamento do tributo, ou *ii.* plural ou concorrente, quando houver concurso de sujeitos passivos tributários, sejam eles pertencentes ao conjunto dos contribuintes ou dos responsáveis.
>
> A sujeição passiva exclusiva inclui tanto os casos em que desde o início, é apenas uma pessoa obrigada ao pagamento do tributo – o que se verifica quando o devedor legal se resume à pessoa do contribuinte ou nas hipóteses de substituição tributária – como as situações em que, dada a concorrência de fato posterior, a obrigação tributária se transfere para novo sujeito passivo, excluindo a do antigo devedor (*i.e.* artigo 135, do CTN).
>
> A sujeição passiva plural, por sua vez, subdivide-se em *i.* subsidiária, o devedor subsidiário responde pelo débito tributário apenas na eventualidade de ser impossível o seu adimplemento pelo devedor principal, que poderá ser tanto contribuinte quanto outro responsável, ou *ii.* solidária, também aqui mais de uma

184. FERRAGUT, Maria Rita. *Responsabilidade tributária e o* Código *Civil de 2002.* 3ª ed. São Paulo: Noeses, 2013, p. 40.

> pessoa figura como sujeito passivo do tributo, a diferença é que qualquer deles pode ser compelido ao seu pagamento integral, sem ordem de preferência.[185]

A pessoalidade, a subsidiariedade e a solidariedade também podem ser compreendidas como possibilidades de efeitos diante da multiplicidade de sujeitos passivos, conforme observa Renato Lopes Becho.[186]

A responsabilidade pessoal, subsidiária ou solidária decorre de lei (princípio da legalidade tributária). O CTN, na Seção II, "Capítulo IV Sujeito Passivo", dispõe sobre a solidariedade:

> CAPÍTULO IV
>
> Sujeito Passivo
>
> Seção I
>
> Disposições Gerais
>
> Arts. 121 a 123
>
> [...]
>
> SEÇÃO II
>
> Solidariedade
>
> Art. 124. São solidariamente obrigadas:
>
> I – as pessoas que tenham interesse comum na situação que constitua o fato gerador da obrigação principal;
>
> II – as pessoas expressamente designadas por lei.

---

185. DARZÉ, Andréa Medrado. *Responsabilidade:* solidariedade e subsidiariedade. São Paulo: Noeses, 2010, p. 138-139.

186. [...] a solidariedade é um efeito da tributação nas hipóteses em que existam mais de um sujeito passivo direto (contribuinte) ou indireto (em uma de suas modalidades). Não se trata de *transferência* nem tampouco de *sujeição passiva indireta*. Pode haver, na solidariedade, *sujeição passiva direta*. Acreditamos que a solidariedade é uma das três possibilidades de efeitos diante da multiplicidade de sujeitos passivos (solidariedade, subsidiariedade e pessoalidade), que são aplicáveis tanto frente à sujeição passiva direta quanto à indireta, sozinhas (por exemplo: diversos contribuintes) ou compostas (i.e., contribuintes e não contribuintes). (BECHO, Renato Lopes. *Responsabilidade tributária de terceiros:* CTN, arts. 134 e 135. São Paulo: Saraiva, 2014, p. 35).

> Parágrafo único. A solidariedade referida neste artigo não comporta benefício de ordem.
>
> Artigo 125. Salvo disposição de lei em contrário, são os seguintes os efeitos da solidariedade:
>
> I – o pagamento efetuado por um dos obrigados aproveita aos demais;
>
> II – a isenção ou remissão de crédito exonera todos os obrigados, salvo se outorgada pessoalmente a um deles, subsistindo, nesse caso, a solidariedade quanto aos demais pelo saldo;
>
> III – a interrupção da prescrição, em favor ou contra um dos obrigados, favorece ou prejudica aos demais.

O CTN adota o conceito de solidariedade do Código Civil[187] e disciplina genericamente a solidariedade tributária em seus arts. 124 e 125. O primeiro dispositivo trata da solidariedade passiva; o segundo, dos efeitos da solidariedade. Para Luiz Emygdio Freire da Rosa Júnior:

> Apesar do CTN adotar o conceito de solidariedade dado pelo Código Civil, o artigo 125 estabelece *os efeitos* da solidariedade em matéria tributária porque a lei tributária pode dar ao mesmo instituto efeitos distintos dos atribuídos pelo Direito Privado, por força do que dispõe o artigo 109 do CTN: "os princípios gerais de direito privado utilizam-se para pesquisa da definição, do conteúdo e do alcance de seus institutos, conceitos e formas, *mas não para a definição dos efeitos tributários*".[188]

Regina Helena Costa, por sua vez, argumenta:

> A solidariedade tributária, que é sempre passiva, somente pode existir entre sujeitos que figurem nesse polo da relação obrigacional.

---

187. A solidariedade estava disciplinada no artigo 896 e parágrafo único do Código Civil de 1916. O Código Civil de 2002 não inovou em matéria de solidariedade, disciplinando-a com as mesmas disposições do código revogado. "A solidariedade não se presume, resulta da lei ou da vontade das partes" e "há solidariedade, quando na mesma obrigação concorre mais de um credor, ou mais de um devedor, cada um com direito, ou obrigado, à dívida toda" (artigos 264 e 265, CC/02).

188. ROSA JÚNIOR, Luiz Emygdio Freire. *Manual de direito financeiro e tributário*. 16. ed. Rio de Janeiro: Renovar, 2002, p. 502.

> Importa salientar que a solidariedade, sob esse fundamento, não constitui modalidade de sujeição passiva indireta, como sustentam alguns doutrinadores, visto que os devedores solidários não são terceiros, porquanto realizam a situação fática descrita na hipótese de incidência. Por intermédio desse expediente, não se inclui terceira pessoa no polo passivo da obrigação tributária, representando apenas "forma de graduar a responsabilidade daqueles sujeitos que já compõem o polo passivo".[189]

Cabem algumas ponderações sobre o entendimento acima. A solidariedade sempre será passiva entre os sujeitos passivos da relação jurídica tributária, mas essa poderá ter caráter obrigacional ou sancionatório. Não se trata de modalidade de sujeição passiva indireta, pois se trata de característica ou efeitos da responsabilidade tributária (*lato sensu*), mas a solidariedade poderá ser entre contribuintes, entre contribuinte(s) e responsável(is), ou entre responsáveis.

Ainda de acordo com Regina Helena Costa:

> Já a prescrição do inciso II [do artigo 124] parece, à primeira vista, inócua, pois a solidariedade tributária sempre decorre de lei. O que o dispositivo estabelece é que a lei poderá apontar pessoas que, mesmo não sendo partícipes da situação fática que constitua a hipótese de incidência tributária, respondam solidariamente pelo débito. A justificativa para isso está no fato de que essas pessoas assumem a responsabilidade solidária em virtude de outro vínculo jurídico, deflagrado pela prática de ato ilícito. Não se cuida, portanto, de solidariedade propriamente dita, vale dizer, aquela que respeita à obrigação principal, como já mencionado.[190]

A solidariedade sempre decorre de lei, podendo norma jurídica *stricto sensu* (regra-matriz de incidência tributária ou norma jurídica de responsabilidade tributária) imputá-la a contribuintes, a contribuintes e responsáveis, ou entre responsáveis. A solidariedade nem sempre decorrerá de fato ilícito,

---

189. COSTA, Regina Helena. *Curso de direito tributário:* Constituição e Código Tributário Nacional. 2ª ed. São Paulo: Saraiva, 2012, p. 210.

190. Idem, p. 211.

pois o fato jurídico da solidariedade poderá ser lícito ou ilícito: se decorrer da regra-matriz de incidência sempre será de fato lícito; se decorrer de norma jurídica de responsabilidade tributária essa poderá descrever em seu antecedente fato lícito ou ilícito, dependendo da modalidade de responsabilidade.

São solidariamente responsáveis: (i) as pessoas que tenham interesse comum na situação que constitui o fato gerador da obrigação principal (art. 124, I, CTN); (ii) as pessoas expressamente designadas por lei (art. 124, II, CTN). A solidariedade não comporta benefício de ordem (parágrafo único, art. 124, CTN). O Fisco pode exigir o crédito tributário de todos os codevedores, de alguns ou de um único devedor.

As disposições do art. 124 não são, por si, suficientes para atribuir a solidariedade aos sujeitos passivos. Trata-se de disposição geral a ser aplicada sistematicamente com a regra-matriz de incidência ou norma jurídica de responsabilidade tributária.

Cada norma de responsabilidade tributária *stricto sensu* estipulará se os sujeitos passivos responderão pessoal, subsidiária ou solidariamente, podendo atribuí-la "excluindo a responsabilidade do contribuinte ou atribuindo-a a este em caráter supletivo do cumprimento total ou parcial da referida obrigação" (art. 128, CTN). No próximo capítulo, serão analisadas essas características ou efeitos especialmente em relação à responsabilidade tributária do sócio (arts. 134 e 135, CTN).

4.9 Responsabilidade tributária e o Código Civil de 2002

Sendo o direito positivo um sistema unitário, os enunciados do Código Civil servirão para construir as normas de responsabilidade tributária através de uma interpretação sistemática. Importante recordar que o Código Civil (lei ordinária) não é veículo competente para introduzir normas de responsabilidade tributária. A Constituição reservou à lei complementar (art. 146, III, "c", CRFB/1988) a competência para tratar das normas gerais em matéria de legislação tributária, inclusive sobre responsabilidade tributária. Assim, o Código Tributário Nacional (recepcionado pela Constituição de 1988 com status de lei complementar) é o veículo introdutor das normas gerais de responsabilidade tributária, que não poderão ser contrariadas pelo Código Civil.

A responsabilidade tributária tem regime jurídico específico, decorrente dos enunciados do Código Tributário Nacional, portanto, não se aplica o regime da responsabilidade civil do Código Civil.[191]

O presente estudo tem como objeto principal a responsabilidade tributária dos sócios, daí a relevância de se analisar o regime jurídico da personalidade e a autonomia das pessoas jurídicas previsto no Código Civil.

4.9.1 Personalidade jurídica e sociedade

De acordo com o Código Civil, "são pessoas jurídicas de direito privado: I – as associações; II – as sociedades; III – as fundações; IV – as organizações religiosas; V – os partidos políticos; VI – as empresas individuais de responsabilidade limitada" (art. 44, I a VI, CC/2002). Interessam ao presente estudo as sociedades.

---

191. Conforme Andréa Medrado Darzé, "É da tradição da dogmática jurídica estabelecer paralelos entre a responsabilidade tributária e a responsabilidade civil, ressaltando os pontos que aproximam essas duas realidades. Esse esforço especulativo, todavia, somente tem razão de ser diante de institutos que apresentem traços de similitude suficientes para que lhes seja outorga semelhante, quando não, idêntico regime jurídico. Do contrário, vã será a tarefa do intérprete. O que faremos nesse tópico é justamente analisar se a comparação se justifica. [...] Do exposto, entendemos que, apesar dos inúmeros traços de similitude entre essas duas normas, não é possível igualá-las a ponto de defender sua sujeição a idêntico regime jurídico. Não se nega a existência de pontos de interseção entre estes institutos jurídicos, especialmente quando o paradigma é a responsabilidade civil por ato de terceiro. Suas particularidades, todavia, exigem que sejam tomadas como regras autônomas, sujeitas, portanto a específico regime jurídico. E quando a comparação se estabelece com as espécies de responsabilidade não sancionatória, os elementos que afastam essas duas realidades ficam ainda mais evidentes." (DARZÉ, Andréa Medrado. *Responsabilidade:* solidariedade e subsidiariedade. São Paulo: Noeses, 2010, p. 132).

O direito positivo brasileiro distingue a personalidade da sociedade e do sócio. Observa Rubens Requião sobre a personalidade jurídica das sociedades:

> Formada a sociedade comercial pelo concurso de vontades individuais, que lhe propiciam os bens ou serviços, a consequência mais importante é o desabrochar de sua personalidade jurídica. A sociedade transforma-se em novo ser, estranho à individualidade das pessoas que participam de sua constituição, dominando um patrimônio próprio, possuidor de órgãos de deliberação e execução que ditam e fazem cumprir a sua vontade. Seu patrimônio, no terreno obrigacional, assegura sua responsabilidade direta em relação a terceiros. Os bens sociais, como objetos de sua personalidade, constituem a garantia dos credores, como ocorre com os de qualquer pessoa natural.[192]

De acordo com o autor, não existe um pensamento único entre os legisladores dos diversos países a respeito do reconhecimento de personalidade às sociedades. Ele cita Alemanha e Itália; esse último Estado, a partir do Código de 1942, não reconhece a personalidade das sociedades civis e no direito comercial o faz apenas em relação às sociedades de capitais, valendo-se da teoria dualista alemã, que dá tratamento diferenciado aos diferentes tipos societários. Nas palavras do autor, é "de somenos importância o problema sobre a *realidade* ou *ficção* das pessoas jurídicas, satisfazendo-se com a circunstância de possuírem elas uma realidade *no* e *para* o mundo jurídico".[193] Pertinente à observação do autor, pois o sistema de referência a ser utilizado é o direito positivo brasileiro. Para Lourival Vilanova, "altera-se o mundo físico mediante o trabalho e a tecnologia, que o potencia em resultados. E altera-se o mundo social mediante a linguagem das normas do direito, uma classe da qual é a linguagem das normas do direito".[194]

---

192. REQUIÃO, Rubens. *Curso de direito comercial.* v. 1. 33. ed. Atualizado por Rubens Eduardo Requião. São Paulo: Saraiva, 2014, p. 471.

193. Idem, p. 471.

194. VILANOVA, Lourival. *As estruturas lógicas e o sistema do direito positivo.* 4ª ed. São Paulo: Noeses, 2010, p. 4.

Afastando-se as teorias sobre ficção ou realidade da pessoa jurídica, o tema deve ser tratado a partir das normas do direito positivo brasileiro no tocante à personalidade das pessoas jurídicas, pois "o direito brasileiro reconheceu ampla personalidade às sociedades, quer civis, quer comerciais. A teoria se integrou na tradição brasileira",[195] e foi positivada desde o Código Civil de 1916, que expressamente enunciava: "as pessoas jurídicas têm existência distinta da dos seus membros" (art. 20, CC/1916).

Além das disposições da lei civil, a personalidade e a capacidade das pessoas jurídicas são reconhecidas no direito brasileiro pelo Decreto n. 2.427, de 17 de dezembro de 1997, que promulgou a Convenção Interamericana sobre Personalidade e Capacidade de Pessoas Jurídicas no Direito Internacional Privado, concluída em La Paz, em 24 de maio de 1984, e prescreve:

> Artigo 1
>
> Esta Convenção aplicar-se-á às pessoas jurídicas constituídas em qualquer dos Estados-Partes, entendendo-se por pessoa jurídica toda entidade que tenha existência e responsabilidade próprias, distintas das dos seus membros ou fundadores e que seja qualificada como pessoa jurídica segundo a lei do lugar de sua constituição.
>
> Esta Convenção será aplicada sem prejuízo de convenções específicas que tenham por objetivo categorias especiais de pessoas jurídicas.
>
> Artigo 2
>
> A existência, a capacidade de ser titular de direitos e obrigações, o funcionamento, a dissolução e a fusão das pessoas jurídicas de caráter privado serão regidos pela lei do lugar de sua constituição.
>
> Entender-se-á por "lei do lugar de sua constituição" a do Estado-Parte em que forem cumpridos os requisitos de forma e fundo necessários à criação das referidas pessoas.[196]

---

195. REQUIÃO, Rubens. *Curso de direito comercial.* v. 1. 33. ed. Atualizado por Rubens Eduardo Requião. São Paulo: Saraiva, 2014, p. 471-473.

196. BRASIL. Disponível em: http://www2.camara.leg.br/legin/fed/decret/1997/decreto-2427-17-dezembro-1997-400750-publicacaooriginal-1-pe.html Acesso em: 09 out. 2018.

Nos termos do Código Civil, "a sociedade adquire personalidade jurídica com a inscrição, no registro próprio e na forma da lei, dos seus atos constitutivos" (art. 985 CC/2002). E sendo "detentora da personalidade jurídica, a sociedade é capaz de direitos e obrigações, passando a ter existência distinta da de seus membros", conforme pondera Sérgio Campinho.[197]

A aquisição da personalidade jurídica resulta em autonomia de personalidade jurídica entre sócios e sociedade e tem várias consequências, algumas delas, destacadas pelo autor: 1º) patrimônio próprio, 2º) nome próprio, 3º) nacionalidade própria e 4º) domicílio próprio.[198] Sobre o patrimônio próprio, avalia:

> A sociedade, com a personalidade jurídica, adquire autonomia patrimonial. O patrimônio social não se confunde com o dos seus sócios. É o patrimônio da sociedade, seja qual for o tipo por ela adotado, que irá responder pelas suas obrigações. A responsabilidade é sempre ilimitada, ou seja, a sociedade irá responder pelo seu passivo com todas as forças do seu ativo. Dependendo do tipo societário, os sócios poderão vir a responder de forma subsidiária e ilimitada pelas dívidas sociais. Mas haverá sempre o benefício de ordem em favor do sócio, eis que primeiro devem ser executados os bens das pessoas jurídicas. O alcance dos bens particulares dos sócios fica condicionado à exaustão do patrimônio social.
>
> O patrimônio da sociedade tem formação inicial resultante da contribuição dos sócios. Afigura-se, pois, em sua visão inicial, como somatório das contribuições que cada sócio realiza ou promete realizar para a formação do capital social. Em outras palavras, o capital social represente o núcleo inicial do patrimônio da sociedade. Mas, logicamente, o patrimônio não é integrado apenas pelo capital social. Entrando em operação, a sociedade poderá revelar-se eficaz no desempenho de seu objeto, conhecendo a prosperidade, adquirindo bens e constituindo reservas, fazendo crescer esse patrimônio que, afinal, é o resultado da reunião de todos os bens, valores e direitos pertencentes a ela. O capital social poderá ficar estático, ou seja, revelado em seu valor nominal declarado no ato constitutivo,

197. CAMPINHO, Sérgio. *O direito de empresa à luz do novo Código Civil.* 2ª ed. Rio de Janeiro: Renovar, 2003, p. 60.

198. Idem, p. 60-61.

> ao passo que o patrimônio poderá acrescer ou diminuir em função do sucesso ou insucesso experimentado pela sociedade.[199]

Marlon Tomazette registra que, independentemente da teoria sobre a pessoa jurídica a ser seguida,[200] a "personalidade jurídica é um instrumento, uma técnica jurídica, que visa a alcançar determinados resultados práticos". E traz em seu texto, Francesco Carrara, para quem

> a personalidade jurídica não é outra coisa senão uma armadura jurídica para realizar de modo mais adequado os interesses dos homens [...] para alcançar tal finalidade, o direito reconhece às pessoas jurídicas em geral uma série de atributos, fundamentais para a consecução da sua finalidade.[201]

Dentre os atributos mencionados, o autor destaca nome, nacionalidade, domicílio, capacidade contratual, capacidade processual, existência distinta e autonomia patrimonial, os dois últimos de maior relevância para o tema ora estudado.[202] A existência distinta da dos seus sócios "é o reconhecimento da sociedade como um centro autônomo de imputação de direitos e obrigações", razão pela qual "os atos praticados pela sociedade são atos dela e não de seus membros, produzindo efeitos na sua órbita jurídica e apenas excepcionalmente

---

199. CAMPINHO, Sérgio. *O direito de empresa à luz do novo* Código *Civil.* 2ª ed. Rio de Janeiro: Renovar, 2003, p. 60.

200. Sobre as teorias (teoria individualista, teoria da ficção, teoria da vontade, teoria do patrimônio de afetação, teoria da instituição, teoria da realidade objetiva ou orgânica e teoria da realidade técnica) ver: TOMAZETTE, Marlon. *Curso de direito empresarial:* teoria geral e direito societário. v. 1., 6ª ed. São Paulo: Atlas, 2014, p. 226-231.

201. Sobre as teorias (teoria individualista, teoria da ficção, teoria da vontade, teoria do patrimônio de afetação, teoria da instituição, teoria da realidade objetiva ou orgânica e teoria da realidade técnica) ver: TOMAZETTE, Marlon. *Curso de direito empresarial:* teoria geral e direito societário. v.1., 6ª ed. São Paulo: Atlas, 2014, p. 226-231.

202. TOMAZETTE, Marlon. *Curso de direito empresarial:* teoria geral e direito societário. v. 1. 6ª ed. São Paulo: Atlas, 2014, p. 233-236.

afetando os sócios, por problemas de aparência".[203] A autonomia patrimonial resulta na existência de patrimônio próprio da sociedade, o qual responde por suas obrigações. Em princípio, o patrimônio da pessoa jurídica é a única garantia de seus credores, podendo essa autonomia ser mitigada desde que observados os pressupostos legais.[204]

Ainda sobre os efeitos da aquisição da personalidade, com diversas consequências para as sociedades, Rubens Requião destaca entre as mais expressivas:

> 1º) Considera-se a sociedade uma pessoa, isto é, um *sujeito* "capaz de direitos e obrigações". Pode estar em juízo *por si,* contrata e se obriga. "A sociedade *adquire direitos, assume obrigações* e *procede judicialmente,* por meio de administradores com poderes especiais, ou, não os havendo, por intermédio de qualquer administrador" (Nota de rodapé 12. Trecho citado no acórdão

---

203. TOMAZETTE, Marlon. *Curso de direito empresarial:* teoria geral e direito societário. v. 1. 6ª ed. São Paulo: Atlas, 2014, p. 235.

204. A última e mais importante consequência da personificação de uma sociedade é a autonomia patrimonial, isto é, a existência de um patrimônio próprio, o qual responde por suas obrigações. Disso decorre que, a princípio, é o patrimônio da pessoa jurídica a garantia única de seus credores e, por conseguinte, os credores, a princípio, não possuem pretensão sobre os bens dos sócios. Do mesmo modo, o patrimônio social é imune às dívidas particulares dos sócios. A autonomia significa que as obrigações (créditos e débitos) da pessoa jurídica não se confundem com as obrigações (créditos e débitos) dos sócios, não havendo que se falar em compensação. Entretanto, é oportuno destacar que essa autonomia não significa um distanciamento completo do patrimônio da sociedade em face da pessoa dos sócios, porquanto, pertencendo aos sócios as quotas e os frutos desta, o patrimônio da pessoa jurídica é expressão também do patrimônio dos sócios. Nos débitos trabalhistas, fiscais e para com o consumidor, tem-se mitigado a autonomia patrimonial, atendendo a certos pressupostos erigidos pelo legislador como aptos a suspender a autonomia patrimonial. Esta autonomia patrimonial já era reconhecida no artigo 350 do Código Comercial de 1850, mesmo antes de se reconhecer expressamente a personificação das sociedades comerciais. A existência desta autonomia é que torna a sociedade um dos mais importantes instrumentos do desenvolvimento da moderna economia de mercado, na medida em que se permite a redução dos riscos no exercício da atividade empresarial, assegurando o destaque de determinada parcela patrimonial para o exercício da atividade. [...] À guisa de conclusão, podemos afirmar que, como corolário da personalidade jurídica, a sociedade assegura aos sócios uma distinção entre seu patrimônio pessoal e o patrimônio empregado para o exercício da atividade. (TOMAZETTE, Marlon. *Curso de direito empresarial:* teoria geral e direito societário. v. 1. 6ª ed. São Paulo: Atlas, 2014, p. 236).

> proferido no Recurso Especial n. 866.521-SC, Rel. Min. Sidney Beneti). É o dispositivo do artigo 1.022 do Código Civil, estabelecendo a legitimidade contratual, a responsabilidade patrimonial e a legitimidade processual da sociedade personificada.
>
> 2º) Tendo a sociedade, como pessoa jurídica, individualidade própria, os sócios que a constituírem com ela não se confundem, não adquirindo por isso a qualidade de comerciantes. [...]
>
> 3º) A sociedade com personalidade adquire ampla autonomia patrimonial. O patrimônio é seu, e esse *patrimônio*, seja qual for o tipo de sociedade, responde ilimitadamente pelo seu passivo.
>
> 4º) A sociedade tem a possibilidade de modificar a sua estrutura, quer jurídica, com a modificação do contrato adotando outro tipo de sociedade, quer econômica, com a retirada ou ingresso de novos sócios, ou simples substituição de pessoas, pela cessão ou transferência de parte do capital.[205]

Sobre a personalidade jurídica e a autonomia patrimonial no direito brasileiro, avalia Hernani Estrella:

> Pelo que toca ao direito pátrio, que é, de resto, aquele sobre o qual nos cabe encarar o tema, este, embora não afrontado diretamente pelo Código Comercial, não foi olvidado de todo em todo. Algumas disposições esparsas fazem crer estar latente nele a ideia de autonomia patrimonial das entidades mercantis. E, do conjunto dessas disposições, esclarecidas pela doutrina e jurisprudência, Teixeira de Freitas, Carlos de Carvalho, João Monteiro, Clóvis Beviláqua e outros mais, deduziram o princípio que ao depois, se converteu em norma legal, tornando-se atributo comum das sociedades mercantis. Consectário lógico, e dos mais importantes, aliás, foi a nítida separação entre a entidade e a pessoa singular de seus sócios, bem como a autonomia dos seus respectivos patrimônios. Estes dois efeitos, conforme analisamos anteriormente (v. n. 26), têm a máxima significação para o caso em tela. De fato, reconhecido que as pessoas jurídicas têm existência distinta da dos seus membros (Cód. Civil, artigo 20), reconhecido está, por via de consequência, que as contribuições com que estes entram para a formação do fundo social (Cód. Comercial, arts. 287 e 302) passam a pertencer à sociedade e não mais a cada um dos contribuintes, individualmente. Então, os bens que algum sócio concorra, ainda que imobiliários, transmitem-se à

205. REQUIÃO, Rubens. *Curso de direito comercial.* v. 1. 33. ed. Atualizado por Rubens Eduardo Requião. São Paulo: Saraiva, 2014, p. 482-483.

> entidade, como propriedade desta. Por outro lado, a parte desse sócio se mobiliza, convertida que fica num mero quinhão em valor e jamais numa cota-parte de propriedade indivisa. Não apenas os bens inicialmente trazidos pelos associados, senão ainda todos os mais que, de futuro, vão incorporar-se ao ativo social, seja em virtude de aquisição direta, seja como aumento dos bens anteriormente possuídos pela sociedade, todos a esta ficam pertencendo.[206]

Desde a aquisição da personalidade jurídica, com inscrição no registro próprio e na forma da lei, dos seus atos constitutivos, a sociedade passa a desfrutar de personalidade jurídica, diversa da pessoa dos sócios. Como descreve Rubens Requião, em decorrência do surgimento da personalidade jurídica, a sociedade "vai tornar sujeito ativo e passivo de relações de direito".[207]

Sendo a sociedade sujeito ativo e passivo das relações jurídicas, será o sujeito passivo da relação jurídica tributária. Por ter realizado o fato jurídico tributário previsto na regra-matriz de incidência tributária, a relação jurídica tributária instaurar-se-á entre o Fisco (sujeito ativo) e a sociedade (sujeito passivo). Assim, o patrimônio da sociedade, não dos sócios, responderá pelo pagamento da dívida tributária. Somente nos casos em que os sócios realizarem o fato jurídico da responsabilidade tributária, conforme descrito na respectiva norma de responsabilidade tributária, instaurar-se-á a relação de responsabilidade jurídica entre Fisco e sócio.

A existência da sociedade, sua personalidade jurídica distinta dos seus sócios, termina com a liquidação da sociedade.

No item seguinte serão tecidas algumas considerações sobre a dissolução da sociedade e sua liquidação, por serem conceitos que integram a hipótese normativa da responsabilidade

---

206. ESTRELLA, Hernani. *Apuração de haveres de sócio:* de acordo com o Código Civil de 2002. 4ª ed. Atualizado por Roberto Papini. Rio de Janeiro: Forense, 2004, p. 88.

207. REQUIÃO, Rubens. *Curso de direito comercial.* v. 1. 33. ed. Atualizado por Rubens Eduardo Requião. São Paulo: Saraiva, 2014, p. 473.

tributário do sócio no caso de dissolução de sociedade de pessoas (art. 134, VII, CTN). Na sequência, pontualmente, será analisada a classificação das sociedades com o intuito de identificar as sociedades de pessoas.

4.9.2 Dissolução e liquidação de sociedade

A existência da sociedade, sua personalidade jurídica distinta dos sócios, termina com a liquidação. Segundo Sérgio Campinho,

> Começa, a partir do registro, a existência legal da sociedade, como pessoa jurídica de direito privado que é, existência essa que termina após a partilha do acervo remanescente entre os sócios, acaso existente, ultimada a fase de liquidação, judicial ou extrajudicial, iniciada com a verificação de uma causa (dissolução), como por exemplo, o vencimento do prazo de sua duração quando contratada por prazo determinado, o consenso unânime dos sócios que resolvem acertar o distrato social (dissoluções de pleno direito) e a anulação de sua constituição (dissolução judicial).
>
> Durante o procedimento de liquidação, a sociedade dissolvida mantém a sua personalidade jurídica, justamente para que se procedam aos atos de liquidação e se os ultimem, com final partilha do patrimônio remanescente porventura verificado, após realização do ativo e pagamento do passivo da sociedade.[208]

A pessoa jurídica, para os fins de liquidação, subsiste até a conclusão do procedimento de liquidação. A inscrição da pessoa jurídica é cancelada ao final da liquidação (art. 51, CC/02).[209]

---

208. CAMPINHO, Sérgio. *O direito de empresa à luz do novo* Código *Civil.* 2ª ed. Rio de Janeiro: Renovar, 2003, p. 59.

209. Código Civil: Artigo 51. Nos casos de dissolução da pessoa jurídica ou cassada a autorização para seu funcionamento, ela subsistirá para os fins de liquidação, até que esta se conclua. §1º Far-se-á, no registro onde a pessoa jurídica estiver inscrita, a averbação de sua dissolução. §2º As disposições para a liquidação das sociedades aplicam-se, no que couber, às demais pessoas jurídicas de direito privado. §3º Encerrada a liquidação, promover-se-á o cancelamento da inscrição da pessoa jurídica.

As causas legais de dissolução da sociedade estão previstas no art. 1.033, I a V, CC/02,[210] podendo o contrato social prever outras hipóteses.[211] Entre as questões que dependem da deliberação dos sócios está a dissolução da sociedade (art. 1.071, VI, CC/02) e o pedido de recuperação judicial (art. 1.071, VIII, CC/02). Deliberada a dissolução, os administradores devem providenciar imediatamente a investidura de liquidante e restringir a gestão própria aos negócios inadiáveis, vedadas novas operações, sob pena de responsabilidade pessoal (ar. 1.036, CC/02). O procedimento de liquidação está prescrito nos arts. 1.102 a 1.112, CC/02.[212]

Deliberada a dissolução, a sociedade continua existindo para ultimar seus negócios pendentes e inadiáveis (art. 51, 1.036 e 1.103, IV, CC/02), sendo-lhe vedada realizar novas operações. Se o fizer, praticará conduta ilícita, que poderá repercutir na responsabilidade tributária dos sócios, conforme alerta Rubens Requião:

---

210. CC/02: Seção VI - Da Dissolução. Art. 1.033. Dissolve-se a sociedade quando ocorrer: I – o vencimento do prazo de duração, salvo se, vencido este e sem oposição de sócio, não entrar a sociedade em liquidação, caso em que se prorrogará por tempo indeterminado; II – o consenso unânime dos sócios; III –a deliberação dos sócios, por maioria absoluta, na sociedade de prazo indeterminado; IV – a falta de pluralidade de sócios, não reconstituída no prazo de cento e oitenta dias; V –a extinção, na forma da lei, de autorização para funcionar.

211. Cabe registrar que o Código Civil prescreve que "a sociedade pode ser dissolvida judicialmente, a requerimento de qualquer dos sócios, quando [...] verificada a sua inexequibilidade". (art. 1.034, II, CC/02).

212. CC/02: Art. 1.036. Ocorrida a dissolução, cumpre aos administradores providenciar imediatamente a investidura do liquidante, e restringir a gestão própria aos negócios inadiáveis, vedadas novas operações, pelas quais responderão solidária e ilimitadamente. Parágrafo único. Dissolvida de pleno direito a sociedade, pode o sócio requerer, desde logo, a liquidação judicial. Art. 1.038. Se não estiver designado no contrato social, o liquidante será eleito por deliberação dos sócios, podendo a escolha recair em pessoa estranha à sociedade. §1º O liquidante pode ser destituído, a todo tempo: I – se eleito pela forma prevista neste artigo, mediante deliberação dos sócios; II – em qualquer caso, por via judicial, a requerimento de um ou mais sócios, ocorrendo justa causa. §2º A liquidação da sociedade se processa de conformidade com o disposto no Capítulo IX, deste Subtítulo.

> Dissolvida a sociedade, entre ela em liquidação, continuando a pessoa jurídica, mas somente para se ultimarem as negociações pendentes, procedendo-se à liquidação das ultimadas. É o que dispõe o Código Civil, no artigo 51. No artigo 1.036, o Código compele os administradores a limitar sua ação aos negócios inadiáveis, que deverão ser ultimados e executados, ficando vedadas novas operações. No caso de violação dessa regra, os administradores responderão ilimitada e solidariamente pelas novas obrigações, contraídas já na fase de liquidação. O liquidante também é alcançado pela responsabilidade ilimitada e solidária, no caso de celebrar novas operações, incompatíveis com o estado de liquidação da sociedade.[213]

Durante a liquidação deverão ser elaborados o inventário e o balanço geral do ativo e do passivo, realizado o ativo, pago o passivo e partilhado o remanescente entre os sócios ou acionistas (art. 1.103, III e IV). A dissolução regular da sociedade visa satisfazer os credores com o patrimônio da sociedade.

Caso o ativo não seja suficiente para realizar o passivo, os sócios quotistas, que ainda não integralizaram suas cotas, deverão integralizar o capital social nos termos do contrato social. Conforme observa Rubens Requião, "o capital social não se confunde com o patrimônio social. A sua função precípua é constituir o fundo inicial, o patrimônio originário, com o qual se tornará viável o início da vida econômica da sociedade".[214] E sobre a importância do capital social, ressalta:

> Tem o capital social, expresso nominalmente em valor monetário, a precípua função de servir de base para aferimento dos resultados da exploração mercantil, dos lucros e prejuízos, em determinado período de tempo que se chama *exercício financeiro*; para cálculo de divisão proporcional dos lucros ou prejuízos verificados; ou, ainda, para verificação dos resultados finais da sociedade, na dissolução e liquidação, com a partilha dos lucros líquidos verificados ou prejuízos sofridos. Ainda resta outra função, das mais importantes, como observa o Prof. Ferrer Correia,

---

213. REQUIÃO, Rubens. *Curso de direito comercial.* v. 1. 33. ed. Atualizado por Rubens Eduardo Requião. São Paulo: Saraiva, 2014, p. 557-558.

214. Idem, p. 499.

qual seja, a de o capital constituir uma garantia para terceiros. "Efetivamente", diz o professor português, "o capital social representa em certos termos uma segurança para os credores da sociedade: precisamente na medida em que a lei não permite a distribuição pelos sócios de quantias ou valores necessários para manter intato esse fundo. O capital social é intangível". (p. 500)

Vários dispositivos do Código Comercial brasileiro deixavam antever a intangibilidade do capital social. [...]

Eis por que se pode afirmar, com ênfase, o princípio da intangibilidade do capital social, no direito comercial brasileiro. É claro, entretanto, que a sociedade não está obrigada a manter indefinidamente imutável o seu capital. Como existe conveniência em aumentá-lo, também pode existir em diminuí-lo. Essa diminuição é cercada de muitas cautelas, como as determinadas pela Lei das Sociedades Anônimas, para assegurar o direito de credores e dos acionistas dissidentes, que pedem seu recesso da sociedade. O artigo 45, §§7º e 8º, regula os direitos creditórios dos acionistas que se retiram da anônima, e o artigo 174 disciplina o direito de oposição dos credores, na hipótese de alteração do capital social. O Código Civil, no artigo 1.084, §1º, estatui regra semelhante, pela qual o credor quirografário da sociedade limitada, por título líquido anterior, no prazo de noventa dias contados da data da publicação da assembleia que aprovar a redução do capital, poderá opor-se ao deliberado, o que implicará suspensão da deliberação de reduzir o capital. A redução só será eficaz se não houver impugnação naquele prazo, ou se, havendo impugnação, for provado o pagamento da dívida ou depósito judicial do seu valor. A lei não prevê oposição por parte do credor detentor de garantia especial. Nas sociedades de pessoas, o sócio de responsabilidade limitada, que delas se despedir, retirando os fundos que conferir para o capital, fica responsável até o valor desses fundos pelas obrigações contraídas e perdas havidas até o momento da despedida, que será o do arquivamento do respectivo instrumento no registro de comércio (Dec.-Lei n. 7.661, de 1945, artigo 51), e os sócios de responsabilidade ilimitada são atingidos pelos efeitos da falência em seu patrimônio durante dois anos anteriores à despedida, no caso de não terem sido solvidas até a data da declaração da falência as obrigações sociais existentes ao tempo da retirada (artigo 5º, parágrafo único).

> Como se vê, a lei é severa em resguardar o capital social, tornando-o intangível, ou cercando-o de várias garantias, em proveito dos interesses dos credores e direitos dos credores.[215]

Diante da intangibilidade do capital social, como garantia dos credores, a redução do capital social poderá repercutir na responsabilidade tributária dos sócios.

O Código Civil prescreve que deverá ser exigido dos sócios quotistas "se for o caso, as quantias necessárias, nos limites da responsabilidade de cada um e proporcionalmente à respectiva participação nas perdas, repartindo-se, entre os sócios solventes e na mesma proporção, o devido pelo insolvente" (art. 1.103, V, CC/02). Essa exigência só ocorrerá nos casos de sociedades cuja responsabilidade dos sócios seja ilimitada. O patrimônio dos sócios só será alcançado subsidiariamente, devendo ser primeiro utilizado o patrimônio social para quitação do passivo. A respeito do tema, Rubens Requião ressalva:

> Todos sabem que o sócio de responsabilidade ilimitada é solidário com os demais companheiros dessa categoria, respondendo igualmente pelas obrigações sociais. Essa responsabilidade, não mais se discute, é subsidiária, no sentido de que somente se efetiva quando faltarem bens suficientes para a sociedade cumprir integralmente suas obrigações. Essa regra estava definida no artigo 350 do Código Comercial, enunciada nestes termos: "Os bens particulares dos sócios não podem ser executados por dívidas da sociedade, senão depois de executados todos os bens sociais". O Código Civil, no artigo 1.024, tem disposição semelhante.[216]

Nos tipos societários em que os sócios têm responsabilidade limitada isso não ocorrerá. "Os sócios de responsabilidade limitada, comanditários ou cotistas, têm responsabilidade circunscrita: os primeiros, à sua parte-capital; os segundos, ao capital social; e o acionista, apenas ao valor de

215. REQUIÃO, Rubens. *Curso de direito comercial.* v. 1. 33. ed. Atualizado por Rubens Eduardo Requião. São Paulo: Saraiva, 2014, p. 500-502.

216. Idem, p. 546.

sua contribuição representada na ação", observa Rubens Requião,[217] inexistindo dever legal de complementar com patrimônio pessoal para satisfazer o passivo nos casos de dissolução regular da sociedade.

O patrimônio social deverá ser destinado a liquidar dívidas da sociedade, observando os créditos preferenciais (art. 1.106, CC/02). Se o ativo não for suficiente ao pagamento de todos os credores sociais, em primeiro lugar deverão ser pagas as obrigações preferenciais, aquelas dotadas de prioridade no concurso de credores, como por exemplo, as obrigações trabalhistas, com garantia real e as tributárias.[218]

Somente poderá ser feita partilha aos sócios após a liquidação do passivo (art. 1.106 a 1.107, CC/02). Hernani Estrella, sobre esse aspecto, sublinha:

> A dissolução, como se vê, é ato tendente a *extinguir* a sociedade, efeito este que, entretanto, somente se produz numa fase ulterior, já que mesmo durante a liquidação e enquanto não ultimada esta, a entidade subsiste como sujeito de direito (Cód. Comercial, artigo 344; Lei de Falências, artigo 37). Até então, pois, é titular de todos os bens constituintes de seu patrimônio, entre os quais se arrolam os que lhe conferiram os sócios, ao constituir-se, e os que, porventura, tenha ela própria adquirido supervenientemente. Ditos bens, sobre que têm preleção os credores sociais, destinam-se à venda (realização do ativo), até onde baste para completa solução do passivo, não excluída, é óbvio, a possibilidade de os sócios suprirem a caixa com numerário preciso, dispensando as operações típicas de liquidação. Isso feito, a pessoa jurídica se *extingue*; e, a partir daí as várias quotas individuais que se confundiram na unidade patrimonial do ente coletivo, têm de devolver-se aos seus membros. Neste momento, cessadas as relações essencialmente obrigacionais (Cód. Comercial, artigo 329), exsurge entre eles um estado de *comunhão*, objetiva na massa residual que se lhes transmite em sucessão *ex lege*, com o desaparecer da titular originária. Volve-se, assim, à ideia primitiva de comunidade que, sendo o ponto de

---

217. REQUIÃO, Rubens. *Curso de direito comercial.* v. 1. 33. ed. Atualizado por Rubens Eduardo Requião. São Paulo: Saraiva, 2014, p. 546.

218. TOMAZETTE, Marlon. *Curso de direito empresarial:* teoria geral e direito societário. v. 1. 6ª ed. São Paulo: Atlas, 2014, p. 401.

> partida da evolução ulterior da *societas* (v. n. 25 e 46), desta não se desprende de todo, embora, haja permanecido na obscuridade, pela relevância das relações tipicamente obrigacionais. Quando, porém, estas últimas se esvanecem, revive a comunhão subjacente, dotada agora de suficiente vigor para restaurar ou criar, entre os comunheiros, direitos de conteúdo diferente. Este, e não outro, é o entendimento que se colhe da lei (Cód. Comercial, artigo 345, n. 3), ao determinar (*sic*) a "divisão e partilha dos bens sociais", o que importa dizer deverem estes, salvo diversa estipulação ou acordo dos interessados, ser dados em espécie.[219]

Pago o passivo e partilhado eventual remanescente, será convocada assembleia dos sócios para a prestação final de contas. Aprovadas as contas, encerra-se a liquidação e a sociedade se extingue, fazendo-se averbação no registro próprio (arts. 1.108 e 1.109, CC/02).[220] Liquidada a sociedade, cessa a responsabilidade dos sócios; o distrato deve ser arquivado no órgão competente, sob pena de persistir a responsabilidade dos sócios.[221]

No caso de ativo inferior ao passivo, deverá ser reconhecido o estado de insolvência da sociedade, sendo requerido,

---

219. ESTRELLA, Hernani. *Apuração de haveres de sócio:* de acordo com o Código Civil de 2002. 4ª ed. Atualizado por Roberto Papini. Rio de Janeiro: Forense, 2004, p. 97-98. O artigo 345 do Código Comercial foi revogado pelo Código Civil de 2002; é correspondente ao artigo 1.103, IV, do novo diploma.

220. CC/02: Art. 1.108. Pago o passivo e partilhado o remanescente, convocará o liquidante assembleia dos sócios para a prestação final de contas. Art. 1.109. Aprovadas as contas, encerra-se a liquidação, e a sociedade se extingue, ao ser averbada no registro próprio a ata da assembleia. Parágrafo único. O dissidente tem o prazo de trinta dias, a contar da publicação da ata, devidamente averbada, para promover a ação que couber.

221. Liquidada a sociedade, cessava a responsabilidade dos sócios. O distrato devia ser arquivado no Registro Público de Empresas Mercantis, publicado nos periódicos do domicílio social, ou no mais próximo, se houvesse, e, na falta desse, em anúncios afixados nos lugares públicos, sob pena de subsistir a responsabilidade de todos os sócios a respeito de quaisquer obrigações que algum deles possa contrair com terceiro em nome da sociedade (art. 338). Pelo Código Civil, art. 1.103, I e IX, os atos de registro e publicidade da dissolução e liquidação competem ao liquidante. O registro do ato deve ser providenciado no prazo de trinta dias (art. 1.151, §1º). Havendo omissão, ou demora, responderá por perdas e danos (art. 1.151, §3º), podendo o registro e publicação, nesse caso, ser providenciado por sócio ou qualquer interessado. (REQUIÃO, Rubens. *Curso de direito comercial.* v.1., 33. ed. Atualizado por Rubens Eduardo Requião. São Paulo: Saraiva, 2014, p. 559).

"conforme o caso, a falência, a recuperação judicial ou homologação da recuperação extrajudicial para a sociedade, obedecidas as regras procedimentais inerentes a cada tipo societário".[222]

Em síntese, cabem aos sócios deliberar pela dissolução da sociedade, devendo os administradores apenas ultimar os negócios em andamento, realizar os negócios inadiáveis e nomear o liquidante (sócio ou não sócio). O liquidante deverá fazer inventário e balanço geral do ativo e passivo da sociedade, sendo o ativo destinado à liquidação do passivo. Caso o ativo não seja suficiente para liquidar o passivo, cabe: (i) aos sócios cotistas integralizarem o capital social (caso não tenham feito); ou (ii) complementarem o patrimônio social proporcionalmente às suas cotas para satisfazer o prejuízo, se for o caso de sociedade em que os sócios são ilimitadamente responsáveis; ou (iii) ser requerida a falência da sociedade.[223] Observado o procedimento legal para dissolução da sociedade, não praticando os sócios condutas ilícitas por violação da legislação civil e comercial, não ocorrerá dissolução irregular da sociedade, que é um dos requisitos legais para caracterizar responsabilidade tributária do sócio.

A responsabilidade tributária do sócio por dissolução irregular da sociedade ocorre, comumente, quando a empresa encerra suas atividades econômicas, simplesmente fechando suas portas, sem observar o processo legal de dissolução.

4.9.3 Sociedade de pessoas

O art. 134, VII, CTN, enuncia que o cumprimento da obrigação tributária será exigido dos "sócios, no caso de liquidação de sociedade de pessoas". É necessário compreender

222. TOMAZETTE, Marlon. *Curso de direito empresarial:* teoria geral e direito societário. v.1. 6.ed. São Paulo: Atlas, 2014, p. 401.

223. Se os sócios já deliberaram pela dissolução da sociedade seria contraditório requerer a recuperação judicial; essa opção deve ser tomada quando os sócios optam por manter a empresa que está em estado de insolvência, ao invés de optarem pela dissolução.

quais sociedades se enquadram no conceito "sociedade de pessoas" para fins de responsabilidade do sócio cotista.

Conforme observa Rubens Requião, "o estudo adequado de qualquer disciplina requer o conhecimento e o uso exato de sua nomenclatura. Evitam-se, por esse meio, incompreensões e impropriedades técnicas",[224] impondo a fixação do sentido jurídico de sociedade de pessoas. A expressão *companhia* é utilizada para nomear as sociedades anônimas e *sociedade* para os outros tipos societários.[225] Sociedade e empresa juridicamente são figuras distintas; a *empresa* "constitui um organismo econômico, que combina os fatores natureza, capital e trabalho, para a produção ou circulação de bens e serviços. O sujeito dessa atividade é o empresário individual ou o empresário coletivo, que se constitui como sociedade empresária. Logo a sociedade empresária dá a roupagem jurídica com que se veste a empresa coletiva".[226]

De acordo com o Código Civil, em seu título II – Da Sociedade, em suas disposições gerais no Capítulo Único, "celebram contrato de sociedade as pessoas que reciprocamente se obrigam a contribuir, com bens ou serviços, para o exercício de atividade econômica e a partilha, entre si, dos resultados" (art. 981, CC/2002). As pessoas que celebram entre si contrato de

---

224. REQUIÃO, Rubens. *Curso de direito comercial.* v. 1. 33. ed. Atualizado por Rubens Eduardo Requião. São Paulo: Saraiva, 2014, p. 544.

225. Companhia. O Código de 1850 destinou o uso dessa expressão para nomear as *sociedades anônimas.* [...] De tudo isso notamos que a linguagem de nossa lei é confusa no emprego do vocábulo. *Companhia*, quer abreviadamente, quer por extenso, é expressão que tanto pode ser usada na formação das razões sociais das sociedades em comandita simples, como na das sociedades em nome coletivo ou na denominação das sociedades anônimas. No entendimento comum do comércio, por natural inclinação, é de se registrar, reserva-se a menção *companhia* para a sociedade anônima, e *sociedade* para os outros tipos de sociedades comerciais. Assim, é que o acionista fala em *minha companhia* e o sócio diz *nossa sociedade* ou *nossa firma.* (REQUIÃO, Rubens. *Curso de direito comercial.* v. 1. 33. ed. Atualizado por Rubens Eduardo Requião. São Paulo: Saraiva, 2014, p. 455).

226. REQUIÃO, Rubens. *Curso de direito comercial.* v. 1. 33. ed. Atualizado por Rubens Eduardo Requião. São Paulo: Saraiva, 2014, p. 456.

sociedade são designadas como sócios e contribuem para formar o capital social da sociedade; "a contribuição do sócio para a formação do capital social é chamada de *parte-capital, contribuição social, cota-capital*, e, nas sociedades anônimas, *ação*".[227]

O CTN, na hipótese de responsabilidade tributária do art. 134, VII, refere-se ao sócio, às pessoas que celebram o contrato de sociedade, ou seja, a todos os sócios. Essa hipótese legal não exige que o sócio ostente a condição de diretor, gerente ou administrador, como acontece no caso da responsabilidade tributária do sócio administrador (art. 135, III, do CTN). Essas hipóteses legais que atribuem a responsabilidade ao sócio (art. 134) e ao sócio administrador (art. 135) serão analisadas no próximo capítulo deste estudo.

O sócio pode ter designação específica conforme o tipo societário, como, por exemplo, "*sócio cotista* na sociedade por cotas de responsabilidade limitada; *sócio-acionista*, ou simplesmente *acionista*, ao da sociedade anônima".[228] Considerando que este trabalho tem como objeto de estudo a responsabilidade do sócio (art. 134, VII, CTN) e do sócio administrador (art. 135, III, CTN), será utilizado o termo "sócio" para referir-se aos sócios sem poder de gestão (cotistas, acionistas etc.) e "sócio administrador" para o sócio com poderes de gestão (sócio administrador, sócio-gerente, sócio-diretor etc.).

A aquisição da qualidade de sócio pode ocorrer na formação da sociedade ou após sua constituição, pois "o sócio pode ingressar tanto originariamente na sociedade, na sua fundação, assinando o contrato ou ato constitutivo, como, posteriormente, subscrevendo aumento de capital ou substituindo um sócio que se retira, através de cessão e transferência de sua parte-capital".[229]

---

227. REQUIÃO, Rubens. *Curso de direito comercial*. v. 1. 33. ed. Atualizado por Rubens Eduardo Requião. São Paulo: Saraiva, 2014, p. 536.

228. Idem.

229. Idem, p. 537.

O procedimento para ingresso do sócio nas sociedades de pessoas e nas sociedades de capital ocorre de formas distintas:

> Nas sociedades de pessoas o sócio que ingressa deve, obrigatoriamente, assinar a alteração do instrumento do contrato, para ser ele levado a arquivamento no Registro Público de Empresas Mercantis, a fim de valer contra terceiros (artigo 999, parágrafo único, do Cód. Civ.). Uma cessão da parte-capital que não obtenha a publicidade do registro não tem eficácia contra terceiros. É válida apenas pessoalmente entre cedente e cessionário.
>
> Na sociedade de capitais a aquisição do *status* de sócio decorre da aquisição da ação; essa transferência só tem valor em relação à sociedade no caso de ação nominativa, com a averbação da transferência nos respectivos livros de registro.[230]

O CTN, no art. 134, VII, trata especificamente das sociedades de pessoas. Os contratos de sociedade sempre são celebrados entre pessoas, que reciprocamente se obrigam a contribuir para o exercício da atividade econômica objeto da sociedade e a partilha, entre si dos resultados da atividade (art. 981, CC/2002), mas nem todas as sociedades são qualificadas como sociedades de pessoas.

O Código Civil classifica as sociedades em empresárias e simples, ao dispor que "salvo as exceções expressas, considera-se empresária a sociedade que tem por objeto o exercício de atividade própria de empresário sujeito a registro (art. 967); e, simples, as demais" (art. 982, CC/02).[231]

O Código obriga que "a sociedade empresária deve constituir-se segundo um dos tipos regulados nos artigos 1.039 a 1.092" (art. 983, CC/02): sociedade em nome coletivo (arts. 1.039 a 1.044, CC/02), sociedade em comandita simples (arts. 1.045 a 1.051), sociedade limitada (arts. 1.052 a 1.087, CC/02),

---

230. REQUIÃO, Rubens. *Curso de direito comercial.* v. 1. 33. ed. Atualizado por Rubens Eduardo Requião. São Paulo: Saraiva, 2014, p. 539.

231. CC/02, artigo 982, parágrafo único: "independentemente de seu objeto, considera-se empresária a sociedade por ações; e, simples, a cooperativa".

sociedade anônima (arts. 1.088, CC/02, regida por lei especial e nos casos omissos pelo CC/02, art. 1.089) e a sociedade em comandita por ações (arts. 1.090 a 1.092, CC/02). E permite que a sociedade simples seja constituída em conformidade com um desses tipos societários ou opte por ser regida pelas normas das sociedades simples (art. 983, CC/02).

Assim, as sociedades que "se subdividem em sociedades simples e empresárias"[232] podem adotar vários tipos societários. Porém, existem várias classificações das sociedades, baseadas em diferentes critérios de classificação: (i) responsabilidade dos sócios: limitadas, ilimitadas e mistas; (ii) personificação: sociedades personificadas e não personificadas; (iii) forma de capital: capital fixo e capital variável; (iv) estrutura econômica: sociedade de pessoas e sociedade de capital.[233] Essa última classificação tem pertinência ao objeto deste estudo, já que o art. 134 do CTN enuncia dissolução de sociedade de pessoas.

As sociedades de pessoas são constituídas em função da qualidade pessoal dos sócios, enquanto as sociedades de capitais são constituídas tendo em atenção preponderantemente o capital social,[234] conforme explica Rubens Requião:

> [...] as chamadas sociedades de pessoas são as que se constituem tendo em vista a pessoa dos sócios. Os sócios entre si, cada um deles, escolhem os seus companheiros. A sociedade assim se forma em atenção às qualidades pessoais dos sócios. Ninguém nela ingressa, nem nela se faz substituir, sem a concordância dos demais sócios, importando o ingresso ou retirada em modificação do contrato social. Nas sociedades de capitais é indiferente a pessoa do sócio, prevalecendo o impessoalismo do capital, pois o acionista ingressa na sociedade ou dela se retira, sem dar atenção aos demais pela simples aquisição ou venda de suas ações.

---

232. COELHO, Fábio Ulhoa. *Manual de direito comercial.* 17. ed. São Paulo: Saraiva, 2006, p. 110.

233. REQUIÃO, Rubens. *Curso de direito comercial.* v. 1. 33. ed. Atualizado por Rubens Eduardo Requião. São Paulo: Saraiva, 2014, p. 460.

234. Idem, p. 460.

> Não há, consequentemente, necessidade de se tocar no ato constitutivo nessa movimentação.[235]

No mesmo sentido, Marlon Tomazette afirma:

> o que caracteriza uma sociedade como de pessoas ou de capitais é o papel exercido pela pessoa do sócio na vida da sociedade, é a influência das suas qualidades pessoais na constituição e no funcionamento da sociedade.
>
> Se a figura, a influência, a responsabilidade e a atuação dos sócios constitui fator preponderante na vida empresarial da sociedade, estamos diante de uma sociedade de pessoas. Se as qualidades morais, técnicas ou intelectuais dos sócios, seu caráter, sua formação, sua sorte e mesmo sua reputação são determinantes na formação da sociedade, estaremos diante de uma sociedade de pessoas. Do mesmo modo, se essas qualidades pessoais são igualmente decisivas nas relações com terceiros, estaremos diante de uma sociedade de pessoas.
>
> Todavia, se o que possui papel preponderante é tão somente a contribuição dos sócios, trata-se de uma sociedade de capitais. A responsabilidade é apenas um dos fatores a serem aferidos para verificar o personalismo ou o capitalismo da sociedade.
>
> Essa é uma formulação genérica da distinção, da qual decorrem inúmeras características peculiares a um ou outro tipo de sociedade, cuja predominância permitirá qualificar a sociedade como de pessoas ou de capitais.[236]

Já para Sérgio Campinho:

> As sociedades podem também estar classificadas tendo em consideração a pessoa dos sócios. Dependendo da sua estruturação econômica, na qual se irá verificar a influência maior ou menor da condição pessoal do sócio, podem as sociedades ser divididas em sociedades de pessoas e sociedade de capital. Nas primeiras, a figura do sócio é elemento fundamental da formação societária. A sociedade se constitui tendo por referência a qualidade pessoal do sócio. Fica ela, nesse contexto, subordinada à figura do sócio

---

235. REQUIÃO, Rubens. *Curso de direito comercial.* v. 1. 33. ed. Atualizado por Rubens Eduardo Requião. São Paulo: Saraiva, 2014, p. 509-510.

236. TOMAZETTE, Marlon. *Curso de direito empresarial:* teoria geral e direito societário. v. 1. 6ª ed. São Paulo: Atlas, 2014, p. 293.

> (conhecimento e confiança recíproca, capacitação para o negócio etc.) Nas segundas, o ponto de gravidade da sociedade não reside na qualificação subjetiva do sócio, mas sim na sua capacidade de investimento. A importância está na contribuição do sócio para a formação do capital social, sendo relegado a um plano secundário a sua qualidade pessoal. Para tais sociedade é desinfluente quem é o titular da condição de sócio, mas sim a contribuição material que ele é capaz de verter para os fundos sociais.[237]

O Código Civil prescreve a sociedade empresária que deve se constituir segundo um dos tipos societários: sociedade em nome coletivo, sociedade em comandita simples, sociedade limitada, sociedade anônima ou sociedade em comandita por ações. As sociedades simples podem optar por um desses tipos societários ou serem regidas pelas regras das sociedades simples (art. 983, CC/02). Existe controvérsia na doutrina sobre quais tipos societários se enquadram na classe sociedade de pessoas.

Rubens Requião entende que são sociedades de pessoas: "a sociedade em nome coletivo, a sociedade em comandita simples, a sociedade de capital e indústria e a sociedade em conta de participação".[238]

Para Marlon Tomazette, são sociedades de pessoas: "sociedade em nome coletivo, sociedades em comandita simples, sociedades simples, sociedades em conta de participação. São sociedades de capitas: sociedade anônima e sociedade em comandita por ações".[239]

Por sua vez, de acordo com Sérgio Campinho, "são sociedades de pessoa, a sociedade em nome coletivo, a sociedade em comandita simples. De capital são as sociedades anônimas

---

237. CAMPINHO, Sérgio. *O direito de empresa à luz do novo Código Civil.* 2ª ed. Rio de Janeiro: Renovar, 2003, p. 52.

238. REQUIÃO, Rubens. *Curso de direito comercial.* v. 1. 33. ed. Atualizado por Rubens Eduardo Requião. São Paulo: Saraiva, 2014, p. 510.

239. TOMAZETTE, Marlon. *Curso de direito empresarial:* teoria geral e direito societário. v. 1. 6ª ed. São Paulo: Atlas, 2014, p. 296.

e em comandita por ações". E as sociedades anônimas de capital fechado podem ser classificadas como de pessoa ou capital, conforme o caso.[240]

Não há na doutrina um consenso em relação aos tipos societários classificados com sociedade de pessoa, mas constata-se que a característica marcante da sociedade de pessoa é a qualificação subjetiva do sócio com condição para ser sócio daquela sociedade.

No tocante às sociedades limitadas, "grande parte da doutrina as projeta como sociedades de capital, ou, pelo menos, cercadas de certos hibridismos personalista-capitalista".[241] Rubens Requião as classifica como sociedade de pessoas, mas ressalva que podem ter caráter capitalista:

> [...] a sociedade limitada constitui sociedade de *pessoas*: não podemos, porém, deixar de nos impressionar com a circunstância de que os sócios, na elaboração do contrato social, podem dar-lhe um caráter *capitalístico*, quando permitem a cessão de quotas a estranhos, sem a necessária anuência dos demais. Se na sociedade pode ingressar um estranho, é porque os sócios mantêm a sociedade mais em atenção ao seu capital do que à qualidade pessoal dos companheiros.[242]

Marlon Tomazette entende que a sociedade limitada é uma sociedade híbrida:

> Em relação às sociedades limitadas não é possível enquadrá-la *a priori* em outro grupo, podendo-se falar que se trata de uma sociedade híbrida que ora é de pessoas, ora é de capitais, dependendo da análise no caso concreto. A nosso ver, tal hibridismo se justifica pela mistura de características de um ou outro tipo societário que era dada pelo Decreto 3.708/19 e foi mantida pelo Código Civil de 2002, como se pode depreender da limitação de responsabilidade

---

240. CAMPINHO, Sérgio. *O direito de empresa à luz do novo Código Civil.* 2ª ed. Rio de Janeiro: Renovar, 2003, p. 52.

241. REQUIÃO, Rubens. *Curso de direito comercial.* v. 1. 33. ed. Atualizado por Rubens Eduardo Requião. São Paulo: Saraiva, 2014, p. 510.

242. Idem, p. 588.

> dos sócios, da limitação ao ingresso de novos sócios, da utilização tanto de razão social quanto de denominação.[243]

Até a sociedade anônima, típica sociedade de capital conforme o entendimento majoritário, pode ter característica de sociedade de pessoa. É o que descreve Sérgio Campinho:

> No que se refere às companhias ou sociedades anônimas, sustentamos que as de capital fechado, isto é, aquelas cujos valores mobiliários de sua emissão não se encontram admitidos à negociação no mercado de valores mobiliários, podem vir a ostentar a condição de sociedade de pessoa. É o caso das sociedades anônimas ditas familiares, inacessíveis a estranhos, cujas ações circulam entre os poucos acionistas que as adquirem. São sociedades, na verdade, constituídas *cum intuitu personae*, posto que o *animus* que se quer dos sócios não é só material. Por essa razão é que se tem identificado em tais sociedades uma transformação, ou adaptação às vezes desenfocada, de uma sociedade de pessoa em sociedade de capital.[244]

Nos termos da doutrina de Sérgio Campinho, conforme anotou Marlon Tomazette em nota de rodapé, "a sociedade anônima é considerada a típica sociedade de capital. Todavia, recentemente reconheceu-se em um caso concreto a natureza personalista das relações entre os sócios de uma sociedade anônima",[245] conforme analisado pela 4ª Turma do Superior Tribunal de Justiça, no julgamento do Resp. 111.294:

> DIREITO COMERCIAL. SOCIEDADE ANÔNIMA. GRUPO FAMILIAR. INEXISTÊNCIA DE LUCROS E DE DISTRIBUIÇÃO DE DIVIDENDOS HÁ VÁRIOS ANOS. DISSOLUÇÃO PARCIAL. SÓCIOS MINORITÁRIOS. POSSIBILIDADE.
>
> Pelas peculiaridades da espécie, em que o elemento preponderante, quando do recrutamento dos sócios, para a constituição

243. TOMAZETTE, Marlon. *Curso de direito empresarial:* teoria geral e direito societário. v. 1. 6ª ed. São Paulo: Atlas, 2014, p. 296.

244. CAMPINHO, Sérgio. *O direito de empresa à luz do novo Código Civil.* 2ª ed. Rio de Janeiro: Renovar, 2003, p. 52.

245. TOMAZETTE, Marlon. *Curso de direito empresarial:* teoria geral e direito societário. v. 1. 6.ª ed. São Paulo: Atlas, 2014, p. 296.

> da sociedade anônima envolvendo pequeno grupo familiar, foi a afeição pessoal que reinava entre eles, a quebra da *affecttio societatis* conjugada à inexistência de lucros e de distribuição de dividendos, por longos anos, pode se constituir em elemento ensejador da dissolução parcial da sociedade, pois seria injusto manter o acionista prisioneiro da sociedade, com seu investimento improdutivo, na expressão de Rubens Requião.
>
> O princípio da preservação da sociedade e de sua utilidade social afasta a dissolução integral da sociedade anônima, conduzindo à dissolução parcial. Recurso parcialmente conhecido, mas improvido. (REsp. 111.294/PR, Rel. Min. Barros Monteiro, Rel. p/ Acórdão Min. Cesar Asfor Rocha, Quarta Turma, j.19.09.2000, *DJ* 28.05.2001, p. 161).

Conclui-se, portanto, que a qualificação subjetiva do sócio como condição para integrar a sociedade é o ponto central para identificar a sociedade de pessoa. Alguns tipos societários poderão ou não ser classificados como tal, conforme as particularidades da sociedade no caso concreto. Em princípio, a sociedade anônima e a limitada são sociedades de capital, mas podem vir a ser consideradas sociedades de pessoas se no caso concreto for comprovado que a qualificação subjetiva do sócio é condição para integrar a sociedade.

5. RESPONSABILIDADE TRIBUTÁRIA DO SÓCIO (ARTS. 134 E 135 DO CTN): A NORMA JURÍDICA E O FATO JURÍDICO DA RESPONSABILIDADE TRIBUTÁRIA

Como visto no capítulo 4, o contribuinte é a pessoa que tem relação direta com o fato gerador da obrigação, pois é quem realiza o fato jurídico tributário, que subsume ao antecedente da regra-matriz de incidência tributária. O responsável realiza o fato jurídico da responsabilidade tributária, previsto no antecedente da norma jurídica de responsabilidade tributária *stricto sensu*, que se relaciona com a regra-matriz de incidência tributária. O fato jurídico da responsabilidade tributária pressupõe a ocorrência do fato jurídico tributário e está com ele (indiretamente) relacionado.

O contribuinte está obrigado ao pagamento do tributo quando realiza o fato jurídico que subsume os critérios descritos na regra-matriz de incidência tributária. O responsável, por sua vez, está obrigado ao pagamento do tributo somente se realizar o fato jurídico da responsabilidade tributária nos termos descritos no antecedente da norma jurídica de responsabilidade tributária *stricto sensu* ou regra-matriz de responsabilidade tributária. Nesse sentido decidiu o Supremo

Tribunal Federal, no julgamento do RE 562.276 com Repercussão Geral:

> 4. A responsabilidade tributária pressupõe duas normas autônomas: a regra matriz de incidência tributária e a regra matriz de responsabilidade tributária, cada uma com seu pressuposto de fato e seus sujeitos próprios. A referência ao responsável enquanto terceiro (*dritter Persone, terzo ou tercero*) evidencia que não participa da relação contributiva, mas de uma relação específica de responsabilidade tributária, inconfundível com aquela.[246]

A regra é que a sociedade, pessoa jurídica diversa do sócio, pague o crédito tributário decorrente dos fatos jurídicos por ela realizados, estando o patrimônio social sujeito à execução para cobrança do crédito tributário. Excepcionalmente, o sócio ou o sócio administrador responderão pelas dívidas tributárias da sociedade com seu patrimônio pessoal somente se realizarem o fato jurídico da responsabilidade tributária do sócio (arts. 134 e 135, CTN). Essas hipóteses legais têm natureza sancionatória, sendo o sócio ou o sócio administrador punido pela prática de ato ilícito.

A responsabilidade tributária do sócio cotista (art. 134, VII, CTN) e do sócio administrador (art. 135, III, CTN) são hipóteses legais distintas, prescritas em normas jurídicas *stricto sensu* diferentes, cada qual com seu respectivo antecedente e consequente, que não se confundem. As normas serão descritas em subcapítulos específicos.

No direito positivo brasileiro, não existe fundamento para a responsabilização tributária indiscriminada dos sócios, por simplesmente ser sócio. É o que explica Raquel Cavalcanti Ramos Machado:

> Os que sustentam a responsabilização indiscriminada fundamentam-na no argumento de que, em regra, os sócios utilizam-se da

246. Disponível em: http://stf.jus.br/portal/ Acesso em: 23 ago. 2018. RE 562276, Rel. Min. Ellen Gracie, Tribunal Pleno, j.03 nov. 2010, Repercussão geral – Mérito DJe-027 Divulg. 09.02.2011 Public. 10.02.2011.

pessoa jurídica apenas para ter sua responsabilidade limitada e, assim, poder acrescer impunimente seu patrimônio em prejuízo do cumprimento das obrigações tributárias da sociedade. Afirmam, em outros termos, que a pessoa jurídica é apenas um disfarce para que o sócio fraude o Fisco com mais barreiras legais que evitam sua responsabilização. Essa visão, todavia, é equivocada.

Em regra, os que pretendem fraudar o Fisco deliberadamente não expõem seus nomes em contratos, assumindo a condição de sócio. Preferem agir informalmente, através dos chamados "laranjas" que, por sua vez, não possuem patrimônio, e assim, não receiam em aparecer para o Fisco, já que quando acionados, não terão, de qualquer modo, bens a perder. Os que aparecem para o Fisco na condição de sócio expõem seus dados de que a Administração dispõe para realizar a fiscalização que entender necessária, e esta, caso verifique a prática de ato com violação ao contrato ou às leis societárias, pode responsabilizá-los.

Na verdade, não há como se ignorar que a pretendida responsabilização indiscriminada dos sócios seja injusta por igualar aqueles que respeitaram seus deveres societários com os que não respeitam. A longo prazo, o efeito dessa medida será o desestímulo ao respeito desses deveres. De fato, já que os bens do sócio serão de qualquer modo atingidos, que estímulo ele terá para não tentar acrescer seu patrimônio em detrimento do cumprimento das obrigações tributárias da sociedade?[247]

A interpretação extremamente extensiva das normas de responsabilidade tributária é utilizada abusivamente pelo Fisco (estadual, federal e municipal) como solução para o recebimento do crédito tributário.[248]

---

247. MACHADO, Raquel Cavalcanti Ramos. Responsabilidade do sócio por créditos tributários lançados contra a pessoa jurídica – os arts. 124, II, 134 e 135 do CTN, o art.13 da Lei 8.620/93 e a razoabilidade. *Revista Dialética de Direito Tributário*, São Paulo, n.114, p.84-93, mar. 2005, p. 91.

248. O Fisco, estadual, federal e municipal, vê no inc. III do artigo 135 do CTN a solução para o recebimento de seus créditos. Em razão disso, advoga uma interpretação extremamente extensiva, de modo a abarcar todas as situações em que as empresas figurem como devedora. Em resumo, a Fazenda Pública afirma: a) o mencionado dispositivo traz hipótese de responsabilidade solidária entre sócio e pessoa jurídica, ou seja, ambos são sujeitos passivos da obrigação tributária; b) não apenas o sócio gerente, mas qualquer sócio é responsável pelo pagamento da dívida da empresa; c) o simples inadimplemento da pessoa jurídica configura infração à lei, e, por isso, seria a condição para a responsabilização do membro da sociedade; e

O fato jurídico da responsabilidade tributária (art. 134 e 135 do CTN) não ocorre com tanta frequência, mas, na prática, o Fisco tem dilargado as hipóteses legais sempre que não encontra patrimônio da sociedade para satisfação do crédito tributário. Renato Lopes Becho, a partir da sua experiência como magistrado em vara de execuções fiscais em São Paulo, escreve sobre a responsabilidade do Estado pelo excesso de responsabilização tributária:

> Em nosso sentir, os casos estipulados pelo legislador complementar de responsabilização tributária de terceiros são hipóteses raras de acontecer na prática. Por que, então, já tantos pedidos de redirecionamento de execuções fiscais para os sócios, notadamente fundados na Súmula 435 do STJ?
>
> Segundo nosso ponto de vista, o motivo está na ineficiência da Administração Tributária em propor rapidamente as ações executivas, demora essa ao menos identificada na esfera federal e no âmbito da jurisdição do Município de São Paulo, realidade à qual estamos afetos.
>
> [...]
>
> A solução que parece ter sido encontrada pelas procuradorias fazendárias, com apoio do Poder Judiciário, é transferir o ônus fiscal para os sócios-gerentes das sociedades comerciais que não forem encontradas (Súmula 435 do STJ). Todavia, a providência, além de não ter amparo legal, produz escassos efeitos econômicos, como as centenas de milhares de execuções fiscais presentes nos arquivos sobrestados (artigo 40 da Lei n. 6.830/1980) e como comprovam as estatísticas do Poder Judiciário.[249]

E concluiu: "a responsabilidade tributária de terceiros, notadamente de sócios, diretores, gerentes e administradores, impacta na percepção de que há *insegurança jurídica* quanto à legislação tributária, o que gera prejuízos econômicos para

---

d) não haveria necessidade de comprovação, a seu cargo, da prática ilícita ou irregular. (MARQUES, Leonardo Nunes. A responsabilidade dos membros da sociedade limitada pelas obrigações tributárias e o Novo Código Civil. *Revista Dialética de Direito Tributário* n. 111. São Paulo: Dialética, dez. 2004, p. 63).

249. BECHO, Renato Lopes. *Responsabilidade tributária de terceiros:* CTN, arts. 134 e 135. São Paulo: Saraiva, 2014, p. 24-26.

toda a sociedade".[250] Constata-se, portanto, a importância de descrever, com fundamento no direito positivo brasileiro, as normas jurídicas de responsabilidade tributária do sócio.

A responsabilidade tributária dos sócios (arts. 134 e 135 do CTN) é de natureza subjetiva e exige, no mínimo, conduta culposa ilícita do sócio. Como não se trata de responsabilidade objetiva, é imprescindível a prova da conduta ilícita, conforme sustenta Andréa Medrado Darzé:

> Também nos parece ser esta a correta interpretação do artigo 136 do Código Tributário Nacional. O elemento subjetivo é essencial para a conformação do ilícito tributário. Se não houver, ao menos, a prática de ato culposo, não há que se falar em responsabilidade por infrações. O que se dispensa tão somente é a intenção do agente diretamente dirigida ao resultado, exigindo-se sempre inexecução de um dever que o agente podia conhecer e observar.
>
> O próprio enunciado prevê, todavia, a possibilidade de a regra nele veiculada vir a ser excepcionada. Isso significa que, nas situações em que a lei expressamente dispuser em sentido contrário, o dolo passará a ser requisito indispensável para a tipificação da responsabilidade tributária por infrações. O que não se admite, em nenhuma hipótese, é a imputação de responsabilidade objetiva nessa matéria.
>
> Por outro lado, em outras passagens do Código, o legislador complementar, ele próprio, exigiu, de forma mais ou menos ostensiva, a presença do dolo para configurar o ilícito idôneo a promover a alteração do sujeito passivo do tributo. Nesse sentido é a fórmula textual do artigo 135, do CTN, por exemplo.
>
> A insistência em distinguir as infrações objetivas e subjetivas decorre dos seus efeitos práticos. Tratando-se da primeira, o único recurso de que dispõe o suposto autor do ilícito para defender-se é concentrar suas razões na demonstração da inexistência material do fato ou da ausência de nexo de causalidade entre a sua conduta e o resultado que se produziu. Porém, se for hipótese de infrações subjetivas, em que a culpa, em qualquer de seus graus, integra-se a compostura do ilícito, a situação ganha outras proporções. Nessas circunstâncias, a Administração estará incumbida não só da tarefa de comprovar a realização do evento ilícito, como também

250. BECHO, Renato Lopes. *Responsabilidade tributária de terceiros:* CTN, arts. 134 e 135. São Paulo: Saraiva, 2014, p. 26.

> demonstrar que o infrator, para atingir os fins contrários às disposições da ordem jurídica vigente, agiu com dolo ou, no mínimo, culpa. Não podemos perder isso de vista: nas infrações subjetivas, o dolo e a culpa não se presume, provam-se.[251]

A seguir serão descritas as normas de responsabilidade tributária do sócio e do sócio administrador (arts. 134 e 135, CTN), com o objetivo de identificar os respectivos fatos jurídicos da responsabilidade tributária dos sócios; fatos que deverão ser provados para constituição e cobrança do crédito contra os sócios.

5.1 A responsabilidade tributária do art. 134 do CTN (dissolução irregular de sociedade de pessoas): a norma jurídica e o fato jurídico da responsabilidade tributária

Na doutrina e na jurisprudência, existem confusões acerca das hipóteses do art. 134, VII e 135, III, ambos do CTN. Trata-se de hipóteses legais distintas, que serão analisadas separadamente. O artigo 134, VII, CTN, aplica-se exclusivamente ao sócio cotista da sociedade de pessoas, não se confundindo com a responsabilidade tributária dos sócios administradores prevista no artigo 135, III, CTN. É o que esclarece Maria Rita Ferragut:

> O inciso VII do artigo 134 refere-se expressamente apenas à responsabilidade dos sócios, não mencionando os administradores. [...] As consequências jurídicas advindas da responsabilidade fundada no artigo 134 do CTN aplicam-se exclusivamente aos sócios, porque o tipo tributário é fechado e porque o artigo 137 do CTN menciona essas categorias de indivíduos de forma separada. Tivesse o Código equiparado-as para os fins da responsabilidade tributária, não haveria por que existir a distinção mencionada no artigo 137.[252]

251. DARZÉ, Andréa Medrado. *Responsabilidade:* solidariedade e subsidiariedade. São Paulo: Noeses, 2010, p. 99-10.

252. FERRAGUT, Maria Rita. *Responsabilidade tributária e o Código Civil de 2002.* 3ª ed. São Paulo: Noeses, 2013, p. 135.

Enuncia o Código Tributário Nacional no art. 134, VII:

> Art. 134. Nos casos de impossibilidade de exigência do cumprimento da obrigação principal pelo contribuinte, respondem solidariamente com este nos atos em que intervierem ou pelas omissões de que forem responsáveis:
>
> [...]
>
> VII – os sócios, no caso de liquidação de sociedade de pessoas.
>
> Parágrafo único. O disposto neste artigo só se aplica, em matéria de penalidades, às de caráter moratório.

Da literalidade dos enunciados constam: (i) nos casos de impossibilidade de exigência do cumprimento da obrigação principal pelo contribuinte, (ii) respondem solidariamente com este nos atos em que intervierem ou pelas omissões de que forem responsáveis; (iii) os sócios, no caso de liquidação de sociedade de pessoas.

Cabe ressaltar que este estudo abordará apenas o caso de liquidação de sociedade, não abrangendo os casos de fusão, incorporação e cisão da sociedade com versão de seu patrimônio para outras sociedades, relacionados com a responsabilidade por sucessão.

Iniciando o percurso gerador de sentido, adotando as premissas do constructivismo lógico-semântico, é necessário remeter às noções dos conceitos de sociedade, sociedade de pessoas, sócio e liquidação de sociedade, já abordados nesta pesquisa.

A responsabilidade tributária do sócio está enunciada no art. 134, VII, do CTN:

> Art. 134. Nos casos de impossibilidade de exigência do cumprimento da obrigação principal pelo contribuinte, respondem solidariamente com este nos atos em que intervierem ou pelas omissões de que forem responsáveis:
>
> [...]
>
> VII – os sócios, no caso de liquidação de sociedade de pessoas.

> Parágrafo único. O disposto neste artigo só se aplica, em matéria de penalidades, às de caráter moratório.

O dispositivo enuncia sócios e não exige que sejam sócios administradores, nem tenham poderes de gestão, bastando ser sócio. Para James Marins, "os sócios sem poder de gestão somente podem ser responsabilizados na hipótese do artigo 134, inc. VII do CTN". Acrescenta que a hipótese legal se refere apenas à liquidação de sociedade de pessoas.[253]

Nos termos dos dispositivos acima, os sócios (i) nos casos de impossibilidade de exigência do cumprimento da obrigação principal pelo contribuinte, (ii) respondem solidariamente, (iii) nos atos em que intervierem ou pelas omissões de que forem responsáveis, (iv) no caso de liquidação de sociedade de pessoas, (v) o disposto neste artigo só se aplica, em matéria de penalidades, às de caráter moratório.

O *caput* estabelece que o sócio será responsável (i) "nos casos de impossibilidade de exigência do cumprimento da obrigação pelo contribuinte". Os sócios da sociedade (pessoas que celebraram o contrato de sociedade) serão responsabilizados pelos débitos tributários da sociedade no caso dessa não ter possibilidade de quitar os débitos com seu ativo (patrimônio social). Assim, cabe ao fisco esgotar a possibilidade de satisfação do crédito tributário com o patrimônio da sociedade. Somente se o patrimônio da sociedade não for suficiente, poderá alcançar os bens do sócio para satisfazer o crédito tributário.

Em decorrência do exposto no parágrafo acima, a segunda parte do *caput* do art. 134, CTN (ii) "respondem solidariamente" deve ser interpretada sistematicamente. Trata-se de responsabilidade subsidiária do sócio, que ocorrerá somente se o patrimônio da sociedade não for suficiente para satisfazer

253. MARINS, James. *Direito processual tributário brasileiro* (administrativo e judicial). 8. ed. São Paulo: Dialética, 2015, p. 804.

o crédito tributário. Existem entendimentos doutrinários e precedentes jurisprudenciais nesse sentido.

Renato Lopes Becho conclui tratar-se de responsabilidade subsidiária:

> Em relação ao artigo 134 do CTN, entendemos que existem dois pressupostos para sua aplicação: a impossibilidade econômica de o contribuinte solver o débito e a atuação culposa do responsável para que isso ocorresse. Além disso, após refletir sobre o assunto, parece-nos razoável sustentar o caráter *subsidiário* da responsabilidade de terceiros. Talvez o legislador, por equívoco, tenha estipulado uma aparente solidariedade apenas no intuito de manter o contribuinte no polo passivo da ação de cobrança do crédito tributário. Mas a subsidiariedade (e não a solidariedade) é identificada racionalmente, pois o primeiro pressuposto para o redirecionamento da cobrança do contribuinte para o responsável é a impossibilidade de a dívida ser cobrada do primeiro.[254]

No mesmo sentido, contribui Regina Helena Costa:

> Observe-se que a norma do *caput* encerra uma impropriedade lógica: se se trata de responsabilidade solidária, não pode estar configurada apenas nos casos de "impossibilidade do cumprimento da obrigação principal pelo contribuinte". Ou seja, nas hipóteses apontadas, o terceiro somente será chamado a responder pelo débito tributário diante da impossibilidade de exigência de seu pagamento pelo contribuinte. Então, em relação ao contribuinte, por óbvio, a responsabilidade dessas pessoas é subsidiária. A responsabilidade somente será solidária em relação aos responsáveis entre si, no vínculo de natureza sancionatória que os une, não se tratando de solidariedade tributária propriamente dita, à qual alude o artigo 124, I, CTN.[255]

Leandro Paulsen, ao comentar o art. 134 do CTN, acrescenta:

> Ainda que o dispositivo disponha no sentido de que "respondem solidariamente", o que poderia induzir à inexistência do

254. BECHO, Renato Lopes. *Responsabilidade tributária de terceiros:* CTN, arts. 134 e 135. São Paulo: Saraiva, 2014, p. 88.

255. COSTA, Regina Helena. *Curso de direito tributário:* Constituição e Código Tributário Nacional. 2. ed. São Paulo: Saraiva, 2012, p. 222.

> benefício de ordem, a referência a caso de "impossibilidade de exigência do cumprimento da obrigação principal pelo contribuinte" assegura ao responsável que só poderá ser exigido após o contribuinte, subsidiariamente, com benefício de ordem.[256]

Luiz Alberto Gurgel de Faria, ao analisar o art. 134, CTN, também se manifesta pelo caráter subsidiário:

> São dois os requisitos básicos para que seja reconhecida essa modalidade de responsabilidade: 1) que o cumprimento da obrigação não possa ser exigido do contribuinte; 2) que os terceiros tenham intervido nos atos que deram ensejo à obrigação ou indevidamente se omitiram.
>
> Apesar de falar em "solidariedade", a responsabilidade prevista possui caráter supletivo, apenas e aplicado quando não for possível cobrar o tributo do contribuinte, independentemente do motivo, como, por exemplo, sua insolvência.[257]

Maria Rita Ferragut, ao destrinchar o enunciado "impossibilidade de se exigir do contribuinte o pagamento do crédito", pondera a necessidade de análise das características da responsabilidade:

> A responsabilidade é subsidiária na medida em que a lei não permite que o terceiro responsabilize-se pela dívida sem que o credor certifique-se de que o cumprimento da obrigação, pelo contribuinte, é impossível.
>
> Primeiro, faz-se necessário exigir do contribuinte o cumprimento do objeto da prestação para, somente depois, se comprovada a impossibilidade de satisfação do crédito por esse sujeito – vale dizer, se efetivamente tiverem sido utilizados os meios disponíveis para a cobrança, que ainda assim restou infrutífera – cobrar o responsável tributário o valor em aberto.
>
> Com isso, o nascimento da relação jurídica de responsabilidade não advém do fato jurídico tributário, mas do reconhecimento

---

256. PAULSEN, Leandro. *Direito tributário:* Constituição e Código Tributário nacional à luz da doutrina e da jurisprudência. 12. ed. Porto Alegre: Livraria do Advogado, 2010, p. 967.

257. FREITAS, Vladimir Passos de (Coord.). *Código tributário nacional comentado.* 7ª ed. São Paulo: RT, 2017, p. 701.

> jurídico de que o contribuinte não pôde cumprir sua obrigação. Some-se a esse fato a intervenção ou omissão do responsável.[258]

O Superior Tribunal de Justiça já decidiu tratar-se de responsabilidade subsidiária:

> 10. Flagrante ausência de tecnicidade legislativa se verifica no artigo 134, do CTN, em que se indica hipótese de responsabilidade solidária "nos casos de impossibilidade de exigência do cumprimento da obrigação principal pelo contribuinte", uma vez cediço que o instituto da solidariedade não se coaduna com o benefício de ordem ou de excussão. Em verdade, o aludido preceito normativo cuida de responsabilidade subsidiária. (EREsp. 446.955/SC, Rel. Min. Luiz Fux, Primeira Seção, j.09.04.2008, *DJe* 19.05.2008).

A solidariedade ocorrerá entre os sócios, mas a responsabilidade tributária dos sócios em relação à sociedade será subsidiária. Para surgir a responsabilidade subsidiária do sócio deverá ocorrer, cumulativamente: (i) impossibilidade de exigência do cumprimento da obrigação principal pelo contribuinte (sociedade), (ii) nos atos em que os sócios intervieram ou pelas omissões de que forem responsáveis, (iii) no caso de liquidação de sociedade de pessoas.

Não basta a ocorrência de impossibilidade do cumprimento da obrigação tributária pela sociedade. A norma exige que o sócio tenha agido com culpa, por ação ou omissão. Regina Helena Costa pondera: "o dispositivo considera a culpa dos terceiros apontados para atribuir-lhes a responsabilidade tributária, em razão do descumprimento de deveres de fiscalização e de boa administração".[259] Para Renato Lopes Becho, "em relação ao artigo 134 do CTN, entendemos que existem dois pressupostos para sua aplicação: a impossibilidade econômica de o contribuinte solver o débito e a atuação

---

258. FERRAGUT, Maria Rita. *Responsabilidade tributária e o Código Civil de 2002*. 3ª ed. São Paulo: Noeses, 2013, p. 128; 129.

259. COSTA, Regina Helena. *Curso de direito tributário:* Constituição e Código Tributário Nacional. 2. ed. São Paulo: Saraiva, 2012, p. 222.

culposa do responsável para que isso ocorresse".[260] Da leitura do art. 134 do CTN, conclui Andréa Medrado Darzé que o dispositivo "revela serem dois os requisitos para a imputação de responsabilidade tributária aos agentes que discrimina: i. intervenção ou omissão de um dever que lhes competia e ii. impossibilidade de exigência do cumprimento da obrigação pelo contribuinte".[261] No mesmo sentido, defende o Ministro do Superior Tribunal de Justiça Luiz Alberto Gurgel de Faria, ao comentar o art. 134 do CTN:

> São dois os requisitos básicos para que seja reconhecida essa modalidade de responsabilidade: 1) que o cumprimento da obrigação não possa ser exigido do contribuinte; 2) que os terceiros tenham intervido nos atos que deram ensejo à obrigação ou indevidamente se omitiram. [...] Por sua vez, exige-se uma intervenção dos terceiros no ato ou uma omissão imprópria [...][262]

Andréa Medrado Darzé enfatiza ser imprescindível a conduta culposa e ilícita do sócio e a prova dessa conduta para atribuir-lhe a responsabilidade tributária:

> Também aqui a providência sancionatória aparece de modo nítido, confirmando o uso recursivo desse expediente – atribuição do dever de pagar tributos a terceiros – como forma de punir aqueles que provocam situações indesejadas pela ordem jurídica tributária. O *caput* do artigo é expresso em estabelecer que a responsabilidade dos sujeitos que enumera em seus incisos fica condicionada ao oferecimento de provas que atestem que sua atuação – comissiva ou omissiva – concorreu para o inadimplemento da obrigação tributária, seja no sentido de impedir a sua constituição, seja inibindo o seu pagamento. (272/273)
>
> [...] Nos exatos termos prescritos pelo artigo 134, do CTN, o que gera a responsabilidade é a condição de administrador de bens

260. BECHO, Renato Lopes. *Responsabilidade tributária de terceiros:* CTN, arts. 134 e 135. São Paulo: Saraiva, 2014, p. 88.

261. DARZÉ, Andréa Medrado. *Responsabilidade:* solidariedade e subsidiariedade. São Paulo: Noeses, 2010, p. 272.

262. FREITAS, Vladimir Passos de (Coord.). *Código tributário nacional comentado.* 7. ed. São Paulo: RT, 2017, p. 701.

> alheios conjugada com a prática de ato culposo que resulta, necessariamente, em inadimplência tributária. (273)
>
> A relação de causa e efeito entre a ação ou omissão do responsável e o não pagamento do tributo deve estar presente para que se legitime a imputação de dever tributário aos sujeitos arrolados no artigo 134. Não configurado o nexo causal ter-se-á a responsabilidade arbitrária. (p.274)
>
> Em suma, o fato que enseja a responsabilidade dos referidos sujeitos é ilícito, não se confundindo, por isso mesmo, com o fato jurídico tributário. Isso, todavia, não equivale a dizer que lhe seja totalmente estranho. Para a correta aplicação dessa regra, compete ao Agente Fiscal demonstrar que sua intervenção ou omissão concorreu com o descumprimento da obrigação tributária. (p.275)[263]

E para Maria Ria Ferragut:

> De acordo com o enunciado, o nascimento de uma nova relação jurídica, estabelecida entre o responsável tributário e o Fisco, condiciona-se à (i) constatação da intervenção ou da omissão do agente a um dever legal que deveria ter sido observado; (ii) impossibilidade de ser exigido do contribuinte o tributo, a penalidade pecuniária ou ambos.
>
> Assim, o terceiro necessariamente deverá ter *concorrido para o descumprimento da obrigação tributária* (item "i"). Para a correta aplicação da regra, compete ao Fisco apresentar provas de que a intervenção ou a omissão ocorreu, não havendo responsabilidade do sócio se o contribuinte não reunia condições econômicas de quitar a dívida, e nem se o Fisco restringiu-se a apresentar ficha de breve relato fornecido pela Junta Comercial, indicando os nomes dos sócios, mas deixando de indicar ao menos algum indício de responsabilidade.[264]

A impossibilidade de cumprimento da obrigação do contribuinte deve decorrer de "liquidação de sociedade de pessoas", em que os sócios tenham agido com culpa, praticando

---

263. DARZÉ, Andréa Medrado. *Responsabilidade:* solidariedade e subsidiariedade. São Paulo: Noeses, 2010, p. 272-275.

264. FERRAGUT, Maria Rita. *Responsabilidade tributária e o Código Civil de 2002.* 3ª ed. São Paulo: Noeses, 2013, p. 128.

conduta ilícita em razão do descumprimento de deveres de fiscalização da boa administração, ou seja, de liquidação irregular de sociedade de pessoas, sem observar os deveres dos sócios previstos na legislação civil em relação ao procedimento legal de dissolução da sociedade. Caso a sociedade seja dissolvida regularmente não há que se falar em responsabilidade tributária do sócio.

Na sociedade de pessoas a qualificação subjetiva do sócio como condição para fazer parte da sociedade é o ponto central para identificar a sociedade de pessoa. Alguns tipos societários poderão ou não ser classificados como tal, conforme as particularidades da sociedade no caso concreto. Em princípio, a sociedade anônima e a limitada são sociedades de capital, mas podem vir a ser consideradas sociedades de pessoas se comprovado que a qualificação subjetiva do sócio é condição para integrar a sociedade.

Existe precedente do Superior Tribunal de Justiça excluindo a aplicação da norma de responsabilidade tributária do sócio no caso de sociedade limitada, pelo fundamento desse tipo societário não se enquadrar no conceito de sociedade de pessoas:

> 2. Quanto à alegação de que teria ocorrido dissolução irregular da sociedade, a ensejar a responsabilização dos sócios nos termos do artigo 134, VII, do CTN, convém destacar que o aresto recorrido afastou a incidência desse dispositivo legal sob o argumento de que a sociedade por quotas de responsabilidade limitada não se constitui numa sociedade de pessoas.
>
> 3. O recorrente, na via especial, não teceu qualquer consideração sobre a aplicabilidade deste dispositivo legal às sociedades limitadas que não se enquadrem como sociedades de pessoas. Aplicabilidade da Súmula 283/STF. (EDcl no REsp. 109.143/PR, Rel. Min. Castro Meira, Segunda Turma, j.14.12.2004, *DJ* 02.05.2005, p. 255).[265]

265. PAULSEN, Leandro. *Direito tributário:* Constituição e Código Tributário nacional à luz da doutrina e da jurisprudência. 12. ed. Porto Alegre: Livraria do Advogado, 2010, p. 970.

Noutro caso, o Superior Tribunal de Justiça não conheceu o Recurso Especial n. 133.645, mantendo o acórdão do Tribunal Regional Federal da 4ª Região que decidiu: "a sociedade por quotas de responsabilidade limitada não é sociedade de pessoas (CTN, artigo 134, VII)".[266]

Caminhando para nossa conclusão, cabe mencionar Maria Rita Ferragut, para quem a responsabilidade tributária do sócio (art. 134, VII, CTN) é cabível quando:

> 1) A sociedade liquidada for de pessoas, afastando-se assim os sócios das sociedades anônimas e das limitadas, dentre outras;
>
> 2) Comprovadamente o sócio tiver tido poderes de gerência e, durante seu exercício, tiver intervindo ou se omitido, com culpa, para o inadimplemento da obrigação tributária; e
>
> 3) Houver a constatação do descumprimento da obrigação principal e a impossibilidade de se exigir do contribuinte a satisfação do crédito (responsabilidade subsidiária).[267]

Ocorrerá a responsabilidade do sócio (artigo 134, VII, CTN) quando, cumulativamente, ocorrer: i) a dissolução irregular de sociedade de pessoas, afastando-se os sócios das sociedades de capital (sociedades anônimas e sociedades limitadas, a princípio, são sociedades de capital); ii) a impossibilidade de exigência do contribuinte do cumprimento da obrigação principal (por ausência ou insuficiência de patrimônio); iii) comprovadamente tiver agido o sócio com culpa na dissolução irregular da sociedade, intervindo ou se omitido em relação aos deveres legais do sócio na dissolução da

---

266. TRIBUTÁRIO. ARTIGO 135, 111, DO CTN. RECURSO ESPECIAL. I — Não se conhece de recurso especial contra acórdão que entendeu, para os fins do artigo 135, III, CTN, inexistir culpa por parte do sócio integrante de sociedade limitada pela não recolhimento da contribuição. Aplicação, no caso, da Súmula n. 7 do STJ. 2 — Recurso especial não conhecido. (REsp. 133.645/PR, Rel. Min. José Delgado, Primeira Turma, j.05.02.1998, *DJ* 04.05.1998, p. 87). BRASIL. Superior Tribunal de Justiça. Disponível em: https://ww2.stj.jus.br Acesso em: 14 out. 2018.

267. FERRAGUT, Maria Rita. *Responsabilidade tributária e o Código Civil de 2002.* 3ª ed. São Paulo: Noeses, 2013, p. 137.

sociedade, incidindo em conduta ilícita; iv) descumprimento de obrigação tributária da sociedade e impossibilidade de exigência do cumprimento da obrigação pelo contribuinte, sendo insuficiente o patrimônio social para satisfazer o crédito tributário, vez que a responsabilidade do sócio é subsidiária.

5.2 A responsabilidade tributária do art. 135 do CTN: a norma jurídica e o fato jurídico da responsabilidade tributária

Na doutrina e jurisprudência existem confusões acerca das hipóteses do art. 134 e 135, CTN, que são hipóteses legais distintas. Superada a análise da primeira, passa-se aqui a analisar a hipótese do art. 135 do CTN, que atribuiu responsabilidade tributária aos sócios das sociedades de pessoas dissolvidas (art. 135, I, c/c art. 134, VII, CTN) e aos administradores das pessoas jurídicas de direito privado (art. 135, III, CTN).[268]

Enuncia o Código Tributário Nacional no art. 135:

> Art. 135. São pessoalmente responsáveis pelos créditos correspondentes a obrigações tributárias resultantes de atos praticados com excesso de poderes ou infração de lei, contrato social ou estatutos:
>
> I – as pessoas referidas no artigo anterior;
>
> II – os mandatários, prepostos e empregados;
>
> III – os diretores, gerentes ou representantes de pessoas jurídicas de direito privado.

O art. 135 atribui a responsabilidade tributária: (i) às pessoas mencionadas no art. 134, I a VII: os pais, pelos tributos devidos por seus filhos menores; os tutores e curadores, pelos tributos devidos por seus tutelados ou curatelados; os administradores

268. O Código Civil de 2002 utiliza o termo sócio administrador, em substituição a sócio-gerente previsto no Código Civil de 1916; a expressão sócio-gerente é fartamente encontrada na doutrina e na jurisprudência.

de bens de terceiros, pelos tributos devidos por estes; o inventariante, pelos tributos devidos pelo espólio; o síndico e o comissário, pelos tributos devidos pela massa falida ou pelo concordatário; os tabeliães, escrivães e demais serventuários de ofício, pelos tributos devidos sobre os atos praticados por eles, ou perante eles, em razão do seu ofício; os sócios, no caso de liquidação de sociedade de pessoas (art. 135, I); (ii) aos mandatários, prepostos e empregados (art. 135, II); (iii) aos diretores, gerentes ou representantes de pessoas jurídicas de direito privado (art. 135, III).

É o que escreve Hugo de Brito Machado:

> São pessoalmente responsáveis pelos créditos correspondentes a obrigações tributárias resultantes de atos praticados com excesso de poderes ou infração de lei, contrato social ou estatutos as pessoas mencionadas no artigo 134 do CTN, e ainda (a) os mandatários, prepostos e empregados; (b) os diretores, gerentes ou representantes de pessoas jurídicas de direito privado (artigo 135, CTN).
>
> Note-se que as pessoas mencionadas no artigo 134, se agirem com excesso de mandato, infração à lei ou contrato, assumem plena responsabilidade pelos créditos tributários respectivos. [269]

Para Renato Lopes Becho:

> O outro ponto que precisamos observar é a identificação, claramente, dos sócios das sociedades comerciais entre as pessoas listadas nos arts. 134 e 135 do CTN. Unindo os incisos dos dois artigos, o que fazemos pelo que está no comando inserido no inc. I do artigo 135, temos diversas pessoas que sugerem aproximação com os proprietários das pessoas jurídicas.
>
> A primeira referência parece ser como o inc. VII do artigo 134: "os sócios, no caso de liquidação de sociedade de pessoas". O comando não se aplica a quaisquer sócios e nem para quaisquer situações. São apenas para sócios de sociedades de pessoas e no caso de liquidação dessas.[270]

269. MACHADO, Hugo de Brito. *Curso de direito tributário.* 20. ed. São Paulo: Malheiros, 2002, p. 135-136.

270. BECHO, Renato Lopes. *Responsabilidade tributária de terceiros:* CTN, arts.134 e 135. São Paulo: Saraiva, 2014, p.108. Sobre os tipos societários, o autor entende: "Aplicando a classificação ao disposto no artigo 134, VII, do CTN, conclui-se que

Entre as pessoas mencionadas no art. 135, CTN, interessa ao presente estudo os sócios, ou seja: (i) os sócios das sociedades de pessoas dissolvidas (art. 135, I, c/c art. 134, VII); e (ii) o sócio administrador (art. 135, III).

No caso da responsabilidade tributária subsidiária do art. 134, CTN, os sócios das sociedades de pessoas respondem subsidiariamente quando ocorrer a dissolução irregular da sociedade e a impossibilidade de exigência do cumprimento da obrigação principal pelo contribuinte (sociedade). Do art. 135 do CTN, decorre hipótese legal distinta, que atribui responsabilidade pessoal às pessoas mencionadas nos arts. 134 e 135, em relação aos "créditos correspondentes a obrigações tributárias resultantes de atos praticados com excesso de poderes ou infração de lei, contrato social ou estatutos". Dessa forma: (i) os sócios das sociedades de pessoas serão *subsidiariamente* responsáveis no caso de dissolução irregular da sociedade (art. 134, CTN), e (ii) os sócios da sociedade de pessoas dissolvidas e o sócio administrador das sociedades em geral serão *pessoalmente* responsáveis pelos créditos correspondentes a obrigações tributárias resultantes de atos praticados com excesso de poderes ou infração de lei, contrato social ou estatutos, com fundamento no artigo 135 do CTN. As hipóteses e os fatos jurídicos da responsabilidade tributária dos arts. 134 e 135 são diferentes.

Sobre o art. 135 do CTN, Regina Helena Costa enfatiza:

> Portanto, além das pessoas referidas no artigo 134, respondem pessoalmente pelos créditos correspondentes a obrigações tributárias resultantes de atos praticados com excesso de poderes ou

---

somente os sócios das sociedades comerciais de responsabilidade ilimitada responderão pessoalmente, nos termos do artigo 135 do CTN, por débitos tributários contraídos com excesso de poderes ou infração de lei, contrato social ou estatuto. Aplicar-se-ão os dispositivos legais citados, então, para os sócios das seguintes sociedades: em nome coletivo, de capital e indústria, em comandita simples e em conta de participação. São estruturas jurídicas, por sinal, pouco usuais na vida empresarial brasileira. [...] Já os sócios das formas usuais de constituição de sociedades em nosso país – sociedade anônima e sociedade por quotas de responsabilidade limitada – não estão abrangidos pelo inc. VII do artigo 134 do CTN" (110/111).

> infração de lei, contrato social ou estatutos, os mandatários, prepostos e empregados, e os diretores, gerentes ou representantes de pessoas jurídicas de direito privado.
>
> Nessas hipóteses, tem-se responsabilidade *pessoal* desses terceiros. Em verdade, o artigo 135, CTN, contempla normas de exceção, pois a regra é a responsabilidade da pessoa jurídica, e não das pessoas físicas dela gestoras. Trata-se de responsabilidade exclusiva de *terceiros* que agem dolosamente, e que, por isso, substituem o contribuinte na obrigação, nos casos em que tiverem praticado atos com excesso de poderes ou infração de lei, contrato social ou estatutos.
>
> Como bem pondera Misabel Derzi, "o ato ilícito é, assim, prévio ou concomitante ao surgimento da obrigação tributária (mas exterior à norma tributária) e não posterior, como seria o caso do não pagamento do tributo. A lei que se infringe é a lei comercial ou civil, não a lei tributária, agindo o terceiro contra os interesses do contribuinte". DERZI, Notas ao Direito Tributário Brasileiro, de Aliomar Baleeiro, pp. 756-757. Nesse contexto, entendemos que a simples inadimplência da obrigação pela pessoa jurídica, embora constitua infração à lei tributária, não acarreta a responsabilidade dos diretores, gerentes ou representantes das pessoas jurídicas de direito privado. Será preciso demonstrar que tal inadimplemento decorreu de prática de ilícito dos gestores da pessoa jurídica, que incorreram em excesso de poder ou infração de lei, contrato social ou estatutos.[271]

As condutas descritas no art. 134 são ilícitas culposas. Já as condutas tipificadas no art. 135 são mais graves, são condutas ilícitas dolosas. Vale lembrar que, em atenção aos princípios da legalidade e da tipicidade tributária, os sócios (das sociedades de pessoas e os sócios administradores) só responderão pessoalmente pelos débitos da sociedade se praticarem a conduta típica descrita na hipótese do art. 135 do CTN.

Prosseguindo o percurso gerador de sentido da norma, consta no art. 135 que as pessoas nele mencionadas são: (i) pessoalmente responsáveis; (ii) pelos créditos correspondentes às obrigações tributárias resultantes de atos praticados

---

271. COSTA, Regina Helena. *Curso de direito tributário:* Constituição e Código Tributário Nacional. 2. ed. São Paulo: Saraiva, 2012, p. 223.

com excesso de poderes ou infração de lei, contrato social ou estatutos. Os critérios da hipótese serão analisados nos subitens seguintes.

5.2.1 Acepção do termo "pessoalmente responsáveis"

Nos termos do CTN, "são pessoalmente responsáveis pelos créditos correspondentes a obrigações tributárias resultantes de atos praticados com excesso de poderes ou infração de lei, contrato social ou estatuto" (art. 135), os sócios das sociedades de pessoas dissolvidas (art. 135, I, c/c art. 134, VII) e os sócios administradores (art. 135, III). A norma decorrente do art. 135, CTN, ao enunciar "pessoalmente responsáveis", prevê responsabilidade tributária pessoal e exclusiva ou pessoal e solidária? Necessário compreender o significado da expressão "pessoalmente responsáveis".

Solidariedade, subsidiariedade e pessoalidade são características ou efeitos da responsabilidade. As duas primeiras já foram abordadas (em relação à segunda, a responsabilidade do art. 134, CTN é subsidiária). Resta analisar a pessoalidade: a responsabilidade pessoal do art. 135.

Na língua portuguesa, 'pessoal' quer dizer "restrito a certa pessoa"[272] e pessoalmente "1 – de maneira pessoal. 2 – sem ser através de outra pessoa ou entidade; por si mesmo".[273] Como o dispositivo legal prescreve que são pessoalmente responsáveis, sintaticamente significa responsabilidade pessoal e exclusiva do sócio (das sociedades de pessoas dissolvidas e sócio administrador das sociedades).

Para Regina Helena Costa, o art. 135 do CTN traz norma de exceção à regra de responsabilidade da pessoa jurídica:

---

272. MICHAELIS. *Dicionário brasileiro da língua portuguesa*. Disponível em: http://michaelis.uol.com.br Acesso em: 17 nov. 2018.

273. DICIONÁRIO Aurélio *online*. Disponível em: https://dicionariodoaurelio.com Acesso em: 17 nov. 2018.

> trata-se de responsabilidade exclusiva de *terceiros* que agem dolosamente, e que, por isso, substituem o contribuinte na obrigação, nos casos em que tiverem praticado atos com excesso de poderes ou infração de lei, contrato social ou estatutos.[274]

O fato jurídico da responsabilidade tributária pessoal corresponde à conduta mais grave que a do fato jurídico da responsabilidade subsidiária (art. 134, CTN). Segundo Paulo de Barros Carvalho, apesar de o art. 135 também apresentar caráter sancionatório, como o art. 134, "elege hipótese diversa, mais grave, cominando sanção igualmente mais severa: exige que tenham sido praticados atos com excesso de poderes ou infrações de lei, contrato social ou estatutos, implicando a responsabilidade exclusiva e pessoal daquele que agiu desse modo".[275]

Ives Gandra da Silva Martins entende que a responsabilidade tributária prevista no art. 135 do CTN é pessoal, atribuída exclusivamente ao terceiro; não se trata de responsabilidade solidária atribuída ao terceiro e ao contribuinte:

> Um outro aspecto a analisar, de plano, é se a responsabilidade das pessoas mencionadas no referido artigo, quando agindo em nome de pessoas jurídicas, excluiria a responsabilidade destas.
>
> Entendo que sim, embora não seja a opinião dominante.
>
> Os textos do anteprojeto e do projeto pretendiam abranger responsabilidade tanto de pessoas jurídicas quanto de naturais, mas, em relação às pessoas jurídicas, o texto codificado excluiu sua participação do elenco acobertado. Tal restrição, a meu ver, representou a clara demonstração de que a responsabilidade das pessoas físicas seria excludente da responsabilidade das pessoas jurídicas.
>
> Por outro lado, contrariamente ao dispositivo anterior, em que o legislador fala em responsabilidade solidária, o ora comentado fala apenas – e ao meu ver, de forma incisiva e definitiva – em responsabilidade pessoal.

---

274. COSTA, Regina Helena. *Curso de direito tributário:* Constituição e Código Tributário Nacional. 2ª ed. São Paulo: Saraiva, 2012, p. 223.

275. CARVALHO, Paulo de Barros. *Direito tributário, linguagem e método*. 5ª ed. São Paulo: Noeses, 2013, p. 894.

> O elemento, todavia, fundamental reside no fato de cuidar, o artigo, de atos praticados de forma dolosa contra os interesses dos contribuintes representados, com o que houver por bem o legislador considerar responsável não os representados, *mas exclusivamente os representantes.*
>
> Por essa razão, julgou legítima a solidariedade quanto aos atos culposos, porque praticados com imperícia, negligência, imprudência ou mesmo omitidos, e limitou essa responsabilidade (artigo 134). As mesmas pessoas, no entanto, praticando atos lesivos ao Fisco, dolosamente, se procurarem responsabilizar seus representados, tal responsabilização inviabilizar-se-á pela clara formulação legal, fazendo-os pessoalmente responsáveis e excluindo as outras pessoas da relação jurídica tributária, por decorrência, criada.
>
> De notar que fala a lei em "excesso de poderes" e em "infração à lei", contrato social e estatutos", o que vale dizer, à lei emanada dos poderes públicos e aquela válida apenas entre os particulares, por acordo mútuo, como são os estatutos sociais de uma sociedade por ações ou o contrato social de uma sociedade de pessoas.
>
> Ora, sempre que os contratos ou estatutos sociais, a saber, os diplomas protetores da vida societária, são violados por quem estaria na obrigação de preservá-los, é evidente que a pessoa jurídica, a que pertencem, está, como Fisco, na posição de vítima, e não pode de vítima ser transformada em autora.
>
> Sob esse aspecto, parece-me sadia a orientação legislativa em tornar, para esses casos: a) pessoal, b) total, e c) exclusiva a responsabilidade das pessoas físicas indicadas no referido artigo, sempre que o dolo, a fraude e a má-fé forem os agentes deflagradores das obrigações tributárias.[276]

No mesmo sentido, escreve Bernardo Ribeiro de Moraes:

> Devemos verificar, em relação à responsabilidade prevista no artigo 135 do Código Tributário Nacional o seguinte:
>
> 1º) essa responsabilidade de terceiro é de caráter pessoal, "são pessoalmente responsáveis", dispõe o Código. O terceiro, que representa o sujeito passivo originário ou lhe serve de instrumento jurídico, responde pela dívida tributária, inexistindo, portanto, a

276. MARTINS, Ives Gandra da Silva (Coord.). *Comentários ao Código Tributário Nacional.* v. 2. São Paulo: Saraiva, 1998, p. 261-263.

> solidariedade prevista no artigo 134 do Código Tributário Nacional. Conforme ensina Ives Gandra da Silva Martins, havendo apenas responsabilidade pessoal e inexistindo a solidariedade, a responsabilidade das pessoas mencionadas, quando agindo em nome de pessoas jurídicas, exclui a responsabilidade destas. Assim, passa a responder pelo crédito tributário a pessoa que agiu com excesso de poderes ou com infração legal, contratual ou estatutária, excluindo da consequência desses atos o sujeito passive originário (em nome do qual se praticou os respectivos atos).[277]

Maria Rita Ferragut, por sua vez, é enfática sobre a responsabilidade pessoal e exclusiva:

> Não temos dúvida em afirmar que ela é pessoal. O terceiro responsável assume individualmente as consequências advindas do ato ilícito por ele praticado, ou em relação ao qual seja partícipe ou mandante, eximindo a pessoa jurídica, realizadora do fato tributário, de qualquer obrigação. O sujeito que realizou o evento nem sequer chega a participar da relação jurídica tributária.
>
> Assim, a responsabilidade é pessoal e não é subsidiária ou solidária. (137)
>
> Esse entendimento não é normalmente adotado pelo Fisco, que considera a responsabilidade do administrador como sendo subsidiária e, em regra, constitui o crédito em face da pessoa jurídica, postergando para a ação executiva a inclusão dos responsáveis na relação. A alteração do polo passivo, com a inclusão de terceiros, dá-se em grande parte das vezes mediante requerimento do procurador do sujeito ativo, procedimento ilegal que será objeto de nossas reflexões no Capítulo VII, subitem 7.2.
>
> Esse não é, também, o entendimento de grande parte da doutrina, que considera que a interpretação ora defendida (responsabilidade pessoal) incentivaria a criação de "falsos responsáveis", pessoas que, em deliberada fraude fiscal, afastariam as pessoas jurídicas da relação tributária (num momento pré-jurídico, esclareça-se), e passariam a se responsabilizar por débito que não poderiam saldar.
>
> Ora, em que pese a razoabilidade dessa preocupação, o fato é que, se provada a simulação da responsabilidade pessoal do responsável, o Fisco terá o dever-poder de incluir ou de solicitar a

277. MORAES, Bernardo Ribeiro de. *Compêndio de direito tributário.* v. 2. 3. ed. Rio de Janeiro: Forense, 1995, p. 522.

> inclusão da sociedade no polo passivo da relação. Considerar a responsabilidade como sendo pessoal não implica, de forma alguma, defender uma interpretação que esteja em desacordo com o interesse público, com a igualdade, com a legalidade e que, finalmente, incentive o ilícito.[278]

Renato Lopes Becho também entende que a responsabilidade tributária é pessoal e exclui a responsabilidade do contribuinte (sociedade).[279] No mesmo sentido é a opinião de Leonardo Nunes Marques.[280]

A jurisprudência oscila, reconhecendo que se trata de responsabilidade solidária, subsidiária ou pessoal, conforme constata Fernando Brasil de Oliveira Pinto:

> Constata-se que a jurisprudência do STJ apresenta contradições, tratando a responsabilidade prevista no artigo 135 do CTN ora como por substituição (RESP. n. 6701.174/RJ e AgRg no REsp. n. 724.180/PR), ora como subsidiária (REsp. n. 833.621/RS, REsp. n. 545.080/MG), por vezes como responsabilidade solidária (AgRg no Ag n. 748.254/RS e REsp. n. 86.439/ES) ou ainda, no mesmo acórdão tratá-la como subsidiária ou por substituição, concomitantemente (EDcl no REsp. n. 724.077/SP).

---

278. FERRAGUT, Maria Rita. *Responsabilidade tributária e o Código Civil de 2002.* 3ª ed. São Paulo: Noeses, 2013, p. 137-138.

279. BECHO, Renato Lopes. *Responsabilidade tributária de terceiros:* CTN, arts. 134 e 135. São Paulo: Saraiva, 2014, p. 95-102.

280. Assim, na hipótese de caracterização do evento previsto na norma do art. 135 do CTN, o responsável pelo pagamento do tributo, nos termos do seu inc. III, será única e exclusivamente o membro da sociedade. Há exclusão da obrigação de a sociedade empresária quitar a dívida e apenas o aludido sócio arcará com o ônus fiscal. Na realidade, não há exclusão da responsabilidade da sociedade pelo pagamento do tributo. Nas hipóteses estudadas ela já nasce sendo do sócio. Em outras palavras, a pessoa jurídica em momento algum possui o dever de pagar, razão pela qual não há falar-se em transferência. Vê-se claramente que o legislador, com a elaboração do art. 135, III do CTN, pretendeu responsabilizar aquele que objetiva dar à pessoa jurídica fins ilícitos ou contrários ao seu objetivo social. Os demais sócios não podem arcar com as arbitrariedades cometidas pelo membro que conduz irregularmente a atividade comercial, tal como ocorreria na hipótese de responsabilidade solidária. Essa é a justificativa para pessoalidade da responsabilização. (MARQUES, Leonardo Nunes. A responsabilidade dos membros da sociedade limitada pelas obrigações tributárias e o Novo Código Civil. *Revista Dialética de Direito Tributário* n. 111. São Paulo: Dialética, dez. 2004, p. 68).

> Em recente julgado, a 1ª Turma do STJ, por unanimidade, expôs o entendimento taxativo de que a responsabilidade tratada no artigo 135, III, do CTN, é pessoal do representante legal da empresa, excluindo o contribuinte do polo passivo da obrigação tributária.
>
> Por outro lado, em julgamento do Recurso Extraordinário n. 562.276, a Relatora Ministra Ellen Gracie, a respeito da responsabilidade solidária insculpida no artigo 13 da Lei n. 8.620/1993, assentiu que a responsabilidade tributária do artigo 135 do CTN seria subsidiária.[281]

A oscilação na jurisprudência também chama a atenção de Leonardo Nunes Marques:

> Apesar de mencionada, em incontáveis julgados, a responsabilidade do sócio como "substitutiva", o STJ não se furta em caracterizá-la, por vezes, como solidária e, por outras, até como subsidiária. Chega a ponto de, em determinado acórdão, acrescer aos requisitos do art. 135, a exigência de prévio esgotamento do patrimônio social.[282]

Analisando a jurisprudência do Superior Tribunal de Justiça, verifica-se que no julgamento dos Embargos de Divergência em REsp. 174.532-PR, julgado em 2001 pela 1ª Seção, consolidou-se entendimento de que a simples falta de recolhimento de tributo não caracteriza infração de lei para fins de responsabilidade tributária; exige-se a prova da prática de atos com excesso de poderes, ou a infração de contrato social ou de estatutos.[283]

Em 2009, o Superior Tribunal de Justiça confirmou esse entendimento ao julgar o Recurso Repetitivo (art. 543-C do CPC) no REsp. 1.101.728, em São Paulo:

> É igualmente pacífica a jurisprudência do STJ no sentido de que a simples falta de pagamento do tributo não configura, por si

281. PINTO, Fernando Brasil de Oliveira. A apuração da responsabilidade tributária dos representantes legais de empresas no processo administrativo fiscal federal. *Revista Dialética de Direito Tributário,* São Paulo, n. 198, mar. 2012, p. 74-75.

282. MARQUES, Leonardo Nunes. A responsabilidade dos membros da sociedade limitada pelas obrigações tributárias e o Novo Código Civil. *Revista Dialética de Direito Tributário* n. 111. São Paulo: Dialética, dez. 2004, p. 66.

283. Disponível em: www.stj.gov.br Embargos de Divergência em RESP. n.174.532-PR (2000/0121148-0), 1ª Seção, Rel. Min. José Delgado, j. 18.07.2001, *DJ* 20.08.2001.

> só, nem em tese, circunstância que acarreta a responsabilidade subsidiária do sócio, prevista no artigo 135 do CTN. É indispensável, para tanto, que tenha agido com excesso de poderes ou infração à lei, ao contrato social ou ao estatuto da empresa (EREsp. 374.139/RS, 1ª Seção, DJ de 28.02.2005). (REsp. 1.101.728 SP, Rel. Min. Teori Albino Zavascki, 1ª Seção, j.11/03/2009, DJe 23/03/2009).

O Recurso Repetitivo é encontrado com o título "Responsabilidade subsidiária do sócio por tributo não pago pela sociedade" (Temas: 96, 97). Em 2010, o Superior Tribunal de Justiça aprovou a Súmula 430: "o inadimplemento da obrigação tributária pela sociedade não gera, por si só, a responsabilidade solidária do sócio-gerente" (Súmula 430, 1ª Seção, j.24-03-2010). No REsp. 1.101.728 (Recurso Repetitivo) o Superior Tribunal de Justiça decidiu que a responsabilidade tributária prevista no art. 135 do CTN é subsidiária, enquanto na Súmula 430 se trata de responsabilidade "solidária". Nesse aspecto, o entendimento do Superior Tribunal de Justiça deve ser revisto, pois não tem fundamento no direito positivo brasileiro vigente, pois não se trata de responsabilidade subsidiária, nem solidária, mas sim responsabilidade pessoal e exclusiva do sócio (art. 135, I, c/c art. 134, VII) ou sócio administrador (art. 135, III).

Esquema 6: Crítica à Súmula 430 do STJ

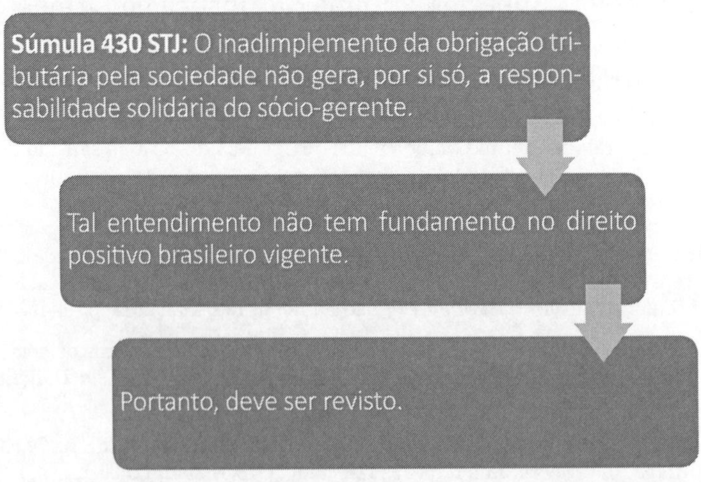

Oportuno transcrever o acórdão do Superior Tribunal de Justiça no REsp. 1104064/RS reconhecendo que se trata de responsabilidade pessoal, excluindo o contribuinte (empresa):

> 7. A dicção do *caput* do artigo 135 do CTN deixa entrever que a responsabilidade do diretor, gerente ou representante de pessoa jurídica de direito privado, pela prática de atos praticados com excesso de poderes ou infração de lei, contrato social ou estatutos, é de natureza pessoal, *verbis*: "Artigo 135. São pessoalmente responsáveis pelos créditos correspondentes a obrigações tributárias resultantes de atos praticados com excesso de poderes ou infração de lei, contrato social ou estatutos: I – as pessoas referidas no artigo anterior; II – os mandatários, prepostos e empregados; III – os diretores, gerentes ou representantes de pessoas jurídicas de direito privado."
>
> [...]
>
> 10. Deveras, o efeito gerado pela responsabilidade pessoal reside na exclusão do sujeito passivo da obrigação tributária (*in casu*, a empresa executada), que não mais será levado a responder pelo crédito tributário, tão logo seja comprovada qualquer das condutas dolosas previstas no artigo 135 do CTN.
>
> 11. Doutrina abalizada diferencia a responsabilidade pessoal da subsidiária, no sentido de que: "Efeitos da responsabilidade tributária: Quanto aos efeitos podemos ter: [...] – pessoalidade. b) responsabilidade pessoal, quando é exclusiva, sendo determinada pela referência expressa ao caráter pessoal ou revelada pelo desaparecimento do contribuinte originário, pela referência à sub-rogação ou pela referência à responsabilidade integral do terceiro em contraposição à sua responsabilização ao lado do contribuinte (artigo 130, 131, 132, 133, I e 135); – subsidiariedade. c) responsabilidade subsidiária, quando se tenha de exigir primeiramente do contribuinte e, apenas no caso de frustração, do responsável (artigo 133, II, 134);" (Leandro Paulsen, in *Direito Tributário, Constituição e Código Tributário à Luz da Doutrina e da Jurisprudência*, Livraria do Advogado, 10ª ed., p.922). "Lembremo-nos de que a dissolução irregular de uma empresa é infração à lei comercial, o que corrobora nosso entendimento de que a lei prevista no artigo 135 do CTN é a lei que rege a conduta do responsabilizado (no caso da lei comercial).
>
> [...] Observe-se, inclusive, que a tipificação de conduta do administrador ou sócio-gerente no artigo 135 afasta, necessariamente, a pessoa jurídica do polo passivo da relação processual de cobrança tributária. "Em suma, o artigo 135 retira a

> "solidariedade" do artigo 134. Aqui a responsabilidade se transfere inteiramente para os terceiros, liberando os seus dependentes e representados. A responsabilidade passa a ser pessoal, plena e exclusiva desses terceiros. Isto ocorrerá quando eles procederem com manifesta malícia (*mala fides*) contra aqueles que representam, toda vez que for constatada a prática de ato ou fato eivado de excesso de poderes ou com infração de lei, contrato social ou estatuto." (Sacha Calmon Navarro Coêlho, "Obrigação Tributária", Comentários ao Código Tributário Nacional, cit., p.319)." (Renato Lopes Becho, in Sujeição Passiva e Responsabilidade Tributária, Ed. Dialética, SP, 2000, p. 184/185)
>
> 12. A responsabilidade por subsidiariedade resta conjurada e, por conseguinte, o benefício de ordem que lhe é característico (artigo 4º, § 3º, da Lei 6.830/80), o qual é inextensível às hipóteses em que o Código Tributário Nacional ou o legislador ordinário estabelece responsabilidade pessoal do terceiro (consectariamente, excluindo a do próprio contribuinte), em razão do princípio da especialidade (*lex specialis derrogat generalis*), máxime à luz da Lei de Execução Fiscal encarta normas aplicáveis também à cobrança de dívidas não tributárias.
>
> [...] 15. Recurso especial desprovido. (REsp. 1104064/RS, Rel. Ministro Luiz Fux, Primeira Turma, j.02.12.2010, *DJe* 14.12.2010).

Importante registrar a existência de entendimentos divergentes também na doutrina. Hugo de Brito Machado observa que a responsabilidade pessoal do terceiro não exclui o contribuinte da relação jurídica tributária, pois não há previsão expressa nesse sentido no CTN.[284] Já Ricardo Lobo Torres defende: "existe a solidariedade *ab initio*, e o responsável se coloca junto do contribuinte desde a ocorrência do fato gerador.

284. A lei afirma que são pessoalmente responsáveis, mas não que sejam as únicas. A exclusão da responsabilidade, a nosso ver, teria de ser expressa. Com efeito, a responsabilidade do contribuinte decorre de sua condição de sujeito passivo direto da relação obrigacional tributária, independe de disposição legal que expressamente a estabeleça. Assim, em se tratando de responsabilidade inerente à própria condição de contribuinte, não é razoável admitir-se que desapareça sem que a lei o diga expressamente. Isto, aliás, é o que se depreende do art. 128 do Código Tributário Nacional [...]. Pela mesma razão que se exige dispositivo legal expresso para a atribuição de responsabilidade a terceiro, também se há de exigir dispositivo legal expresso para excluir a responsabilidade do contribuinte. (MACHADO, Hugo de Brito. *Curso de direito tributário*. 20. ed. São Paulo: Malheiros, 2002, p. 138-139).

Pouco importa, nesses casos, que o contribuinte tenha, ou não, patrimônio para responder pela obrigação tributária".[285]

Na prática o Fisco argumenta tratar-se de responsabilidade solidária entre o sócio, o sócio administrador e a sociedade, pois em regra limita-se a requerer no processo de execução fiscal a inclusão dos sócios e sócio administrador no polo passivo. Infelizmente a jurisprudência vem acolhendo esse entendimento, que não tem fundamento de validade no direito positivo brasileiro.

A responsabilidade tributária do art. 135 do CTN é pessoal e exclusiva. Caso os sócios da sociedade de pessoas dissolvidas e o sócio administrador pratiquem o fato jurídico da responsabilidade tributária, que subsume ao antecedente da hipótese de responsabilidade tributária pessoal do art. 135, apenas esses deverão figurar exclusivamente (a redundância é proposital) no polo passivo da relação jurídica tributária e arcar com seu patrimônio pessoal para satisfazer o crédito tributário, excluindo a responsabilidade do contribuinte (sociedade).

A conduta típica, o fato jurídico da responsabilidade tributária pessoal, que implicará em responsabilidade tributária pessoal do sócio administrador será analisada nos tópicos seguintes.

5.2.2 Créditos correspondentes às obrigações tributárias resultantes de atos praticados com excesso de poderes ou infração de lei, contrato social ou estatutos

Do art. 135 decorrem duas normas de responsabilidade pessoal dos sócios: (i) dos sócios das sociedades de pessoas dissolvidas irregularmente, que serão pessoalmente

285. TORRES, Ricardo Lobo. *Manual de direito financeiro e tributário.* 16. ed. Rio de Janeiro: Renovar, 2002, p. 238.

responsáveis, (i.a) pelos créditos correspondentes às obrigações tributárias resultantes de atos de infração de lei, contrato social ou estatutos (art. 135, I, c/c art. 134, VII); (ii) dos sócios administradores, que serão pessoalmente responsáveis pelos créditos (ii.a) correspondentes às obrigações tributárias resultantes de atos praticados com excesso de poderes (artigo 135, III). Somente os administradores (sócios ou não sócios) têm poderes de gestão, razão pela qual só esses poderão praticar atos com excesso de poderes.

O *caput* enuncia dois requisitos: (i) que o crédito tributário resulte de obrigações tributárias decorrentes de conduta; (ii) que essa conduta configure prática de atos com excesso de poderes ou infração de lei, contrato social ou estatutos.

Quais seriam as condutas ilícitas que implicariam na responsabilidade pessoal?

O Superior Tribunal de Justiça, desde a decisão proferida nos Embargos de Divergência em REsp. n. 174.532-PR, julgado em 2001 pela 1ª Seção, firmou entendimento de que a simples falta de recolhimento de tributo não caracteriza infração de lei para fins de responsabilidade tributária, exigindo a prova da prática de atos com excesso de poderes, ou infração de contrato social ou estatutos.[286] Em 2009, o Tribunal confirmou esse entendimento no julgamento de Recurso Repetitivo (artigo 543-C do CPC) no REsp. 1.101.728 SP.[287] Em 2010, apro-

286. 3. De acordo com o nosso ordenamento jurídico-tributário, os sócios (diretores, gerentes ou representantes da pessoa jurídica) são responsáveis, por substituição, pelos créditos correspondentes a obrigações tributárias resultantes da prática de ato ou fato eivado de excesso de poderes ou com infração de lei, contrato social ou estatutos, nos termos do art. 135, III, do CTN. 4. O simples inadimplemento não caracteriza infração legal. Inexistindo prova de que se tenha agido com excesso de poderes, ou infração de contrato social ou estatutos, não há falar-se em responsabilidade tributária do ex-sócio a esse título ou a título de infração legal. Inexistência de responsabilidade tributária do ex-sócio. (Embargos de Divergência em REsp. n.174.532-PR (2000/0121148-0), 1ª Seção, Rel. Min. José Delgado, j. 18.07.2001, *DJ* 20.08.2001).

287. É igualmente pacífica a jurisprudência do Superior Tribunal de Justiça no sentido de que a simples falta de pagamento do tributo não configura, por si só, nem em tese, circunstância que acarreta a responsabilidade subsidiária do sócio,

vou a Súmula 430: "o inadimplemento da obrigação tributária pela sociedade não gera, por si só, a responsabilidade solidária do sócio-gerente" (1ª Seção, j. 24-03-2010).

No REsp. 1.101.728 (Recurso Repetitivo) o Superior Tribunal de Justiça decidiu que a responsabilidade tributária prevista no artigo 135 do CTN é subsidiária, enquanto no Súmula 430 que se trata de responsabilidade "solidária".

Retomando as condutas ilícitas, o dispositivo legal enuncia "atos praticados com excesso de poderes ou infração de lei, contrato social ou estatutos" (art. 135, CTN). Mediante interpretação sistêmica, conclui-se que se refere a condutas ilícitas dolosas, já que as culposas são afetas à responsabilidade tributária subsidiária do art. 134, CTN. A norma estabelece como causa para atribuir responsabilidade pessoal a prática de conduta ilícita dolosa (conduta mais grave que a causa da responsabilidade subsidiária do art. 134). A conduta mais grave (dolosa), prevista no antecedente da norma decorrente do art. 135, tem em seu consequente uma punição mais grave, pois na responsabilidade pessoal o responsável responderá diretamente pela dívida, enquanto na subsidiária (art. 134) responderá somente se o patrimônio da sociedade não for suficiente para satisfazer a dívida.

Ives Gandra da Silva Martins entende que o elemento fundamental são os atos praticados de forma dolosa.[288] Regina Helena Costa, que a responsabilidade é atribuída pessoal e exclusivamente aos terceiros que agem dolosamente, praticando atos com excesso de poderes ou infração de lei, contrato social ou estatutos, sendo o ato ilícito prévio ou concomitante ao fato jurídico tributário, resultando o inadimplemento do tributo

---

prevista no art. 135 do CTN. É indispensável, para tanto, que tenha agido com excesso de poderes ou infração à lei, ao contrato social ou ao estatuto da empresa (EREsp. 374.139/RS, 1ª Seção, *DJ* de 28.02.2005). (REsp. 1.101.728 SP, Rel. Min. Teori Albino Zavascki, 1ª Seção, j. 11.03.2009, *DJe* 23.03.2009).

288. MARTINS, Ives Gandra da Silva (Coord.). *Comentários ao Código Tributário Nacional*. v. 2. São Paulo: Saraiva, 1998, p. 261.

da prática de ilícito dos gestores da pessoa jurídica, por excesso de poder ou infração de lei, contrato social ou estatutos,[289] (art. 135, III, CTN) ou ato ilícito dos sócios das sociedades de pessoas dissolvidas (art. 135, I, c/c art. 134, VII, CTN). Para James Marins, a responsabilidade pessoal só se configura se ficar provado que agiu com dolo ou fraude, e exista prova de que a sociedade, em razão de dificuldade econômica decorrente desse ato, não pode cumprir o débito fiscal, ou ainda, que tenha havido dissolução irregular da sociedade.[290]

Ao mencionar que condutas ilícitas dolosas geram a responsabilidade tributária pessoal, importante lembrar que tributo é "prestação pecuniária compulsória, em moeda ou cujo valor nela se possa exprimir, que não constitua sanção de ato ilícito, instituída em lei e cobrada mediante atividade administrativa plenamente vinculada" (art. 3º, CTN). Portanto, a obrigação tributária decorrerá de ato lícito, de fato jurídico tributário previsto na regra-matriz de incidência tributária. No entanto, a responsabilidade tributária pessoal será atribuída em decorrência de ato ilícito do responsável tributário, por ter realizado o fato jurídico da responsabilidade tributária pessoal previsto na regra-matriz de responsabilidade tributária pessoal (artigo 135).

Como contribuição à discussão, Renato Lopes Becho reflete:

> [...] quando o legislador estabeleceu no *caput* do artigo 135, que este dispositivo se aplica à responsabilidade "*pelos créditos correspondentes a obrigações tributárias resultantes de atos praticados*", podemos visualizar, efetivamente, duas regras matrizes tributárias, uma lícita, outra ilícita. A primeira, para prosseguirmos no exemplo aventado, gera faturamento para a pessoa jurídica, o que é lícito. Todavia, como o faturamento gerado decorreu da prática de atos com infração de lei, contrato social e estatuto, há a segunda regra matriz. Esta decorre de um ilícito não tributário,

---

289. COSTA, Regina Helena. *Curso de direito tributário:* Constituição e Código Tributário Nacional. 2ª ed. São Paulo: Saraiva, 2012, p. 223.

290. MARINS, James. *Direito processual tributário brasileiro* (administrativo e judicial). 8ª ed. São Paulo: Dialética, 2015, p. 805.

> mas que gera efeitos fiscais: a imputação da responsabilidade ao terceiro e não mais ao contribuinte.[291]

Assim, a obrigação tributária tem como suporte fático um ato lícito (o fato jurídico tributário, conforme regra-matriz de incidência tributária), enquanto a responsabilidade tributária pessoal decorre de ato ilícito do responsável tributário (o fato jurídico da responsabilidade tributária pessoal, conforme critérios descritos na regra-matriz de responsabilidade tributária pessoal). Isso é possível, pois um fato social poderá ser juridicamente qualificado como fato lícito por uma norma (regra-matriz tributária) e, ao mesmo tempo, ser ilícito por outra(s) de direito civil ou comercial, por exemplo. Para Fabiana Tomé, "o caráter peculiar do *fato jurídico* fica muito claro quando se observa que um mesmo fato social pode dar ensejo a diversos fatos jurídicos",[292] como demonstra o esquema infra, constante na obra de Fabiana Del Padre Tomé:

Esquema 6: Espécies do fato social

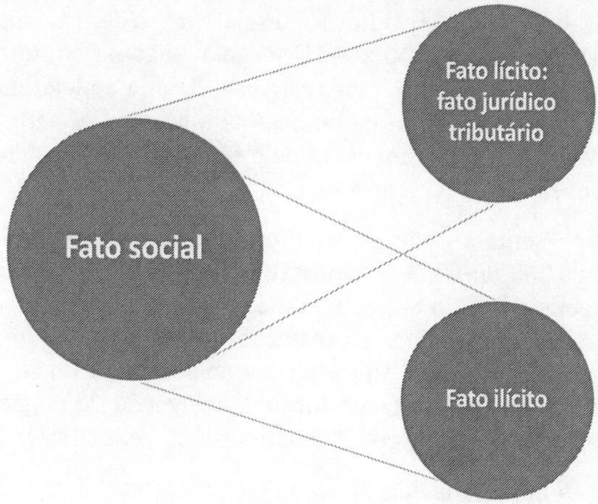

291. BECHO, Renato Lopes. *Responsabilidade tributária de terceiros:* CTN, arts.134 e 135. São Paulo: Saraiva, 2014, p. 91.

292. TOMÉ, Fabiana Del Padre. *A prova no direito tributário:* de acordo com o Código de Processo Civil de 2015. 4ª ed. São Paulo: Noeses, 2016, p. 51.

A discussão foi abordada por Leonardo Nunes Marques ao tratar da responsabilidade tributária dos sócios administradores:

> O legislador, ao estabelecer a responsabilidade do sócio-gerente pelo cumprimento das obrigações tributárias que se originam de atos praticados com excesso de poderes ou infração à lei ou contrato social, pretendeu fazer com que aquele que praticasse ato que, além de civilmente ou penalmente ilegal, constituísse também evento suficiente ao nascimento da obrigação tributária, ficasse obrigado ao recolhimento do respectivo tributo.
>
> Como cediço, a concretização de um fato pode gerar diversas relações jurídicas, das mais variadas naturezas. Significa dizer que de uma conduta humana podem decorrer relações jurídicas cíveis, penais, tributárias, etc. [...]
>
> Fica claro, dessa forma, que há hipóteses, na realidade muito frequentes, de surgimento de mais de uma relação jurídica como resultado da realização de um só fato. E este é o caso tratado pelo artigo 135 do CTN. Neste dispositivo figuram-se as situações em que a conduta do indivíduo, além de caracterizar um ilícito civil ou penal ou administrativo etc., ou excesso de poderes ou violação ao contrato social, configura também fato suficiente ao nascimento da obrigação tributária, ou seja, evento descrito na regra-matriz de incidência tributária. Estes são os casos em que o legislador pretendeu não imputar responsabilidade ao legítimo contribuinte, atribuindo-a de modo pessoal e integral ao terceiro, sócio-gerente, que é justamente aquele capaz de, por ocasião da condução dos negócios da empresa, levar efeito as condutas descritas.
>
> Apresenta-se, como exemplo das circunstâncias inseridas no artigo 135 do CTN, a hipótese de prestação de serviços por uma sociedade cujo objeto social é a circulação de mercadorias. Neste caso específico, a prestação de serviço pela aludida empresa, além de constituir violação ao seu contrato social, configura evento capaz de fazer surgir a obrigação de pagamento do Imposto sobre Serviço de Qualquer Natureza (ISSQN).
>
> Também pode ser colocada como ilustração da ideia que se expõe a prática de um ato penalmente reprimido que gere acréscimo patrimonial à pessoa jurídica praticante. Não há como se pôr em dúvida que tal situação faz nascer uma relação jurídica de natureza penal, uma vez que se trata de um ilícito. Entretanto, também possui o condão de fazer irromper o vínculo de natureza tributária caracterizado pela obrigação de pagamento do imposto de renda.

> [...] nos exemplos fornecidos, a sociedade pratica atos que, além de violadores do contrato social e da lei, possuem o condão de fazer nascer uma obrigação tributária, cujo cumprimento ficará a cargo do sócio-gerente, uma vez que este é o personagem responsável pela condução irregular da empresa.
>
> [...] Dizendo de outra forma, o evento previsto na norma tributária é um ato lícito (a exemplo do acréscimo patrimonial). No entanto, ocasionalmente praticado num contexto ou por meio de uma forma que lhe confere a conotação de ilicitude (a exemplo do furto ou tráfico de drogas). Logo, a interpretação que ora se confere ao artigo 135 do CTN em nada se mostra afrontosa à conceituação trazida pelo artigo 3º do mesmo diploma normativo.
>
> Ademais, é plenamente justificável que, nas hipóteses em que os condutores da sociedade pratiquem atos desvirtuadores do objeto da pessoa jurídica, ou violadores da lei, estes sejam responsabilizados pelos efeitos resultantes das obrigações geradas.[293]

Dessa forma, existem duas normas jurídicas: (i) a regra-matriz de incidência tributária e (ii) a regra-matriz de responsabilidade tributária pessoal. A primeira prevê em seu antecedente um fato jurídico tributário (fato lícito) e a segunda, um fato jurídico da responsabilidade tributária pessoal (fato ilícito). Duas normas jurídicas (que se relacionam) e dois fatos jurídicos.

Em decorrência do fato jurídico tributário dever-se-á instaurar uma relação jurídica tributária entre o Fisco e o contribuinte (sociedade). Porém, como consequência da prática do fato jurídico da responsabilidade pessoal, instaurar-se-á relação jurídica tributária com natureza sancionatória entre o Fisco e o responsável tributário, que exige norma individual e concreta, emitida pela autoridade competente e com a linguagem das provas, cabendo ao Fisco o ônus de provar que o responsável praticou o fato jurídico da responsabilidade pessoal. Apesar da eficácia jurídica da regra-matriz de incidência tributária, a norma que atribui a responsabilidade tributária pessoal (exclusiva) ao sócio resultará em ineficácia técnica da

---

293. MARQUES, Leonardo Nunes. A responsabilidade dos membros da sociedade limitada pelas obrigações tributárias e o Novo Código Civil. *Revista Dialética de Direito Tributário* n. 111. São Paulo: Dialética, dez. 2004, p. 71-72.

regra-matriz de incidência,[294] ficando excluído o contribuinte da relação jurídica tributária, de modo que o crédito tributário somente poderá ser exigido do responsável tributário.

A hipótese normativa descreve que "são pessoalmente responsáveis pelos créditos correspondentes a obrigações tributárias resultantes de atos ilícitos". Os atos ilícitos devem ser também fatos tributários, resultando em crédito tributário. Na linha da argumentação de Regina Helena Costa e James Marins, a hipótese legal também abrange as situações em que a conduta ilícita é a causa da inadimplência do contribuinte, cujos recursos financeiros têm outros destinos em detrimento do pagamento do tributo, causando prejuízo ao contribuinte e ao Fisco. Assim, haveria responsabilidade: (i) quando a conduta ilícita dolosa for também fato jurídico tributário; (ii) quando a conduta ilícita, embora não seja fato jurídico tributário, seja a causa de inadimplência do crédito tributário.

A conduta ilícita dolosa não decorre de descumprimento da lei tributária, da regra-matriz de incidência, que prescreve a conduta obrigatória de pagar tributo (isso é mero inadimplemento). Outras leis devem ser violadas para caracterizar a conduta típica: as leis civis e comerciais que prescrevem deveres dos sócios e dos administradores das sociedades, leis penais ou tributárias que prescrevem condutas proibidas, como,

---

294. De acordo com Paulo de Barros Carvalho, "a potência de normas num dado sistema serve para introduzir novas regras de conduta para os cidadãos, como também modificar as que existem ou até para expulsar outras normas, cassando-lhes a juridicidade". E ao abordar a eficácia jurídica e técnica, escreve: "Tomamos por eficácia jurídica o próprio mecanismo lógico da incidência, o processo pelo qual, efetivando-se o fato previsto no antecedente, projetam-se os efeitos prescritos no consequente. É a chamada causalidade jurídica, ou seja, vínculo de implicação mediante o qual, ocorrendo o fato jurídico (relato do evento no antecedente da norma), instala-se a relação jurídica. [...] "eficácia técnica", pois é em função de norma integrante do sistema positivo que o fato por ela juridicizado produz suas decorrências peculiares. Sob a rubrica de eficácia técnica vemos a condição que a regra de direito ostenta, no sentido de descrever acontecimentos que, uma vez ocorridos no plano do real-social, tenham o condão de irradiar efeitos jurídicos, já removidos os obstáculos que impediam tal propagação". (CARVALHO, Paulo de Barros. *Direito tributário:* linguagem e método. 5. ed. São Paulo: Noeses, 2013, p. 451; 459-460).

por exemplo, a Lei n. 8.137/1990, que define os crimes com a ordem tributária, indicando as condutas criminosas passíveis de prática pelos particulares em seus artigos 1º e 2º.[295]

Raquel Cavalcanti Ramos Machado descreve:

> quanto ao não pagamento de tributos, este pode não se dar pelos mais variados motivos: insucesso financeiro da sociedade; ato ilícito do gerente que, em detrimento da sociedade, desvia o valor respectivo para si; deliberação da própria sociedade para aumentar sua disponibilidade econômica imediata, distribuição indevida de lucros etc.[296]

O primeiro exemplo, insucesso financeiro da sociedade, não gera responsabilidade tributária dos sócios, pois não se

295. Lei n. 8.137/1990: Capítulo I – Dos Crimes Contra a Ordem Tributária. Seção I – Dos crimes praticados por particulares. Artigo 1° Constitui crime contra a ordem tributária suprimir ou reduzir tributo, ou contribuição social e qualquer acessório, mediante as seguintes condutas: I – omitir informação, ou prestar declaração falsa às autoridades fazendárias; II – fraudar a fiscalização tributária, inserindo elementos inexatos, ou omitindo operação de qualquer natureza, em documento ou livro exigido pela lei fiscal; III – falsificar ou alterar nota fiscal, fatura, duplicata, nota de venda, ou qualquer outro documento relativo à operação tributável; IV – elaborar, distribuir, fornecer, emitir ou utilizar documento que saiba ou deva saber falso ou inexato; V – negar ou deixar de fornecer, quando obrigatório, nota fiscal ou documento equivalente, relativa a venda de mercadoria ou prestação de serviço, efetivamente realizada, ou fornecê-la em desacordo com a legislação. [...] Artigo 2° Constitui crime da mesma natureza: I – fazer declaração falsa ou omitir declaração sobre rendas, bens ou fatos, ou empregar outra fraude, para eximir-se, total ou parcialmente, de pagamento de tributo; II – deixar de recolher, no prazo legal, valor de tributo ou de contribuição social, descontado ou cobrado, na qualidade de sujeito passivo de obrigação e que deveria recolher aos cofres públicos; III – exigir, pagar ou receber, para si ou para o contribuinte beneficiário, qualquer percentagem sobre a parcela dedutível ou deduzida de imposto ou de contribuição como incentivo fiscal; IV – deixar de aplicar, ou aplicar em desacordo com o estatuído, incentivo fiscal ou parcelas de imposto liberadas por órgão ou entidade de desenvolvimento; V – utilizar ou divulgar programa de processamento de dados que permita ao sujeito passivo da obrigação tributária possuir informação contábil diversa daquela que é, por lei, fornecida à Fazenda Pública. (Disponível em: http://www.planalto.gov.br/ccivil03/LEIS/L8137.htm Acesso em: 17 nov. 2018).

296. MACHADO, Raquel Cavalcanti Ramos. Responsabilidade do sócio por créditos tributários lançados contra a pessoa jurídica – os arts. 124, II, 134 e 135 do CTN, o art.13 da Lei 8.620/93 e a razoabilidade. *Revista Dialética de Direito Tributário*, São Paulo, n. 114, p. 84-93, mar. 2005, p. 90.

trata de conduta ilícita; os demais casos retratam condutas ilícitas que podem resultar em responsabilidade tributária. Raquel Machado escreveu que:

> É preciso, de fato, punir o sócio que acresce seu patrimônio em detrimento do da sociedade e das obrigações desta. Mas é exatamente por isso que tanto não se pode responsabilizar indiscriminadamente o sócio por essa sua simples condição, como o Fisco tem a obrigação de demonstrar, no lançamento, o ato ilegal praticado pelo sócio ou gerente. No caso do sócio, a dissolução irregular da sociedade é prova de sua responsabilidade pessoal e, em se tratando do gerente, sua responsabilidade pode ser validamente invocada com a demonstração da prática de atos violadores do contrato ou das leis que regulamentam seus poderes, com o enriquecimento próprio, por exemplo, em detrimento do cumprimento das obrigações sociais.[297]

Nesse momento é possível descrever a norma da responsabilidade tributária pessoal, nos seguintes termos: "SE" o sócio (da sociedade de pessoas dissolvida ou o sócio administrador das sociedades) agir dolosamente, praticando atos com excesso de poderes ou infração de lei, contrato social ou estatutos, sendo essa conduta anterior, concomitante [298] ao fato jurídico tributário correspondente à obrigação tributária descumprida, e essa conduta ilícita: (i) é um fato jurídico tributário; ou (ii) está relacionada ao descumprimento da obrigação tributária, "ENTÃO", o sócio (da sociedade de pessoas dissolvida ou o sócio administrador das sociedades) será pessoal e exclusivamente responsável tributário, figurando como sujeito passivo da relação jurídica de responsabilidade tributária,

---

297. MACHADO, Raquel Cavalcanti Ramos. Responsabilidade do sócio por créditos tributários lançados contra a pessoa jurídica – os arts. 124, II, 134 e 135 do CTN, o art.13 da Lei 8.620/93 e a razoabilidade. *Revista Dialética de Direito Tributário, São Paulo*, n. 114, p.84-93, mar. 2005, p. 92.

298. É possível que a conduta seja posterior, tendo como limite temporal o vencimento do prazo para pagamento do tributo; admite-se, ainda, que a conduta posterior ao vencimento da obrigação, se for conduta dolosa por atos com excesso de poderes ou infração de lei, contrato social ou estatutos, diretamente relacionada com o descumprimento da obrigação.

com natureza sancionatória, excluindo o contribuinte da relação jurídica tributária obrigacional.

Explicando mais detalhadamente, no antecedente da norma, a conduta ilícita pode: (i) ser concomitantemente uma conduta lícita e um fato jurídico tributário; ou (ii) não corresponder a um fato tributário, mas estar relacionada ao descumprimento da obrigação tributária. Dois exemplos, ambos no caso de dissolução da sociedade, podem auxiliar na compreensão das respectivas hipóteses: (i) deliberando os sócios pela dissolução, a sociedade continua existindo para ultimar seus negócios pendentes e inadiáveis, sendo vedada a realização de novas operações (conduta proibida/ilícita nos termos dos arts. 51, 1.036 e 1.103, IV, do Código Civil de 2002); caso sejam realizados novos negócios (conduta ilícita) que correspondam a fatos tributários, os sócios serão pessoalmente responsáveis pelos créditos tributários decorrentes das novas operações (fatos tributários); (ii) se os sócios reduzirem o capital social, resultando em ativo insuficiente para satisfazer o passivo da sociedade, deixando de ser satisfeito o crédito tributário, a conduta ilícita estará relacionada ao descumprimento da obrigação tributária, culminando em responsabilidade pessoal dos sócios por todos os débitos da sociedade não satisfeitos. São duas normas jurídicas distintas, no antecedente e no consequente.

Descrita a norma geral e abstrata da responsabilidade tributária do artigo 135, considerando que as condutas ilícitas decorrem de atos com (i) excesso de poderes ou (ii) infração de lei, contrato social ou estatutos, será feita uma análise pragmática das condutas dos sócios administradores (com poderes de gestão) e dos sócios das sociedades de pessoas dissolvidas irregularmente (sem poderes de gestão). Importante enfatizar que os sócios das sociedades de pessoas dissolvidas, mesmo sem poderes de gestão, estão sujeitos à norma de responsabilidade tributária pessoal do art. 135, nos termos do art. 135, I c/c art. 134, VII, CTN. Antes da análise pragmática das condutas ilícitas, serão feitas algumas considerações sobre o sócio administrador.

5.2.2.1 O sócio administrador

Antes de descrever as condutas ilícitas que ensejam a responsabilidade dos sócios, cabem algumas considerações sobre o sócio administrador. "O sócio-gerente ou administrador da sociedade é a pessoa central da empresa, que se encontra na posição de chefe, no ápice da pirâmide hierárquica" e, segundo a *teoria do órgão*, "o gerente, diretor ou administrador, é um órgão da sociedade comercial".[299]

O Código Civil de 2002 "designa como administrador a pessoa encarregada de gerir a sociedade, atuando como seu órgão".[300] O termo "sócio-gerente", mencionado no inc. III, do art. 135, CTN, equivale a "sócio administrador" a partir da vigência do Código Civil de 2002. Relevante mencionar que o diploma civil permite o administrador da sociedade ser uma pessoa não detentora de cotas, que não ostenta a condição de sócio; o administrador não sócio também pode ser responsabilizado com fundamento no art. 135, III.[301]

---

299. REQUIÃO, Rubens. *Curso de direito comercial.* v. 1. 33. ed. Atualizado por Rubens Eduardo Requião. São Paulo: Saraiva, 2014, p. 559-560.

300. Idem, p. 627.

301. Interessante questão é identificar quem passa a ser o responsável pelo cumprimento do dever tributário, nos casos das obrigações "resultantes de atos praticados com excesso de poderes ou infração de lei, contrato social ou estatutos", uma vez que a forma de administrar as sociedades limitadas foi alterada pela Lei n. 10.406 (Novo Código Civil), deixando de existir os sócios-gerentes e passando a existir uma administração bipartida, com a assembleia ou reunião de sócios, ditando as regras gerais, amplas, os nortes mestres da sociedade, e os administradores, conduzindo o negócio social diário. [...] a partir da entrada em vigor da Lei n. 10.406, onde se lia, no inciso III do art. 135 do CTN, sócio-gerente, deve-se ler administrador das sociedades limitadas. Fixada tal premissa, importante notar que, com a alteração das regras afetas à administração da sociedade limitada, passou a ser possível a responsabilização tributária de pessoa não integrante do quadro social da pessoa jurídica. Isso porque o administrador, nos termos do previsto no art. 1.061 do CC, pode ser indivíduo não detentor de cotas da sociedade, ou seja, não sócio, o que não acontecia antes. Logo, o fato de haver possibilidade de o administrador da sociedade

O poder para gerir a sociedade é atribuído ao sócio pelo contrato social, estatuto ou assembleia. Pode ser atribuído a um ou alguns dos sócios ou pode ser escolhido um administrador que não compõe o quadro societário. No caso das "sociedades de pessoas, o contrato social pode designar o sócio ou sócios que, isolado ou conjuntamente, exercem a gerência; não havendo disposição a respeito, todos podem desempenhá-la, usando a razão social (Cód. Civ., artigo 1.013)".[302]

Assim, não basta ser sócio. É necessário ter poderes de gestão e de participação no exercício da administração da sociedade ao tempo da prática do ato ilícito (Superior Tribunal de Justiça, AgRg 131.957/SP).[303] Não responde por débito fiscal da sociedade o sócio que dela já havia se retirado regularmente quando da prática da infração (*RSTJ* 85/109, 85/112) ou que não integrava a sociedade à época.

O administrador tem os poderes naturais de administração da sociedade comercial, cabendo-lhe providenciar que a sociedade funcione, mobilizando, sobretudo, seus meios financeiros em relação aos estabelecimentos bancários, efetuando depósitos, abrindo contas, movimentando-as, contraindo empréstimos, emitindo títulos cambiários, endossando-os, avalizando-os, obrigando cambiariamente a sociedade. É investido dos poderes normais e gerais de administração

---

limitada ser pessoa não integrante do quadro social propicia a responsabilização de indivíduo não sócio pelo pagamento das dívidas tributárias da empresa, sempre que caracterizadas as hipóteses do art. 135 do CTN. (MARQUES, Leonardo Nunes. A responsabilidade dos membros da sociedade limitada pelas obrigações tributárias e o Novo Código Civil. *Revista Dialética de Direito Tributário* n. 111. São Paulo: Dialética, dez. 2004, p. 72-73).

302. REQUIÃO, Rubens. *Curso de direito comercial.* v. 1. 33. ed. Atualizado por Rubens Eduardo Requião. São Paulo: Saraiva, 2014, p. 559.

303. Superior Tribunal de Justiça, AgRg 131.957/SP, rel. Min. José Delgado, 1ª T, v.u., 15.09.1997, *DJU* 17.11.1997, p. 59.448; REsp. 40.435, Rel. Min. Ari Pargendler, 2ª T, v.u., 07.11.1996, *DJU* 25.11.1996, p. 46.173; REsp. 86.439/ES, Rel. Min. Humberto Gomes de Barros, 1ª T, v.u., 10.06.1996, *DJU* 01.07.1996, p. 24; 004 etc.

ordinária da sociedade e obriga a sociedade pelo uso da firma ou razão social.[304]

O Código Civil prevê que "o administrador da sociedade deverá ter, no exercício de suas funções, o cuidado e a diligência que todo homem ativo e probo costuma empregar na administração de seus próprios negócios" (art. 1.011, CC/02). O diploma legal ainda enuncia que "os administradores respondem solidariamente perante a sociedade e os terceiros prejudicados, por culpa no desempenho de suas funções" (art. 1.016, CC/02), mas a responsabilidade aqui tratada, fundada no art. 135 do CTN, decorre de ato doloso.[305]

O administrador obriga a sociedade pelo uso da firma ou razão social e "somente nos casos em que a firma social for empregada em *transações estranhas aos negócios designados no contrato*, quando o uso indevido da razão social não obriga a sociedade".[306] A utilização da firma em "negócios ostensivamente diferentes do objeto da sociedade, como, por exemplo,

---

304. REQUIÃO, Rubens. *Curso de direito comercial.* v. 1. 33. ed. Atualizado por Rubens Eduardo Requião. São Paulo: Saraiva, 2014, p. 570.

305. Ainda de acordo com o CC/02: Art. 1.017. O administrador que, sem consentimento escrito dos sócios, aplicar créditos ou bens sociais em proveito próprio ou de terceiros, terá de restituí-los à sociedade, ou pagar o equivalente, com todos os lucros resultantes, e, se houver prejuízo, por ele também responderá. Parágrafo único. Fica sujeito às sanções o administrador que, tendo em qualquer operação interesse contrário ao da sociedade, tome parte na correspondente deliberação. Art. 1.018. Ao administrador é vedado fazer-se substituir no exercício de suas funções, sendo-lhe facultado, nos limites de seus poderes, constituir mandatários da sociedade, especificados no instrumento os atos e operações que poderão praticar. Art. 1.019. São irrevogáveis os poderes do sócio investido na administração por cláusula expressa do contrato social, salvo justa causa, reconhecida judicialmente, a pedido de qualquer dos sócios. Parágrafo único. São revogáveis, a qualquer tempo, os poderes conferidos a sócio por ato separado, ou a quem não seja sócio. Art. 1.020. Os administradores são obrigados a prestar aos sócios contas justificadas de sua administração, e apresentar-lhes o inventário anualmente, bem como o balanço patrimonial e o de resultado econômico. Artigo 1.021. Salvo estipulação que determine época própria, o sócio pode, a qualquer tempo, examinar os livros e documentos, e o estado da caixa e da carteira da sociedade.

306. REQUIÃO, Rubens. *Curso de direito comercial.* v. 1. 33. ed. Atualizado por Rubens Eduardo Requião. São Paulo: Saraiva, 2014, p. 568.

a compra de cereais em uma sociedade destinada ao comércio de tecidos" obrigaria a sociedade. Existe aí um abuso da razão social e o ato seria *ultra vires*.[307] Para Rubens Requião, o administrador "obriga a sociedade por seus atos de administração normais, quando usa da razão social em negócio condizente com o objeto social", de modo que a sociedade não se vincula à obrigação em seu nome contraída pelo administrador em negócio estranho ao objeto social.[308]

O sócio administrador (e o administrador não sócio) no exercício dos poderes normais e gerais de administração ordinária da sociedade obriga a sociedade pelo uso da firma ou razão social, inclusive em relação às obrigações tributárias, pois de acordo com o Código Civil, os atos dos administradores, exercidos nos limites de seus poderes definidos no ato constitutivo, obrigam a pessoa jurídica (artigo 47, CC/02)[309] e não geram responsabilidade pessoal do sócio administrador. A responsabilidade tributária pessoal do sócio administrador prevista no art. 135 do CTN decorre (i) do abuso dos poderes de administração, ou seja, de atos ilícitos dolosos, com excesso de poderes ou violação de lei, contrato social ou estatuto; e (ii) que desses atos ilícitos decorra obrigação tributária e o respectivo crédito tributário, ou o descumprimento da obrigação tributária decorra desses atos.

O mesmo acontece em relação às Sociedades por Ações. A Lei n. 6.404/1976 (LSA) prescreve que o acionista controlador, pessoa que tem "poder para dirigir as atividades sociais e orientar o funcionamento dos órgãos da companhia" (art.

307. REQUIÃO, Rubens. *Curso de direito comercial.* v. 1. 33. ed. Atualizado por Rubens Eduardo Requião. São Paulo: Saraiva, 2014, p. 569.

308. Idem, p. 570.

309. Código Civil: Art. 47. Obrigam a pessoa jurídica os atos dos administradores, exercidos nos limites de seus poderes definidos no ato constitutivo. Art. 48. Se a pessoa jurídica tiver administração coletiva, as decisões se tomarão pela maioria de votos dos presentes, salvo se o ato constitutivo dispuser de modo diverso. Parágrafo único. Decai em três anos o direito de anular as decisões a que se refere este artigo, quando violarem a lei ou estatuto, ou forem eivadas de erro, dolo, simulação ou fraude.

116, "a" e "b", Lei n. 6.404/1976), tem o dever de usar o poder diretivo "com o fim de fazer a companhia realizar o seu objeto e cumprir sua função social, e tem deveres e responsabilidades para com os demais acionistas da empresa, os que nela trabalham e para com a comunidade em que atua, cujos direitos e interesses deve lealmente respeitar e atender" (art. 116, parágrafo único). A LSA trata da responsabilidade dos administradores (art. 158)[310] e descreve as condutas do acionista controlador que caracterizam excesso de poder e geram sua responsabilidade pessoal (art. 117, §1º).[311] O rol de con-

310. Responsabilidade dos Administradores. Art. 158. O administrador não é pessoalmente responsável pelas obrigações que contrair em nome da sociedade e em virtude de ato regular de gestão; responde, porém, civilmente, pelos prejuízos que causar, quando proceder: I – dentro de suas atribuições ou poderes, com culpa ou dolo; II – com violação da lei ou do estatuto. §1º O administrador não é responsável por atos ilícitos de outros administradores, salvo se com eles for conivente, se negligenciar em descobri-los ou se, deles tendo conhecimento, deixar de agir para impedir a sua prática. Exime-se de responsabilidade o administrador dissidente que faça consignar sua divergência em ata de reunião do órgão de administração ou, não sendo possível, dela dê ciência imediata e por escrito ao órgão da administração, no conselho fiscal, se em funcionamento, ou à assembleia-geral. §2º Os administradores são solidariamente responsáveis pelos prejuízos causados em virtude do não cumprimento dos deveres impostos por lei para assegurar o funcionamento normal da companhia, ainda que, pelo estatuto, tais deveres não caibam a todos eles. §3º Nas companhias abertas, a responsabilidade de que trata o §2º ficará restrita, ressalvado o disposto no §4º, aos administradores que, por disposição do estatuto, tenham atribuição específica de dar cumprimento àqueles deveres. §4º O administrador que, tendo conhecimento do não cumprimento desses deveres por seu predecessor, ou pelo administrador competente nos termos do §3º, deixar de comunicar o fato a assembleia-geral, tornar-se-á por ele solidariamente responsável. §5º Responderá solidariamente com o administrador quem, com o fim de obter vantagem para si ou para outrem, concorrer para a prática de ato com violação da lei ou do estatuto. (BRASIL. Lei n.6.404/1976. Disponível em: http://www.planalto.gov.br/ccivil_03/LEIS/L6404consol.htm Acesso em: 25 nov. 2018).

311. Art. 117. O acionista controlador responde pelos danos causados por atos praticados com abuso de poder. §1º São modalidades de exercício abusivo de poder: a) orientar a companhia para fim estranho ao objeto social ou lesivo ao interesse nacional, ou levá-la a favorecer outra sociedade, brasileira ou estrangeira, em prejuízo da participação dos acionistas minoritários nos lucros ou no acervo da companhia, ou da economia nacional; b) promover a liquidação de companhia próspera, ou a transformação, incorporação, fusão ou cisão da companhia, com o fim de obter, para si ou para outrem, vantagem indevida, em prejuízo dos demais acionistas, dos que trabalham na empresa ou dos investidores em valores mobiliários emitidos pela companhia; c) promover alteração estatutária, emissão de valores mobiliários

dutas ilícitas é exemplificativo.[312] Outras condutas ilícitas que violem os deveres do controlador (no art. 116) podem gerar sua responsabilidade tributária pessoal se delas decorrerem créditos tributários (art. 135, CTN).

São exemplos de condutas ilícitas que resultam em responsabilidade pessoal do sócio administrador: (i) não recolhimento de contribuição previdenciária descontada de empregados da sociedade (RSTJ 30/306, TRF-1ª R, AC 92.01.08979-1/DF, TRF-4ª R, RT 748/431 RSTJ 30/306, TRF-1ª R, AC 92.01.08979-1/DF, TRF-4ª R, RT 748/431); (ii) não recolhimento do ICMS recebido de consumidor final (REsp. 68.408/RS); (iii) distribuição de lucros aos sócios em detrimento do adimplemento dos tributos e contribuições (Superior Tribunal de Justiça. AgRg no Ag 746.345/BA, 1ª Turma, Min. Luiz Fux, DJ 30.11.2006).

Cabe registar que está em julgamento, no STF, o Recurso Ordinário em *Habeas Corpus* (RHC) 163334, se o não

---

ou adoção de políticas ou decisões que não tenham por fim o interesse da companhia e visem a causar prejuízo a acionistas minoritários, aos que trabalham na empresa ou aos investidores em valores mobiliários emitidos pela companhia; d) eleger administrador ou fiscal que sabe inapto, moral ou tecnicamente; e) induzir, ou tentar induzir, administrador ou fiscal a praticar ato ilegal, ou, descumprindo seus deveres definidos nesta Lei e no estatuto, promover, contra o interesse da companhia, sua ratificação pela assembleia-geral; f) contratar com a companhia, diretamente ou através de outrem, ou de sociedade na qual tenha interesse, em condições de favorecimento ou não equitativas; g) aprovar ou fazer aprovar contas irregulares de administradores, por favorecimento pessoal, ou deixar de apurar denúncia que saiba ou devesse saber procedente, ou que justifique fundada suspeita de irregularidade; h) subscrever ações, para os fins do disposto no artigo 170, com a realização em bens estranhos ao objeto social da companhia. §2º No caso da alínea e do §1º, o administrador ou fiscal que praticar o ato ilegal responde solidariamente com o acionista controlador. (BRASIL. Lei n. 6.404/1976. Disponível em: http://www.planalto.gov.br/ccivil_03/LEIS/L6404consol.htm Acesso em: 02 nov. 2018).

312. O legislador estabelece, também, a responsabilidade das sociedades controladoras pelos atos praticados em infração aos artigos 116 e 117 da Lei n. 6.404, que tratam do acionista controlador (artigo 246). [...] O artigo 117 enumera algumas modalidades de exercício abusivo de poder, enumeração esta que é meramente exemplificativa; CARVALHOSA, Modesto. *Comentários à lei das sociedades anônimas*. v. 4. São Paulo: Saraiva, 1978, p. 133; KOURY, Susy Elizabeth Cavalcante. *A desconsideração da personalidade jurídica* (*Disregar doutrine*) e os grupos econômicos. 3ª ed. Rio de Janeiro: Forense, 2011, p. 140).

recolhimento de ICMS declarado pelo contribuinte deve ser enquadrado como crime de apropriação indébita (art. 2º, II, Lei 8.137/1990). O julgamento foi suspenso por pedido de vista do presidente do STF, Ministro Dias Toffoli. Até o momento (02 set. 2020) foram proferidos seis votos pela criminalização da conduta, caso dolosa (intencional), e três votos que consideram que o ato somente configura crime se for cometido por meio de fraude. O Ministro Gilmar Mendes abriu divergência, por entender que só se deve tipificar a conduta como crime se o não pagamento do tributo envolver artifício fraudulento que impossibilite a cobrança.[313] Nos termos defendidos nesta obra, só há responsabilidade tributária do sócio e administrador quando houver conduta ilícita. Sendo assim, só pode se falar em crime de apropriação quando houver conduta ilícita, fraudulenta, que é diferente de mero inadimplemento de tributo declarado e não pago.

Por praticar o fato jurídico de responsabilidade tributária pessoal (artigo 135, III, CTN), o sócio administrador (e o administrador não sócio) responderá com seu patrimônio pessoal pelos débitos da sociedade. É irrelevante que seu ato tenha beneficiado a sociedade.[314]

5.2.3 Os sócios das sociedades de pessoas dissolvidas irregularmente

Os sócios das sociedades de pessoas dissolvidas irregularmente respondem: (i) subsidiariamente por conduta ilícita culposa na dissolução irregular da sociedade, quando ocorrer a impossibilidade de exigência do cumprimento da obrigação principal pelo contribuinte (sociedade), com fundamento no art. 134, VII, CTN; e (ii) pessoalmente por conduta ilícita

---

313. Disponível em http://portal.stf.jus.br/noticias/verNoticiaDetalhe.asp?idConteudo=432563&ori=1 Acesso em 02 set. 2020.

314. CARVALHO, Paulo de Barros. *Direito tributário, linguagem e método*. 5ª ed. São Paulo: Noeses, 2013, p. 896.

dolosa, pelos atos praticados com infração de lei, contrato social ou estatutos, com fundamento no art. 135, CTN (art. 135, I, c/c art. 134, VII).

As hipóteses dos arts. 134 e 135 do CTN são diferentes. O Fisco não pode, aleatoriamente, responsabilizar os sócios com fundamento nos arts. 134 e 135, competindo-lhe fazer a subsunção da conduta do sócio à norma de responsabilidade do art. 134 (subsidiária) ou do art. 135 (pessoal), demonstrando pela linguagem das provas que o sócio realizou o fato jurídico da responsabilidade tributária subsidiária (art. 134) ou da responsabilidade tributária pessoal (art. 135).

O art. 135, I, atribui responsabilidade pessoal às pessoas mencionadas no artigo 134, VII: "os sócios, no caso de liquidação de sociedade de pessoas". Essa norma não se aplica aos sócios de todas as sociedades, mas apenas aos sócios das sociedades de pessoas dissolvidas irregularmente. Na hipótese do art. 135, I, "a responsabilidade de tais pessoas será originária, e não apenas subsidiária, como quando sujeitas à incidência do artigo 134 do CTN".[315]

Os sócios respondem pessoalmente pelos créditos correspondentes às obrigações tributárias resultantes de atos praticados com "infração de lei, contrato social ou estatutos", já que apenas o sócio administrador pode praticar "atos com excesso de poderes".

Pode o sócio sem poderes de gestão ser responsabilizado por "atos com excesso de poderes"? Como o sócio administrador é quem tem atribuição legal e contratual para praticar atos de gestão (ou "os diretores, gerentes ou representantes de pessoas jurídicas de direito privado", art. 135, III, CTN), caso o sócio sem poderes de gestão pratique qualquer ato de competência do administrador estará praticando atos "com

---

315. PAULSEN, Leandro; ÁVILA, René Bergmann; SLIWKA, Ingrid Schroder. *Direito processual tributário:* processo administrativo fiscal e execução fiscal à luz da doutrina e da jurisprudência. 4ª ed. Porto Alegre: Livraria do Advogado, 2007, p. 927.

excesso de poderes" e violando o "contrato social ou estatutos", enunciados no art. 135. Comprovado o "excesso de poderes" e "violação do contrato social ou estatutos" e os demais critérios da norma de responsabilidade pessoal, o sócio cotista pode ser responsabilizado (art. 135, III). Então, os sócios sem poderes de gestão, quando praticarem atos de gestão, sempre estarão praticando atos com excesso de poderes, violação de contrato ou estatuto. Se desses atos decorrer violação de lei mediante condutas ilícitas dolosas exigidas no art. 135 (não mero inadimplemento de tributo) e daí resultar obrigação e crédito tributário ou o descumprimento da obrigação tributária, o sócio cotista será pessoalmente responsável.

5.2.4 Análise pragmática das condutas ilícitas dos sócios das sociedades (de pessoas) dissolvidas e do sócio administrador

Pertinente a análise da jurisprudência do Superior Tribunal de Justiça em alguns casos de atribuição de responsabilidade aos sócios.

No julgamento do EDcl no REsp. 864.956/PR, o Tribunal analisou, num caso de dissolução de sociedade limitada, a responsabilidade do sócio e do sócio administrador. Decidiu que mesmo havendo dissolução irregular da sociedade, os sócios sem poderes de gerência não serão responsabilizados, valendo-se dos precedentes que fundamentaram o voto do relator (REsp. 808.386/SP, Min. Castro Meira, 2ª Turma, DJ 26.02.2007 e AgRg no Ag 746.345/BA, 1ª Turma, Min. Luiz Fux, DJ 30-11-2006).[316] No REsp. n.726.750/SP (1ª Turma, DJe 11-09-2008,) consta que "os sócios quotistas, se não praticaram atos de gestão da sociedade, não podem ser responsabilizados na forma dos artigos 134, VII, e 135, III, do CTN, respondendo, apenas, pelo capital não integralizado da pessoa jurídica". No REsp.

316. EDcl no REsp. 864.956/PR, Rel. Min. Teori Albino Zavascki, 1ª Turma, j.16-12-2008, *DJe* 04.02.2009.

808.386/SP que "o integrante de sociedade por cotas de responsabilidade limitada, sem função de gerência, não pode ser responsabilizado por dívidas tributárias contraídas pela sociedade, ainda que esta tenha se dissolvido irregularmente". (REsp. 808.386/SP, Min. Castro Meira, 2ª Turma, DJ 26-02-2007). No AgRg no Ag 746.345/BA, 1ª Turma, Min. Luiz Fux, DJ 30-11-2006, foi afastada a responsabilidade do sócio. Foi citado como precedente "hipótese em que não restou comprovado que o sócio exercia atividade de gerência, sendo *a fortiori* irrelevante ter havido ou não dissolução irregular da empresa executada" (REsp. 645.262/SC, Rel. p/ Acórdão Min. José Delgado, DJ 06-02-2006). Nesses precedentes, foi afastada a responsabilidade do sócio (cotista) porque esse não "praticou atos de gestão", não tinha "função de gerência" e "não exercia atividade de gerência". Ao contrário do decidido pelo Superior Tribunal de Justiça, os sócios sem poderes de gestão são responsáveis no caso de conduta culposa na dissolução irregular da sociedade de pessoas (desde que preenchidos os demais critérios da norma).

Ainda no julgamento do EDcl no REsp. 864.956/PR, não há prova nos autos de que o sócio cotista exercia a gerência da pessoa jurídica devedora, já que a dissolução da sociedade ocorreu quando o sócio já havia se retirado da sociedade, conforme se lê no voto:

> O acórdão recorrido assevera que 'não há prova nos autos de que o apelado exercia a gerência da pessoa jurídica devedora' (fl.80), optando por manter a sentença que consignara que 'não pode o fisco [...] pretender alcançar a responsabilidade pessoal de sócio que, integrando a sociedade por quotas de responsabilidade limitada, com capital integralizado, não tinha poderes de gerência, sobretudo se não concorreu para infração à lei ou ao contrato social, porquanto já houvera se retirado da sociedade" (fls.50/51). Portanto, não exercendo o recorrido posição de gerência na sociedade ao tempo de quaisquer dos atos apontados como ensejadores de sua responsabilidade, qual seja, a dissolução irregular, razão não há para responsabilizá-lo subsidiariamente pelos débitos da mesma.' No caso concreto, relativamente à sócia Maria Domingas Milani Comar, o acórdão recorrido assevera que "para

> obter a responsabilização da sócia, cabia à apelada comprovar que esta praticou atos inerentes à gerência da pessoa jurídica" (fl. 184), concluindo que "ao não ter sido demonstrada a condição de sócia-gerente da apelante, a mesma deve ser excluída do polo passivo das execuções movidas pela Fazenda Pública do Estado do Paraná." (Fl. 184). Portanto, não exercendo a sócia em questão a posição de gerência na sociedade ao tempo de quaisquer dos atos apontados como ensejadores de sua responsabilidade, qual seja, a dissolução irregular, razão não há para responsabilizá-la subsidiariamente pelos débitos da mesma. (EDcl no REsp. 864.956/PR, Rel. Ministro Teori Albino Zavascki, 1ª Turma, j. 16-12-2008, DJe 04-02-2009).

Apesar do Superior Tribunal de Justiça ter acertadamente afastado a responsabilidade do ex-sócio (cotista), que à época da dissolução da sociedade já havia se retirado da sociedade, parte da *ratio decidendi* não está conforme a norma (art. 134, VII, CTN). Nessa hipótese, a responsabilidade do sócio decorre de culpa na dissolução irregular da sociedade e independe de poderes de administrador. Se a dissolução irregular aconteceu após a retirada do sócio esse não será responsabilizado pelos débitos por não ter praticado conduta culposa na dissolução irregular, e não por não ter poderes de gestão, vez que todos os sócios respondem nos casos de dissolução irregular da sociedade de pessoas, independentemente de poderes de gestão.

A jurisprudência do Superior Tribunal de Justiça oscila em matéria de responsabilidade tributária e, em alguns aspectos, não encontra fundamento de validade no direito positivo brasileiro, nos termos abordados neste e noutros tópicos deste trabalho. Outros aspectos pragmáticos serão averiguados no próximo capítulo.

6. A PROVA DA RESPONSABILIDADE TRIBUTÁRIA DO SÓCIO E DO ADMINISTRADOR: ÔNUS, PROCEDIMENTO E MOMENTO

No capítulo antecedente, foram descritas as normas de responsabilidade tributária do sócio (as normas gerais e abstratas fundadas no: i) art. 134, VII; ii) art. 135, I c/c 134, VII; iii) art. 135, III, todos do CTN) que preveem em seus antecedentes os critérios necessários para identificar o respectivo fato jurídico da responsabilidade tributária do sócio.

Oportuno lembrar que essas hipóteses de responsabilidade tributária são de caráter subjetivo, portanto, exigem prova da conduta culposa ou dolosa do sócio, já que não se trata de responsabilidade objetiva.

Adotando as premissas do constructivismo lógico-semântico, método científico utilizado neste trabalho, o fato jurídico deve ser constituído por linguagem competente, enunciada pela autoridade competente, mediante linguagem das provas, mais precisamente pela prova jurídica, constituída segundo as regras de direito positivo.[317]

---

317. TOMÉ, Fabiana Del Padre. *A prova no direito tributário:* de acordo com o Código de Processo Civil de 2015. 4ª ed. São Paulo: Noeses, 2016, p. 88.

A (i) relação jurídica tributária e a (ii) relação jurídica de responsabilidade tributária são instauradas por norma individual e concreta enunciadas, respectivamente, (i.a) pelo lançamento tributário (ato privativo da autoridade administrativa, art. 142, CTN) ou por ato do particular (lançamento por homologação, art. 150, CTN); e (ii.b) por ato administrativo de imposição de penalidade (ou auto de infração), de competência privativa da autoridade administrativa.

A norma individual e concreta, enunciada no ato administrativo de imposição de penalidade, deve relatar a ocorrência do evento que subsumiu ao antecedente da regra-matriz de responsabilidade tributária para constituir em linguagem o fato jurídico da responsabilidade tributária, formando o crédito tributário contra o responsável.

O ato administrativo de imposição de penalidade, integrante da dinâmica da positivação da norma jurídica geral e abstrata, para constituir validamente o fato jurídico da responsabilidade tributária do sócio, deverá ser motivado e instruído por prova jurídica, produzida por método probatório e linguagem prescrita pelo ordenamento jurídico.[318]

Ao presente estudo interessa a prova do fato jurídico da responsabilidade tributária do sócio, o ônus da prova, o procedimento e o momento de produção, que motiva o ato administrativo de imposição de penalidade para imputar a responsabilidade pelo crédito tributário do contribuinte (sociedade/pessoa jurídica) ao responsável (sócio e/ou sócio administrador).

6.1 Ônus da prova em matéria tributária

Segundo Eduardo Domingos Botalho, o ônus da prova cabe ao Fisco:

---

318. TOMÉ, Fabiana Del Padre. *A prova no direito tributário:* de acordo com o Código de Processo Civil de 2015. 4ª ed. São Paulo: Noeses, 2016, p. 88-89.

> Em realidade, seja na etapa precedente do lançamento, seja em face da impugnação deste pelo contribuinte, a Fazenda Pública tem o dever de demonstrar os fatos que se mostram próprios e juridicamente suficientes para fundamentar sua pretensão creditícia. Em outras palavras – e valendo-nos de expressão própria do processo judicial civil – incumbe à Fazenda o ônus da prova "quanto ao fato constitutivo de seu direito".[319]

Para Alberto Xavier, atualmente é concepção dominante que não há distribuição entre o Fisco e o contribuinte do ônus da prova no procedimento de lançamento tributário, pois o Fisco tem "um verdadeiro *encargo da prova* ou *dever de investigação*".[320] Segundo Fabiana Del Padre Tomé, ônus da prova é a distribuição do dever de provar, de modo que, em matéria tributária, não há que se falar em distribuição do ônus, pois a autoridade administrativa tem o dever de provar o fato jurídico tributário e o ilícito para constituir o crédito tributário:

> o ônus consiste no encargo ou responsabilidade de determinado comportamento, não se confundindo com o conceito de *obrigação*. Reveste os caracteres de uma faculdade, consistindo em permissão bilateral: o agir é necessário para alcançar certa finalidade; se inobservado, contudo, não acarreta punição, mas apenas o não atingimento do objetivo pretendido. A exigência do ônus pressupõe um direito subjetivo disponível, que pode ou não ser exercido, situação que não se verifica na esfera tributária, tendo em vista que os atos de lançamento e aplicação de penalidades pelo descumprimento de obrigações tributárias ou de deveres instrumentais competem ao poder público de modo privativo e obrigatório, tendo de fazê-lo com base nos elementos comprobatórios do fato jurídico e do ilícito tributário. Daí por que não tem a autoridade administrativa mero ônus de provar o fato jurídico ou o ilícito que dá suporte a seus atos, mas verdadeiro *dever* [...] A construção do fato no antecedente da norma administrativa individual e concreta, por meio das provas admitidas, constitui

---

319. BOTALHO, Eduardo Domingos. *Curso de processo administrativo tributário.* 2ª ed. São Paulo: Malheiros, 2009, p. 93.

320. XAVIER, Alberto. *Do lançamento no direito tributário brasileiro.* 3ª ed. Rio de Janeiro: Forense, 2005, p. 155-157.

> a própria motivação do ato administrativo, elemento sem o qual este não subsiste.[321]

O lançamento e o ato de aplicação da penalidade, nos termos prescritos pelo direito positivo, devem estar fundamentados na linguagem das provas. Instruído o ato administrativo com as provas do fato jurídico tributário ou do ilícito passa ao contribuinte o ônus da contraprova.[322] O sujeito passivo deverá produzir suas provas para contrapor as provas do Fisco especialmente na fase do contencioso administrativo,[323] instaurada pela impugnação administrativa, já que o procedimento antecedente ao ato administrativo tem natureza predominantemente inquisitória.

Leandro Paulsen, René Bergmann Ávila e Ingrid Schroder Sliwka, sobre a falta de anexação de provas no auto de infração, escrevem:

> Não só a ausência dos requisitos previstos no artigo 10 são causas de nulidade do auto de infração ou da notificação de lançamento. A norma do artigo 9º, que prevê a anexação de todos os documentos, no *caput* referidos, é impositiva, e a desobediência a esse mandamento (*... deverão estar instruídos com todos os...*) implica a nulidade do auto de infração, por dois fundamentos: *primeiro,* porque constitui desobediência a mandamento legal cogente; segundo, porque implica cerceamento de defesa, impedindo o sujeito passivo autuado de conhecer por completo a acusação, com todas as provas que alegadamente o tornariam devedor da quantia exigida.[324]

---

321. TOMÉ, Fabiana Del Padre. *A prova no direito tributário:* de acordo com o Código de Processo Civil de 2015. 4.ª ed. São Paulo: Noeses, 2016, p. 294.

322. Idem, p. 295.

323. Em sede administrativa, o contencioso tributário constituiu uma *continuação* ou a *antecipação*, ou, ainda, a *reabertura* do processo de lançamento, no sentido de que essa discussão é dotada da mesma natureza do processo de lançamento, que fica suspenso até sua decisão final, a qual constituirá o lançamento definitivo. (CAIS, Cleide Previtalli. *O processo tributário.* 6ª ed. São Paulo: RT, 2009, p. 214).

324. PAULSEN, Leandro; ÁVILA, René Bergmann; SLIWKA, Ingrid Schroder. *Direito processual tributário:* processo administrativo fiscal e execução fiscal à luz da doutrina e da jurisprudência. 4ª ed. Porto Alegre: Livraria do Advogado, 2007, p. 30.

Assim, cabe ao Fisco o dever de provar a ocorrência do fato cujos critérios estão descritos no antecedente da regra-matriz de responsabilidade tributária, constituindo o fato jurídico da responsabilidade tributária pela linguagem das provas.

6.2 Procedimento: o ato administrativo de aplicação de penalidade

O tributo deve ser "cobrado mediante atividade administrativa plenamente vinculada" (art. 3º, CTN) e o crédito tributário deve ser regularmente constituído pelo lançamento, mediante atividade administrativa plenamente vinculada (arts. 141 e 142, CTN), com observância do devido processo legal, do contraditório e da ampla defesa (art. 5º, LIV e LV, CRFB/1988).[325]

O CTN enuncia que o crédito tributário deve ser regularmente constituído (art. 141) e que o lançamento é ato privativo da autoridade administrativa:

> Art. 142. Compete privativamente à autoridade administrativa constituir o crédito tributário pelo lançamento, assim entendido o procedimento administrativo tendente a verificar a ocorrência do fato gerador da obrigação correspondente, determinar a matéria tributável, calcular o montante do tributo devido, identificar o sujeito passivo e, sendo caso, propor a aplicação da penalidade cabível.
>
> Parágrafo único. A atividade administrativa de lançamento é vinculada e obrigatória, sob pena de responsabilidade funcional.

Alberto Xavier, antes de propor a definição de lançamento, faz relevante abordagem distinguindo o lançamento do ato

---

325. Art. 5º. Todos são iguais perante a lei, sem distinção de qualquer natureza, garantindo-se aos brasileiros e aos estrangeiros residentes no País a inviolabilidade do direito à vida, à liberdade, à igualdade, à segurança e à propriedade, nos termos seguintes: [...] LIV – ninguém será privado da liberdade ou de seus bens sem o devido processo legal; LV – aos litigantes, em processo judicial ou administrativo, e aos acusados em geral são assegurados o contraditório e ampla defesa, com os meios e recursos a ela inerentes; (BRASIL. Constituição Federal (1988). Disponível em: http://www.planalto.gov.br/ccivil_03/Constituicao/Constituicao.htm Acesso em: 30 nov. 2018).

administrativo de aplicação de penalidade; ambos os atos materialmente administrativos, mas com natureza distinta:

> O lançamento aplica a *norma tributária material*, em cuja hipótese se integra um fato tributário e cujo mandamento se traduz na criação de uma obrigação tributária; ao invés, o ato de aplicação de uma pena fiscal concretiza a *norma penal tributária* por uma infração à lei fiscal e cujo mandamento se traduz na sanção correspondente. O primeiro é praticado no exercício da atividade tributária propriamente dita; o segundo, no exercício de uma função e de uma atividade sancionatória.
>
> É certo que lançamento – ato relativo a tributo – e auto de infração – ato relativo à penalidade – encontram-se por vezes formalmente confundidos no mesmo texto ou documento, que ora surge designado por um como por outro modo. [...] o auto de infração, praticado pelas autoridades fiscalizadoras, é verdadeiro ato de aplicação da penalidade tributária.[326]

A respeito do tema, Tácio Lacerda Gama avalia:

> Exercida a competência legislativa, teremos leis que estabelecem normas gerais e abstratas. Com o exercício da competência regulamentar, em sua plenitude, teremos condições de aplicar a norma, promovendo sua incidência no caso concreto. Essa competência é atribuída a agentes públicos que assumem prerrogativas de, na hipótese, traduzir para a linguagem do direito positivo os acontecimentos que estejam de acordo com o que prevê a hipótese das normas e, também, imputar os efeitos juridicamente previstos.
>
> O Código Tributário Nacional prevê duas modalidades fundamentais de instrumentos introdutores para promover a incidência de normas tributárias: o lançamento de ofício e o auto de infração.
>
> Esses instrumentos introdutores, que podem vir num único documento, servem para relatar a ocorrência de um fato e lhe imputar uma consequência, que é a relação jurídica tributária relativa ao pagamento do tributo. Já o auto de infração serve ao propósito de relatar a prática de infrações e imputar ao contribuinte, ou quem lhe faça as vezes, o dever de cumprir sanções.[327]

---

326. XAVIER, Alberto. *Do lançamento no direito tributário brasileiro.* 3ª ed. Rio de Janeiro: Forense, 2005, p. 58-59; 62.

327. GAMA, Tácio Lacerda. *Competência tributária:* fundamentos para uma teoria

No mesmo sentido escreve Eduardo Domingos Botalho, para quem o lançamento é ato administrativo de aplicação da norma tributária material ao caso concreto que pressupõe a ocorrência do *fato imponível* (fato gerador *in concreto*), enquanto "o auto de infração aponta a prática de ilícito fiscal, ao qual a ordem jurídica comina sanção pecuniária". Ou seja, "ambos materializam ato administrativo de aplicação de norma tributária ao caso concreto. Só que, além de apurar o valor e de identificar o contribuinte, o auto de infração qualifica-o como infrator e propõe a aplicação das penalidades cabíveis".[328] Da mesma forma esclarece Paulo César Bonilha:

> O lançamento é ato administrativo que possibilita a aplicação da lei material ao caso concreto, formalizando e definindo os elementos essenciais da obrigação tributária. Diversa é a natureza dos atos administrativos que aplicam normas tributárias penais. Embora muitas vezes apareçam justapostas em um mesmo documento (auto de infração e de imposição de multa, por exemplo), os atos de lançamento e de aplicação de penalidade são realidades jurídicas distintas, provenientes de procedimentos e de fundamentos específicos.[329]

Lançamento e ato de aplicação de penalidade, ambos atos materialmente administrativos, enunciam a norma individual e concreta no processo de positivação da regra-matriz de incidência tributária e da regra-matriz de responsabilidade tributária, respectivamente.

Alberto Xavier definiu o lançamento como o "ato administrativo de aplicação da norma tributária material que se traduz na declaração da existência e quantitativo da prestação tributária e na sua consequente exigência", tecendo as seguintes considerações:

---

da nulidade. 2ª ed. São Paulo: Noeses, 2011, p. 262-263.

328. BOTALHO, Eduardo Domingos. *Curso de processo administrativo tributário.* 2ª ed. São Paulo: Malheiros, 2009, p. 26.

329. BONILHA, Paulo Celso B. *A prova no processo administrativo tributário.* 2ª ed. São Paulo: Dialética, 1997, p. 45.

> A referência a *ato administrativo* visa esclarecer que o lançamento é um ato jurídico, que não um procedimento ou uma pluralidade de operações lógicas. Não se incluiu, porém, a menção ao procedimento que o antecede e prepara, posto não ser de verificação necessária, não pertencendo assim a essência do instituto. A qualificação do ato como administrativo visa também enquadrá-lo numa categoria bem definida, impedindo a caracterização como lançamento de atos dos particulares (como sucede no chamado "autolançamento") e de atos de autoridades judiciais.
>
> A identificação da norma aplicada pelo ato de lançamento como a *norma tributária material,* comum a todos os atos tributários, tem o alcance de excluir do conceito os atos administrativos que aplicam normas instrumentais e normas penais tributárias.
>
> Por sua vez, coloca-se o acento tônico da definição na ideia de *aplicação do direito*, suficientemente compreensiva para abranger, na sua unidade, as diversas operações exemplificativamente referidas no artigo 142 do Código Tributário Nacional, e que não passam de momentos lógicos do processo subsuntivo.
>
> Enfim, a referência expressa à natureza do direito que visa declarar o *direito à prestação tributária*, permite separá-lo de outros atos tributários, tendo por objeto a declaração de direitos e obrigações distintos, como os atos tributários negativos, os atos secundários e os atos de recusa de restituição de tributos.
>
> Estes são, na verdade, os traços que fixam a essência do conceito jurídico de lançamento, de tal sorte que quaisquer outros se revelam acidentais ou supérfluos. Entendemos notadamente que não quadra bem à definição jurídica de lançamento qualquer referência à efetivação no que tange à relação jurídica tributária, quer tal referência se exprima pelas noções de "constituição do crédito" ou de "formalização do crédito". Na verdade, só depois de determinado o que o lançamento é, faz sentido apurar quais os *efeitos que produz.*[330]

As considerações sobre o lançamento se aplicam ao ato de aplicação de penalidade, sendo esse ato administrativo indispensável para imputar ao sócio (responsável tributário) a sanção correspondente ao pagamento do crédito tributário, decorrente

---

330. XAVIER, Alberto. *Do lançamento no direito tributário brasileiro.* 3ª ed. Rio de Janeiro: Forense, 2005, p. 67-68.

da conduta ilícita, culposa ou dolosa conforme a hipótese, correspondente ao fato jurídico da responsabilidade tributária.

Sobre a obrigatoriedade do lançamento, Américo Masset Lacombe argumenta:

> A atividade do lançamento é, assim, conforme determina o parágrafo único deste artigo, vinculada e obrigatória. É vinculada aos termos previstos na lei tributária. [...] Essa atividade é obrigatória. Uma vez verificado pela Administração o nascimento do vínculo pessoal entre o sujeito ativo e o sujeito passivo (nascimento da obrigação tributária, *debitum, should*, relação de débito), estará ela obrigada a efetuar o lançamento. A hipótese de incidência da atividade administrativa será assim a ocorrência do fato imponível previsto na hipótese de incidência da lei tributária.[331]

O lançamento é necessário para constituir a relação jurídica tributária entre o Fisco e o contribuinte, assim como é indispensável o ato de aplicação de penalidade para imputar ao sócio a responsabilidade tributária, conforme explica Américo Masset Lacombe:

> Pelo sistema do Código, o lançamento, ao constituir a relação de responsabilidade (*obligatio, hatftung*, crédito tributário), identifica o sujeito passivo, individualizando a relação obrigacional, verificando quais aqueles que se enquadram nas condições previstas pela hipótese de incidência da lei, e faz surgir o vínculo patrimonial entre os sujeitos ativo e passivo.[332]

A formalização do lançamento, assim como do ato de aplicação de penalidade, é necessária para que o Estado exerça sua pretensão creditória e constitua o título com liquidez e certeza a embasar a cobrança do crédito via execução fiscal. É o que explica Mary Elbe Gomes Queiroz Maia:

---

331. MARTINS, Ives Gandra da Silva (Coord.). *Comentários ao Código Tributário Nacional*. v. 2. LACOMBE, Américo Masset (arts. 139 a 150). São Paulo: Saraiva, 1998, p. 289.

332. Idem, p. 288.

> A importância da formalização do lançamento para que o estado possa exercer a sua pretensão decorre do fato de que o respectivo instrumento adquire força e qualidades excepcionais, uma vez que o lançamento, após ser constituído unilateralmente pela Administração, reveste-se de certeza, liquidez e exigibilidade que o transformam em um título executivo extrajudicial com vista a que o credor (a Fazenda Pública) possa iniciar a respectiva cobrança executiva forçada contra o sujeito passivo.
>
> Surgida a pretensão do estado para que possa tornar-se efetiva, mister se faz acrescentar forma e requisitos de certeza, liquidez e exigibilidade ao crédito tributário, os quais são instrumentalizados por meio do lançamento tributário. [333]

A presunção de certeza e liquidez do lançamento pressupõe que esse seja fundamentado, conforme avalia Roque Antonio Carrazza:

> O lançamento, ato administrativo rigorosamente vinculado à lei, é fundamental para que o Poder Público possa satisfazer sua pretensão tributária. Uma vez produzido pelo agente público competente e dele tendo sido regularmente notificado o contribuinte, confere ao crédito tributário liquidez e certeza, tornando o tributo "atendível" (como quer Alberto Xavier) ou "pagável" (como preferimos nós) – isto é, em condições de ser satisfeito.
>
> Esta definição legal põe em destaque que o lançamento não faz nascer a obrigação tributária, mas apenas declara seu montante, seu valor. Neste contexto, é um ato de eficácia declaratória.
>
> Por isso mesmo, com base na lei, produz uma norma individual e concreta que explicita, para o contribuinte, o montante a pagar a título de tributo (*quantum debeatur*).
>
> Salientamos que, como ato administrativo que é, também o lançamento reveste-se da presunção de liquidez e certeza, até prova em contrário, ser produzida pelo contribuinte. Cuida-se, pois, de presunção *iuris tantum* ou *relativa*.
>
> Porque *relativa*, tal presunção exige que o ato administrativo de lançamento seja bem fundamentado, exatamente para que o contribuinte tenha efetiva possibilidade de, querendo, impugnar a pretensão fiscal, como, de resto, lhe faculta o artigo 145, I, do CTN.

---

333. MAIA, Mary Elbe Gomes Queiroz. *Do lançamento tributário:* execução e controle. São Paulo: Dialética, 1999, p. 17.

> Noutros termos, compete ao lançamento determinar a certeza e liquidez do tributo. Para tanto, deverá revestir-se de um mínimo de densidade descritiva, que permita ao contribuinte saber, com segurança, por que a exação lhe está sendo exigida e, em caso de *vício formal*, afastar, na própria sede administrativa, a pretensão do erário.[334]

Como o ato administrativo deve ser fundamento, a autoridade administrativa deve motivar o ato de imposição de penalidade demonstrando e provando que o sócio praticou o fato jurídico da responsabilidade tributária.

Em relação às modalidades de lançamento, o CTN enuncia que poderá ser: (i) por declaração (arta. 147 e 148, CTN); (ii) de ofício (art. 149, CTN) e (iii) por homologação ou "autolançamento" (art. 150, CTN). Como já visto, lançamento é ato privativo da autoridade administrativa; então só existe lançamento de ofício e por declaração. No caso do "autolançamento", não há que se falar em lançamento, mas sim em ato do particular de aplicação do direito tributário ao caso concreto, nos termos da legislação tributária.

No direito brasileiro, o Fisco e o sujeito passivo são competentes para emitir a norma individual e concreta relativa à persecução tributária através do "lançamento tributário" pela autoridade administrativa e "autolançamento" pelo sujeito passivo, respectivamente.[335] Grande parte dos tributos é apurada pelo sujeito passivo (contribuinte e responsável *lato sensu*) através das declarações apresentadas ao Fisco (deveres instrumentais), mas essas declarações estão, em regra, relacionadas ao relato do fato jurídico tributário correspondente à regra-matriz de incidência tributária. Elas não são utilizadas pelo responsável tributário para relatar em linguagem o fato ilícito correspondente ao fato da responsabilidade tribu-

334. CARRAZZA, Roque Antonio. *Curso de direito constitucional tributário*. 19. ed. São Paulo: Malheiros, 2003, p. 389-390.

335. CARVALHO, Paulo de Barros. *Curso de direito tributário*. 26. ed. São Paulo: Saraiva, 2014, p. 354-355.

tária do sócio. Esse fato, então, deverá ser descrito em linguagem pela autoridade administrativa via ato de imposição de penalidade (auto de infração), vez que não será possível aplicar a norma da responsabilidade tributária do sócio por ato do particular, vez que na declaração do sujeito passivo não consta o relato do fato jurídico da responsabilidade tributária, mas apenas do fato jurídico tributário.

O lançamento terá eficácia "quando contiver todos os elementos exigidos para a sua eficácia e que consubstanciam a sua essência, como previstos no art. 142, *caput,* do CTN, identificando-se tal momento com a lavratura do auto de infração ou a expedição de notificação de lançamento", exigindo, inclusive, "a ciência do sujeito passivo por meio de intimação", conforme afirma Mary Elbe Queiroz Maia.[336] Isso se aplica integralmente ao ato de imposição de penalidade contra o sócio (responsável).

Como a identificação do sujeito passivo no lançamento é obrigatória, para constituir o crédito validamente contra o responsável tributário, é indispensável que o sócio seja identificado no auto de infração. O fato jurídico da responsabilidade tributária do sócio deve ser descrito pela autoridade competente no ato administrativo mediante linguagem das provas.

Considerando que o lançamento tributário aplica norma tributária e o auto de infração norma sancionatória, o ato administrativo que imputar ao sócio a sanção de pagar o crédito tributário terá natureza de auto de infração (ou "ato de aplicação de penalidade" na expressão de Alberto Xavier).

A descrição do fato jurídico da responsabilidade tributária deve estar embasada na linguagem das provas. O Decreto n. 70.235/1972, que trata do processo administrativo tributário federal, prescreve:

---

336. MAIA, Mary Elbe Gomes Queiroz. *Do lançamento tributário:* execução e controle. São Paulo: Dialética, 1999, p. 41.

> Art. 9º, *caput*. A exigência do crédito tributário e a aplicação de penalidade isolada serão formalizados em autos de infração ou notificações de lançamento [...] deverão estar instruídos com todos os termos, depoimentos, laudos e demais elementos de prova indispensáveis à comprovação do ilícito.[337]

Conforme argumenta Roque Antonio Carrazza, "enquanto lança ou lavra o auto de infração, o Fisco tem o *dever da imparcialidade*, limitando-se a sopesar o ato ou fato que vai oficialmente declarar subsumido, respectivamente, a hipótese de incidência do tributo ou ao *tipo penal tributário*".[338] Tal assertiva, como não poderia ser diferente, se aplica integralmente à responsabilidade tributária do sócio.

Apurado o crédito tributário e imputada a penalidade contra o sócio, esse deverá ser validamente notificado para que o ato de aplicação de penalidade tenha eficácia (artigo 145, CTN)[339] e para que possa exercer seu direito constitucional ao contraditório e à ampla defesa.

Importante distinguir o ato de imposição de penalidade (produto) e a respectiva notificação ao sujeito passivo. Concluído o procedimento de fiscalização (processo), a autoridade administrativa lavrará o ato administrativo de aplicação de penalidade (produto) e notificará o sujeito passivo/responsável (processo), dando-lhe ciência do conteúdo do ato administrativo (produto). A notificação válida é "processo" indispensável para dar eficácia e validade ao ato administrativo (produto), pois o CTN enuncia "lançamento regularmente notificado ao sujeito passivo" (art. 145 do CTN), pois "o ato de

---

337. BRASIL. Disponível em http://www.planalto.gov.br/CCIVil_03/decreto/D70235cons.htm. Acesso em: 04 set. 2018.

338. CARRAZZA, Roque Antonio. *Curso de direito constitucional tributário*. 19. ed. São Paulo: Malheiros, 2003, p. 411.

339. BRASIL. Código Tributário Nacional. [...] Capítulo II – Constituição de Crédito Tributário, Seção I – Lançamento: Artigo 145. O lançamento regularmente notificado ao sujeito passivo só pode ser alterado em virtude de: I – impugnação do sujeito passivo; II – recurso de ofício; III – iniciativa de ofício da autoridade administrativa, nos casos previstos no artigo 149.

intimação é vital e considerado imprescindível à consumação do lançamento". A intimação é "um ato autônomo e a *posteriori,* que abre a possibilidade do exercício da ampla defesa, pois a partir desse momento começa a fluir o prazo para que seja oposta impugnação ao lançamento, garantindo-se assim o contraditório", conforme explica Mary Elbe Queiroz Maia.[340]

No mesmo sentido, Alberto Xavier avalia que "certo é que em qualquer das hipóteses a notificação configura-se como requisito de perfeição do lançamento, o qual deve, portanto, considerar-se com um *ato receptício*".[341]

O Superior Tribunal de Justiça já decidiu:

> [...] até que o sujeito passivo seja notificado, o auto de infração carece de eficácia, como título hábil para afastar a decadência do direito de constituir crédito tributário (RESP. 73.594/PR). [...] o lançamento se termina e ganha contornos definitivos, a partir de quando o sujeito passivo recebe notificação (CTN, artigo 145). Antes da notificação, o crédito tributário continua *in fieri*. O lançamento efetivado mediante auto de infração somente ganha contornos definitivos para o Fisco, a partir de quando o sujeito passivo é intimado.

No âmbito do lançamento e ato de aplicação da penalidade tem sido lavrado termo de responsabilidade solidária contra os imputados, que são cientificados com cópia do auto de infração e do termo de verificação fiscal ou relatório fiscal, onde constam os motivos fático-jurídicos do lançamento.[342]

Como se depreende do Relatório Analítico de Jurisprudência do Conselho Administrativo de Recursos Fiscais (CARF),

---

340. MAIA, Mary Elbe Gomes Queiroz. *Do lançamento tributário:* execução e controle. São Paulo: Dialética, 1999, p. 41.

341. XAVIER, Alberto. *Do lançamento no direito tributário brasileiro.* 3ª ed. Rio de Janeiro: Forense, 2005, p. 204.

342. TEIXEIRA Alexandre Alkimim et al. Responsabilidade. SANTI, Eurico Marcos Diniz; VASCONCELOS, Breno Ferreira Martins; SILVA, Daniel Souza Santiago da; DIAS, Karem Jureidini; HOFFMANN, Susy Gomes. *Repertório analítico de jurisprudência do Carf.* São Paulo: Fundação Getúlio Vargas, 2016, p. 30.

o fato de os responsabilizados poderem exercer seu direito de defesa no processo administrativo fiscal (impugnação e recursos) era reconhecido pela maioria dos acórdãos do CARF e da CSRF do CARF: "Nesse sentido, os acórdãos n. 1401-00.047 (j. em 13.05.2009), n. 1302-00.329 (j. em 04/08/2010); n. 1401-00.428 (j. em 26.01.2011), n. 1201-00.366 (j. em 05/12/2010), CSRF/01-05.543 (j. em 19.12.2006), n. 9101-00.439 (j. em 04.11.2009)". O acórdão n. 1302-00.006 (j. em 29/7/2007), apesar de reconhecer o direito de impugnação e de recurso ao responsabilizado solidariamente com apoio no Parecer Cosit n. 9/2004, entendeu que a responsabilização solidária é estranha ao processo administrativo, devendo ser reservada à execução fiscal, razão pela qual deixou de analisá-la.[343]

O entendimento majoritário foi acolhido na Súmula CARF n. 71: "todos os arrolados como responsáveis tributários na autuação são parte legítima para impugnar e recorrer acerca da exigência do crédito tributário e do respectivo vínculo de responsabilidade." (Vinculante, conforme Portaria MF n. 277, de 07.06.2018, *DOU* de 08.06.2018).[344] A Súmula enuncia que todos os arrolados como responsáveis são parte legítima para impugnar e recorrer, mas não que é obrigatória a identificação dos responsáveis no ato de aplicação de penalidade, nos termos defendidos neste trabalho.

Consta ainda no relatório de jurisprudência do CARF:

> Na ausência de enfrentamento da impugnação relativa aos responsabilizados solidariamente, há acórdão do CARF decretando a anulação do acórdão da Turma da DRJ. É o acórdão n. 1302-00.329 (j. em 4/8/2010). Nele foi consignado que os responsabilizados podem ser trazidos aos autos somente na fase de execução,

---

343. TEIXEIRA Alexandre Alkimim et al. Responsabilidade. SANTI, Eurico Marcos Diniz; VASCONCELOS, Breno Ferreira Martins; SILVA, Daniel Souza Santiago da; DIAS, Karem Jureidini; HOFFMANN, Susy Gomes. *Repertório analítico de jurisprudência do Carf.* São Paulo: Fundação Getúlio Vargas, 2016, p. 30.

344. Disponível em: http://idg.carf.fazenda.gov.br/jurisprudencia/sumulas-carf/quadro-geral-de-sumulas-1 Acesso em: 19 jan. 2019.

> mas, identificados na autuação, cabe-lhes o direito ao contraditório e à ampla defesa, sendo nula a decisão recorrida.
>
> Nos demais acórdãos pesquisados (envolvendo responsabilidade solidária por interesse comum e/ou fraude), a decisão foi para retorno dos autos à Turma da DRJ para o enfrentamento das questões desafiadas pelos responsabilizados. São os acórdãos n. 1401-00.047, n. 1401-00.428, n. 1201-00.366, CSRF/01-05.543, n. 9101-00.439 listados acima. No acórdão CSFR/01-05.543, foi deduzido que não é possível se imputar a responsabilidade só na fase da execução, por não ser caso de sucessão ou transferência para redirecionamento da cobrança por fato superveniente.
>
> A falta de intimação do acórdão de segunda instância (no caso, da 5ª Câmara do artigo 1º Conselho de Contribuintes) implicou a 1ª Turma da CSRF a decretar a nulidade daquele acórdão, e determinar o retorno dos autos à segunda instância para novo julgamento, com apreciação das alegações de defesa dos responsabilizados solidariamente (o acórdão de segunda instância não analisara as razões trazidas pelos responsabilizados solidariamente). Dessa forma, a 1ª Turma da CSRF deixou de analisar as razões do recurso especial por perda do objeto. São os acórdãos CSRF/01-05.093, CSRF/01-05.904, CSRF/01-05.905, todos julgados em 23/07/2008.
>
> Por ausência de intimação do acórdão da Turma da DRJ aos responsabilizados solidariamente, a 3ª Turma da CSRF declarou a nulidade de todos os atos processuais ocorridos a partir daquela decisão, determinando-se o retorno à DRF de origem para que todos os responsabilizados sejam cientificados e, querendo, apresentem recurso voluntário. São os acórdãos CSRF/03-05.551, CSRF/03-05.556, CSRF/03-05.559 – julgados em 13.11.2007 - CSRF/03-06.267, CSRF/03-06.268 CSRF/03-06.269 – julgados em 09.12.2008.[345]

Como visto, no âmbito do CARF, apesar do entendimento consolidado (Súmula 71) da obrigatoriedade de intimação de todos os sujeitos passivos autuados (contribuinte e responsável), ainda não foi pacificada a questão relativa à obrigatoriedade ou não de inclusão dos responsáveis no lançamento/auto

---

345. TEIXEIRA Alexandre Alkimim et al. Responsabilidade. SANTI, Eurico Marcos Diniz; VASCONCELOS, Breno Ferreira Martins; SILVA, Daniel Souza Santiago da; DIAS, Karem Jureidini; HOFFMANN, Susy Gomes. *Repertório analítico de jurisprudência do Carf.* São Paulo: Fundação Getulio Vargas, 2016, p. 31.

de infração, vez que em alguns acórdãos o Conselho decidiu que a responsabilidade tributária é matéria a ser analisada apenas na execução fiscal.

Nos termos aqui expostos, o ato de aplicação de penalidade deve ser lavrado contra o responsável. Notificado validamente o sócio, na condição de responsável tributário, estará constituído regularmente o crédito tributário, sendo revestido o ato de imposição de penalidade da eficácia necessária para a cobrança do crédito. Ocorrerá a constituição definitiva do crédito após transcurso do prazo para impugnação ou após decisão final no processo administrativo tributário, que se instaura com a impugnação administrativa.[346] Transcorrido o prazo para impugnação administrativa ou ao final do processo administrativo tributário com a manutenção da autuação em desfavor do sócio, ter-se-á a constituição definitiva do crédito tributário, viabilizando a inscrição do crédito em dívida ativa e expedição de Certidão de Dívida Ativa (CDA), que pressupõe a constituição regular do crédito com observância do devido processo legal, para viabilizar a cobrança do crédito tributário contra o sócio via processo de execução fiscal (art. 201, CTN).[347]

Não resta dúvida quanto à obrigatoriedade do ato de imposição de penalidade para exigir do sócio o crédito tributário na condição de responsável. Ele deve ser identificado como sujeito passivo no ato administrativo e na respectiva notificação, ser validamente notificado para que o ato tenha eficácia

346. O contencioso administrativo tributário é "a controvérsia entre o contribuinte e o Fisco a propósito da existência, das características ou do montante da obrigação tributária" (Rubens Gomes de Souza). "Em sede administrativa, o contencioso tributário constituiu uma *continuação* ou a *antecipação*, ou, ainda, a *reabertura* do processo de lançamento, no sentido de que essa discussão é dotada da mesma natureza do processo de lançamento, que fica suspenso até sua decisão final, a qual constituirá o lançamento definitivo". (CAIS, Cleide Previtalli. *O processo tributário*. 6ª ed. São Paulo: RT, 2009, p. 214).

347. BRASIL. Código Tributário Nacional. "Artigo 201. Constitui dívida ativa tributária a proveniente de crédito dessa natureza, regularmente inscrita na repartição administrativa competente, depois de esgotado o prazo fixado, para pagamento, pela lei ou por decisão final proferida em processo regular".

e interromper o prazo decadencial. Além disso, o ato deve motivadamente relatar mediante a linguagem das provas a ocorrência do fato jurídico da responsabilidade tributária do sócio.

6.3 O momento da prova e a aplicação da penalidade contra o sócio

O fato jurídico da responsabilidade tributária poderá ocorrer concomitantemente ou em momento diverso do fato jurídico tributário. O critério temporal da responsabilidade tributária do sócio poderá ser antecedente, concomitante ou posterior, conforme a hipótese legal de responsabilidade tributária e/ou o caso concreto. Cabe registrar que o fato jurídico da responsabilidade é o marco inicial do prazo decadencial para lavratura do ato administrativo de imposição de penalidade contra o sócio.

A norma individual e concreta, positivando a regra-matriz de incidência tributária, pode ser enunciada por (i) lançamento, ato privativo da autoridade administrativa; ou (ii) ato do particular ("autolançamento" ou "lançamento por homologação"). Nesses casos, a norma individual e concreta, relatando a ocorrência do fato que subsumiu ao antecedente da regra-matriz de incidência, constituiu o fato jurídico tributário (fato lícito).

A norma de responsabilidade tributária do sócio, por sua vez, deverá ser positivada por norma individual e concreta de competência privativa da autoridade administrativa (ato de aplicação de penalidade). Como o critério temporal da responsabilidade tributária do sócio poderá ser antecedente, concomitante ou posterior ao fato jurídico tributário, o ato de aplicação e penalidade poderá (i) dispensar o lançamento, aplicando a norma tributária (que resultará na apuração do crédito tributário) e a norma sancionatória, identificando o sócio como responsável e sancionando-o com a atribuição da responsabilidade pelo pagamento do crédito; (ii) valendo-se do relato do fato tributário (no lançamento ou no ato do particular), que resultou em crédito tributário constituído contra o contribuinte, relatar o fato ilícito da responsabilidade tributária e atribuir a responsabilidade ao sócio. Na segunda hipótese ocorrerá a ineficácia do lançamento ou ato do particular em relação ao contribuinte, vez que a responsabilidade tributária do sócio será subsidiária (art. 134, CTN) ou pessoal (art. 135, CTN).

Na prática, é comum verificar que dos sócios exige-se o crédito tributário, decorrente dos fatos jurídicos tributários realizados pelas sociedades onde figuram como sócio ou sócio administrador, sem que exista um ato administrativo de aplicação de penalidade. Esta situação é facilmente constatada em execuções fiscais lastreadas em créditos constituídos pelo "lançamento por homologação", onde o sócio apenas consta na CDA, sem nenhuma motivação e prova do fato da responsabilidade tributária, vez que na declaração do contribuinte não há espaço para o relato de fatos ilícitos, mas apenas do fato tributário. Nos casos de créditos constituídos por ato do particular deve-se, na realidade, presumir que não existe ato de aplicação de penalidade relatando e provando que o sócio realizou o fato jurídico da responsabilidade tributária.

Caso o auto de infração tenha sido antecedido de procedimento de fiscalização, é possível que o ato administrativo tenha sido motivado pela verificação da ocorrência do fato da responsabilidade tributária do sócio. As provas devem instruir o ato de aplicação de penalidade. Se não foi antecedido de procedimento fiscalizatório, provavelmente o ato não estará motivado para atribuir a responsabilidade ao sócio.

A autoridade administrativa tem o dever de provar que o sócio realizou o fato jurídico da responsabilidade tributária, lavrando o ato de aplicação de penalidade, para imputar-lhe validamente a sanção de pagar o crédito tributário.

Tercio Sampaio Ferraz Junior ressalta:

> [...] não obstante a qualificação e os princípios de balizamento, a decisão não emerge automaticamente da subsunção do caso à norma. Há ainda o requisito da prova. [...] a questão da prova

> é vista como problema interno do sistema. É o próprio sistema que determina as condições temporais, limitando prazos, dizendo até quando os fatos ocorridos poderão ser invocados como fundamentos etc. E o próprio sistema confere validade aos procedimentos probatórios, de onde a expressão usual em que se reclama a possibilidade, num processo, de utilização de todas 'as provas admitidas em direito'.[348]

É o próprio sistema do direito positivo que estabelece os critérios para que sejam reconhecidos nexos causais entre fatos e direitos no plano concreto.

Como mencionado, a responsabilidade tributária deve ser atribuída por ato de aplicação de penalidade contra o sócio, mas o fato jurídico da responsabilidade tributária pode ocorrer concomitantemente ao fato jurídico tributário ou em momento diverso, de acordo com o caso concreto e a espécie de responsabilidade (pessoal ou subsidiária). O fato jurídico deverá ser relatado pela linguagem das provas, observando o procedimento e o momento delimitados pelo sistema do direito positivo.

Segundo Fabiana Del Padre Tomé,

> o sistema do direito positivo indica os momentos em que os fatos podem ser constituídos mediante produção probatória", fornecendo limites dentro dos quais a verdade será produzida, prescrevendo sejam tomadas como verídicas as situações verificadas no átimo e forma legais, independentemente de sua relação com o mundo das coisas.

A prova ingressa na relação jurídica tributária conforme estabelecido pelo próprio ordenamento jurídico, pois "nada ingressa no sistema do direito que não seja pelo modo por ele próprio prescrito",[349] ou seja, através da forma normativa.

---

348. FERRAZ JUNIOR, Tercio Sampaio. *Introdução ao estudo do direito*. 9. ed. São Paulo: Atlas, 2016, p. 281-283.

349. TOMÉ, Fabiana Del Padre. *A prova no direito tributário*. 3ª ed. São Paulo: Noeses, 2012, p. 16-17.

Independentemente do momento da ocorrência do fato da responsabilidade do sócio (antes, concomitante ou posterior ao fato tributário), o regime jurídico para constituir o crédito e imputar responsabilidade é um só, exigindo ato administrativo aplicando o direito para instaurar a relação jurídica entre Fisco e responsável.

6.4 Constituição e cobrança do crédito tributário contra os sócios e o administrador

O ato de imposição de penalidade contra o sócio terá como efeito constituir o crédito e instaurar a relação jurídica de responsabilidade entre Fisco e responsável, viabilizando a cobrança do crédito tributário contra o sócio. Porém, existe uma relevante controvérsia em relação ao órgão competente para atribuir a responsabilidade tributária ao sócio: seria a autoridade administrativa ou a Procuradoria da Fazenda?

Fernando Brasil de Oliveira Pinto, em artigo sobre a apuração da responsabilidade tributária dos representantes legais de empresas no processo administrativo federal, observa:

> Embora ainda não se configure como praxe, nos últimos anos a atuação da RFB na identificação e imputação de responsabilidade a terceiros vem aumentando gradativamente.
>
> Em regra, a imputação da responsabilidade vem sendo efetivada mediante a lavratura de termos de responsabilidade nos quais se identifica o responsável e relatam-se os fatos que levam a tal conclusão.
>
> Insurgindo-se contra esse procedimento, a maioria dos imputados rebate a exigência na impugnação dirigida às Delegacias Regionais de Julgamento da RFB – DRJ.
>
> Historicamente as DRJ vinham declinando de sua competência para análise dessa matéria. Como exemplo, veja-se o Acórdão n. 10-9956 em que se decidiu pela ausência de previsão legal para discussão da responsabilidade tributária no processo administrativo fiscal, haja vista tal análise ser de competência da Procuradoria da Fazenda Nacional – PGFN. No mesmo sentido

> também os Acórdãos n. 10-6421, 10-5730, 10-5694, 10-5148, 10-4373, 10-4345 e 10-3978.
>
> No Conselho Administrativo de Recursos Fiscais – Carf, há algumas correntes a respeito do tema: em certas decisões enfrenta-se a questão; noutras, não. Em relação às teses aplicadas pelas correntes que conhecem dos recursos interpostos, há duas vertentes distintas: as que enfrentam o mérito sobre a escorreita imputação de responsabilidade e as que simplesmente a anulam. Tanto a decisão de anular os efeitos do termo lavrado como a de não conhecer do recurso interposto possuem este fundamento: a competência para atribuição de responsabilidade tributária é da PGFN, e não da RFB. [350]

Como relata Fernando Brasil de Oliveira Pinto, o CARF vinha decidindo que a competência para inclusão dos responsáveis na CDA é da PGFN e, por isso (i) não conhecia dos recursos apresentados pelos responsáveis, ou (ii) anulava as autuações feitas pela RFB contra os responsáveis, por entender se tratar de competência da PGFN; em ambos os casos tangenciando o mérito da responsabilidade tributária.[351]

---

350. PINTO, Fernando Brasil de Oliveira. A apuração da responsabilidade tributária dos representantes legais de empresas no processo administrativo fiscal federal. *Revista Dialética de Direito Tributário*, São Paulo, n. 198, mar. 2012, p. 75-76.

351. No âmbito do Carf, a maioria dos julgados sobre o tema tem esposado o mesmo entendimento. A tese que embasa essas decisões conclui que a competência para inclusão dos responsáveis na CDA é a PGFN, como, por exemplo, no julgamento referente ao Acórdão n. 101-96.565. Essa tese, em princípio, encontra respaldo na jurisprudência do STJ, pois em inúmeros acórdãos o referido Tribunal decidiu ser possível a inclusão de responsáveis após ajuizamento da execução fiscal, como, por exemplo, no julgamento do REsp. n. 702.232/RS. Considerando-se o disposto no artigo 12, I, II e V, da Lei Complementar n. 75/1993, no que concerne à CDA e sua ação de cobrança, mostra-se inequívoca a competência da PGFN quanto à matéria em tela. A questão que se coloca é se a competência para inclusão de responsável na CDA é exclusiva da PGFN, impossibilitando que a RFB a formalize, sob pena, inclusive, de nulidade dos atos praticados nesse sentido. No relato do voto condutor do Acórdão n. 101-95.692, a conselheira Sandra Faroni expõe com clareza os principais fundamentos sobre o tema. Assevera que o auto de infração tem por objetivo a formalização de um título de crédito extrajudicial que, se for o caso, instrumentalizará uma futura execução fiscal, a CDA, na qual deverá conter, entre outras indicações, a identificação do devedor e dos corresponsáveis. Aduz que compete à PGFN indicar os corresponsáveis no momento da inscrição, ou mesmo posteriormente, prescindindo de qualquer ato praticado pela fiscalização nesse sentido, como, por exemplo, os denominados "Termos de Declaração de Sujeição Passiva Solidária".

Alberto Xavier distingue as competências dos órgãos administrativos de fiscalização, órgãos de lançamento e órgãos de julgamento:

> O ato de lançamento é privativo da autoridade administrativa. Sucede que, no âmbito da administração fazendária, tem-se procedido, em certos países, a uma distinção entre órgãos de lançamento, órgãos de fiscalização a órgãos de julgamento, de modo a reservar aos primeiros (de que constituem exemplos os Auditores Fiscais da Receita Federal) a competência para a prática dos atos tributários primários de aplicação de lei tributária material nos casos concretos.
>
> Os órgãos de fiscalização têm por missão específica o exercício da função de controle, de cumprimento das obrigações tributárias dirigida a uma pluralidade de situações, independente do eventual lançamento dos tributos em casos individualizados.
>
> Enfim, os órgãos de julgamento têm como competência exclusiva a prática de atos tributários secundários, consistentes na apreciação da legalidade dos atos primários praticados pelos órgãos de lançamento, em razão de impugnação pelos particulares. Tais órgãos restringem-se à aludida revisão, sendo materialmente incompetentes para a prática de atos de lançamento. É o que entre nós se passa, em matéria de tributos federais, com as Delegacias da Receita Federal de Julgamento e com os Conselhos de Contribuintes.[352]

Desse modo, a apreciação da defesa relativa aos referidos termos seria inócua, pois, em qualquer que fosse a decisão na inscrição, competiria exclusivamente à PGFN tanto ajuizar a execução fiscal quanto incluir os corresponsáveis no termo de inscrição em dívida ativa da União. Considerando que a competência para análise da corresponsabilidade não seria do Carf, a matéria não faria coisa julgada perante a Fazenda Nacional e a apreciação da Câmara seria meramente opinativa. Por fim, conclui que a disposição contida no artigo 9º, II, da LGPA teria que ser analisada dentro dos seus limites, pois, de acordo com a interpretação do referido dispositivo, os interessados teriam legitimidade somente para ingressar nos autos e tentar desconstituir o crédito tributário lançados, sem contudo, poderem requerer a exclusão de sua condição de responsáveis solidários, matéria afeta à cobrança. Conforme já ressaltado, há uma segunda corrente: a que conhece dos recursos interpostos e anula os termos de responsabilidade lavrados. As decisões adotadas baseiam-se na já referida tese de que a competência para essa formalização de responsabilidade é da PGFN. Como exemplo, pode-se citar o Acórdão n. 101-96564 [...] (PINTO, Fernando Brasil de Oliveira. A apuração da responsabilidade tributária dos representantes legais de empresas no processo administrativo fiscal federal. *Revista Dialética de Direito Tributário*, São Paulo, n. 198, mar. 2012, p. 76-78).

352. XAVIER, Alberto. *Do lançamento no direito tributário brasileiro*. 3ª ed. Rio de Janeiro: Forense, 2005, p. 64-65.

O lançamento e o ato de imposição de penalidade são atos administrativos, portanto, de competência exclusiva da autoridade administrativa. Somente após a constituição definitiva do crédito esse será encaminhado para inscrição em dívida ativa e cobrança via execução fiscal, nos termos do CTN.

A competência para inscrição em dívida ativa é da Procuradoria da Fazenda (Nacional, Estadual, Municipal e Distrital), mas pressupõe a prévia constituição regular do crédito conforme a interpretação sistêmica. O CTN (arts. 201 e 204)[353] exige que o crédito tributário seja constituído em "processo regular", ou seja, observe o devido processo legal, exige a identificação do sujeito passivo no lançamento e sua notificação (arts. 142 e 145, CTN). Conforme observa Leandro Paulsen, aos Procuradores da Fazenda Nacional compete o controle da legalidade do lançamento que constituiu o crédito tributário e, caso não haja nenhuma irregularidade, devem efetuar a inscrição em dívida ativa.[354]

Nos termos da Lei Complementar n. 73/1993, à Procuradoria-Geral da Fazenda Nacional compete "apurar a liquidez e certeza da dívida ativa da União de natureza tributária, inscrevendo-a para fins de cobrança amigável ou judicial" (art. 12, I). Ou seja, tem competência para controlar a legalidade do lançamento que constitui o crédito e inscrever o crédito apurado pelo lançamento em dívida ativa, cabendo privativamente à autoridade administrativa constituir o crédito (RFB, receitas estaduais e municipais) e identificar o sujeito passivo, lavrando o auto de infração contra o sócio responsável

353. BRASIL. Código Tributário Nacional. Capítulo II – Dívida Ativa: Art. 201. Constitui dívida ativa tributária a proveniente de crédito dessa natureza, regularmente inscrita na repartição administrativa competente, depois de esgotado o prazo fixado, para pagamento, pela lei ou por decisão final proferida em processo regular. [...] Art. 204. A dívida regularmente inscrita goza da presunção de certeza e liquidez e tem o efeito de prova pré-constituída.

354. PAULSEN, Leandro. *Direito tributário:* Constituição e Código Tributário nacional à luz da doutrina e da jurisprudência. 12. ed. Porto Alegre: Livraria do Advogado, 2010, p. 1.274.

tributário, como pressuposto de constituição regular do crédito para posterior inscrição em dívida ativa. Prescreve o art. 2º, §3º da Lei de Execuções Fiscais (LEF) que "a inscrição, que se constitui no ato de controle administrativo da legalidade, será feita pelo órgão competente para apurar a liquidez e certeza do crédito [...]".

Ao comentar o dispositivo, Leandro Paulsen destaca:

> Não se confundem a constituição do crédito com a sua inscrição em dívida ativa. O crédito, devidamente apurado, caso seja satisfeito pelo devedor quando notificado para o pagamento, sequer chega a ser inscrito em dívida ativa. Inscreve-se dívida já apurada e notificada ao devedor, que não a tenha pago *(sic)*. Ou seja, a inscrição pressupõe a existência de crédito devidamente constituído e que seja em aberto.[355]

Conclui-se, que, nos termos das normas gerais em matéria de legislação tributária enunciadas no CTN, compete à autoridade administrativa constituir o crédito, inclusive identificando o sujeito passivo (contribuinte e responsável). Após a constituição definitiva do crédito, mediante processo regular, caberá às Procuradorias das Fazendas inscrever o crédito já constituído contra o sócio em dívida ativa, expedir a CDA e ajuizar a execução fiscal para buscar bens do sócio visando satisfazer o crédito tributário.

Nesse sentido recentemente decidiu o Conselho Administrativo de Recursos Fiscais, ao anular lançamento no qual o responsável não foi regularmente notificado:

> Número do Processo 19563.000083/2007-74
>
> Contribuinte CLEAN GESTÃO AMBIENTAL SERVIÇOS GERAIS EIRELI
>
> Tipo do Recurso RECURSO VOLUNTÁRIO

---

355. PAULSEN, Leandro; ÁVILA, René Bergmann; SLIWKA, Ingrid Schroder. *Direito processual tributário:* processo administrativo fiscal e execução fiscal à luz da doutrina e da jurisprudência. 4ª ed. Porto Alegre: Livraria do Advogado, 2007, p. 182.

Data da Sessão 08.12.2015

Relator (a) LUCIANA DE SOUZA ESPINDOLA REIS

N. Acórdão 2301-004.372

Ementa(s) Assunto: Contribuições Sociais Previdenciárias Período de apuração: 01/01/1999 a 31/12/2004

RESPONSABILIDADE TRIBUTÁRIA SOLIDÁRIA. AUSÊNCIA DE NOTIFICAÇÃO DO SUJEITO PASSIVO. NULIDADE DO LANÇAMENTO. OCORRÊNCIA.

É dever legal e constitucional da Administração Tributária proceder à notificação de todos os responsáveis solidários pelo crédito tributário constituído, de modo que, no presente caso, ao deixar de cientificá-los do lançamento, restou violada a garantia constitucional do devido processo legal, e por consequência, cerceado o direito de defesa dos interessados na condição de responsáveis solidários pelo crédito ora discutido. Portanto, tal vício não pode ser sanado, eis que a intimação dos responsáveis tributários quando solidários é requisito intrínseco à validade do lançamento, a qual deve ser perfectibilizada dentro do prazo decadencial, de modo que o presente não subsiste por vício que acarreta a nulidade do mesmo. (Recurso Voluntário Provido. Decisão Vistos, relatados e discutidos os presentes autos. Acórdão os membros do Colegiado, por maioria de votos, dar provimento ao recurso voluntário para reconhecer nulidade do lançamento. Vencidos a relatora e os conselheiros Julio Cesar Vieira Gomes e João Bellini Junior. Designada para redigir o voto vencedor a conselheira Alice Grecchi).

Cabe ao Fisco (a autoridade administrativa) provar que o sócio ou o sócio administrador praticou o fato jurídico da responsabilidade tributária, conforme critérios descritos na respectiva hipótese, subsidiária (art. 134, VII, CTN) ou pessoal (art. 135, I, c/c 134, VII ou art. 135, III, CTN), motivando o ato de aplicação de penalidade com a prática do fato jurídico e instruindo-o com a linguagem das provas. Lavrado o ato administrativo e notificado o responsável, então estará regularmente constituído o crédito contra o sócio, viabilizando a execução após o prazo para impugnação ou o fim do processo administrativo (constituição definitiva do crédito).

A relação jurídica *stricto sensu*, relacionando os sujeitos-de-direito, surgirá com a enunciação-enunciada da norma individual e concreta, produzida em linguagem competente e pela autoridade competente, para instaurar o vínculo relacional entre os sujeitos-de-direito, para que o sujeito ativo possa exercer seu direito subjetivo, exigindo do sujeito passivo os deveres correlatos. Essa premissa aplica-se às relações jurídicas em geral, inclusive às relações jurídicas de responsabilidade tributária com natureza sancionatória, nas quais o sócio figura no polo passivo como responsável tributário, para que o Fisco possa exigir o cumprimento da obrigação tributária.

Como a relação jurídica "se estabelece apenas com a linguagem competente do ato de aplicação, portanto, é sempre concreta e individualizada",[356] é imprescindível norma individual e concreta, produzida em linguagem competente e pela autoridade competente, acompanhada da respectiva prova do fato jurídico da responsabilidade tributária do sócio, para que o sujeito ativo possa exigir do sócio responsável tributário o adimplemento do crédito.

A norma individual e concreta é imprescindível para instaurar as relações jurídicas tributárias para vincular (i) o sujeito ativo e o contribuinte; (ii) o sujeito ativo e o responsável tributário, pois a incidência da responsabilidade tributária não ocorre de forma "automática e infalível", devendo ser veiculada por ato de aplicação de penalidade (ato privativo da autoridade administrativa), instaurando a relação jurídica de responsabilidade tributária entre o Fisco (sujeito ativo) e o sócio responsável tributário (sujeito passivo).

Nos casos de lançamento por homologação em regra não existirá prova do fato jurídico da responsabilidade tributária – do art. 134 (subsidiária) e art. 135 (pessoal). Sempre demandará prova do fisco.

---

356. CARVALHO, Aurora Tomazini de. *Curso de teoria geral do direito*. 3ª ed. São Paulo: Noeses, 2013, p. 588.

6.4.1 Procedimento Administrativo de Apuração de Responsabilidade – PAAR

Como visto nos itens acima, o crédito tributário deve ser constituído nos termos das normas gerais enunciadas no Código Tributário Nacional, já que o lançamento tributário é matéria de competência de lei complementar (art. 146, III, "b", CRFB/1988).

A partir de 2010, foram editados atos infralegais no âmbito da Procuradoria Geral da Fazenda Nacional e Receita Federal do Brasil, dispondo sobre a atuação da PGFN e RFB no tocante à responsabilização dos responsáveis tributários. Os atos infralegais podem apenas regulamentar as disposições gerais enunciadas em lei, jamais contrariá-las.

A Procuradoria da Fazenda Nacional publicou a Portaria PGFN n. 180, de 25 de fevereiro de 2010, dispondo sobre sua atuação no tocante à responsabilização de codevedor (com redação alterada pela Portaria PGFN n. 713/2011).[357]

No art. **1º dispõe que, para fins de responsabilização do art**. 135, III, CTN, será "responsável solidário o sócio, pessoa física ou jurídica, ou o terceiro não sócio, que possua poderes de gerência sobre a pessoa jurídica, independentemente da denominação conferida, à época da ocorrência do fato gerador da obrigação tributária objeto de cobrança judicial". A responsabilidade do art. 135 é pessoal, não solidária.

Em relação ao procedimento de inclusão do responsável na CDA, dispõe que ocorrerá somente após "a declaração fundamentada da autoridade competente da RFB ou PGFN acerca da ocorrência de ao menos uma das quatro situações a seguir: I – excesso de poderes; II – infração à lei; III – infração ao contrato social ou estatuto; IV – dissolução irregular da pessoa jurídica" (art. 2º). O ato de aplicação de penalidade é

357. BRASIL. Receita Federal do Brasil. Disponível em: http://normas.receita.fazenda.gov.br. Acesso em: 19 nov. 2018.

privativo da autoridade administrativa (da RFB) e o fato da responsabilidade tributária não pode ser alterado pela portaria.

A portaria atribui responsabilidade objetiva aos sócios das sociedades limitadas pelos débitos com a Seguridade Social, pois a inclusão na CDA ocorrerá "independentemente da comprovação de qualquer das situações previstas no art. 2º desta Portaria" (art. 3º, *caput*), com fundamento em lei já declarada inconstitucional pelo Supremo Tribunal Federal no Recurso Extraordinário RE 562.276 ED/PR com Repercussão Geral (Tema 13): Responsabilidade solidária dos sócios das empresas por quotas de responsabilidade limitada por dívidas junto à Seguridade Social. Tese: "É inconstitucional o artigo 13 da Lei n. 8.620/1993, na parte em que estabelece que os sócios de empresas por cotas de responsabilidade limitada respondem solidariamente, com seus bens pessoais, por débitos junto à Seguridade Social". A responsabilidade dos sócios é sempre subjetiva, exigindo comprovação da conduta ilícita do sócio (além dos demais critérios da norma de responsabilidade).

Os arts. 4º e 5º regulam a inclusão do responsável na CDA, antes e após o ajuizamento da execução fiscal, respectivamente. Exige-se a comprovação dos requisitos para atribuir responsabilidade mediante juntada "aos autos documentos comprobatórios e, após, de forma fundamentada, declará-las e inscrever o nome do responsável solidário no anexo II da CDA" (art. 4º). Acertada a portaria ao exigir a comprovação e a fundamentação para atribuir a responsabilidade, mas os requisitos legais para responsabilização veiculados em lei são diferentes dos enunciados no ato infralegal; ainda, cabe privativamente à autoridade administrativa lavrar o ato de aplicação de penalidade, não à Procuradoria da Fazenda Nacional.

Em 2010, foi publicada a Portaria RFB n. 2284, de 29 de novembro,[358] que dispunha sobre os procedimentos a serem

358. Brasil. Portaria RFB n. 2284, de 29 de novembro de 2010. Publicado no *DOU* de 30.11.2010, seção, p. 42. Receita Federal do Brasil. Disponível em: http://normas.receita.fazenda.gov.br. Acesso em: 19 nov. 2018.

adotados pela Secretaria da Receita Federal do Brasil quando constatada a pluralidade de sujeitos passivos de uma mesma obrigação tributária. Esse ato infralegal exigia que a autoridade administrativa lavrasse o ato de aplicação de penalidade contra os responsáveis e os notificasse pessoalmente (arts. 2º e 3º).[359] Além disso, o encaminhamento do crédito tributário para a PGFN deveria ocorrer somente após a constituição definitiva do crédito contra o responsável (arts. 7º, 9º e 10),[360] nos termos defendidos nesta obra. Esse ato normativo foi revogado pela Portaria RFB n. 2.123, de 27 de dezembro de 2018.[361]

---

359. Portaria RFB n. 2284/2010: Art. 2º. Os Auditores-Fiscais da Receita Federal do Brasil, na formalização da exigência, deverão, sempre que, no procedimento de constituição do crédito tributário, identificarem hipóteses de pluralidade de sujeitos passivos, reunir as provas necessárias para a caracterização dos responsáveis pela satisfação do crédito tributário lançado. §1º A autuação deverá conter a descrição dos fatos e o enquadramento legal das infrações apuradas e do vínculo de responsabilidade. §2º Na hipótese de que trata o *caput*, não será exigido Mandado de Procedimento Fiscal para os responsáveis. Artigo 3º Todos os autuados deverão ser cientificados do auto de infração, com abertura de prazo para que cada um deles apresente impugnação. Parágrafo único. Na hipótese do *caput*, o prazo para impugnação é contado, para cada sujeito passivo, a partir da data em que tiver sido cientificado do lançamento.

360. Portaria RFB n. 2284/2010: Art. 7º. A impugnação tempestiva apresentada por um dos autuados suspende a exigibilidade do crédito tributário em relação aos demais. §1º O disposto neste artigo não se aplica na hipótese em que a impugnação versar exclusivamente sobre o vínculo de responsabilidade, caso em que só produzirá efeitos em relação ao impugnante. §2º Os autos somente serão encaminhados para julgamento depois de transcorrido o prazo para apresentação de impugnação ou recurso para todos os autuados ou impugnantes, conforme o caso. §3º No caso de impugnação quanto ao crédito tributário e quanto ao vínculo da responsabilidade e, posteriormente, recurso voluntário apenas no tocante ao vínculo, a exigência quanto ao crédito tributário torna-se definitiva para os demais autuados que não recorreram. §4º A desistência de impugnação ou recurso não prejudica os demais autuados que também impugnaram ou recorreram. §5º A decisão definitiva que afasta o vínculo de responsabilidade opera efeitos imediatos. [...] Artigo 9º Não cumprida a exigência e nem impugnado o crédito tributário lançado, será declarada a revelia para todos os autuados. Parágrafo único. No caso de impugnação apenas do vínculo de responsabilidade, a revelia se opera em relação aos demais que não impugnaram o lançamento. Artigo 10. O crédito tributário será encaminhado à Procuradoria da Fazenda Nacional, para inscrição em dívida ativa, somente após o término do prazo de cobrança amigável para todos os obrigados. Parágrafo único. O disposto neste artigo não se aplica na hipótese em que houver pendência de julgamento exclusivamente quanto ao vínculo de responsabilidade, caso em que o encaminhamento deverá ocorrer em relação aos autuados que não discutem o vínculo.

361. BRASIL. Receita Federal do Brasil. Disponível em http://normas.receita.fazenda.gov.br/sijut2consulta/link.action?visao=anotado&idAto=97731 Acesso em 02 set. 2020.

No ano de 2017, foi publicada a Portaria PGFN n. 948, de 15 de setembro de 2017, regulamentando, no âmbito da Procuradoria-Geral da Fazenda Nacional, o Procedimento Administrativo de Reconhecimento da Responsabilidade (PARR),[362] a ser instaurado para apurar a "responsabilidade de terceiros pela prática da infração à lei consistente na dissolução irregular de pessoa jurídica devedora de créditos inscritos em dívida ativa, administrados pela PGFN" (art. 1º). A portaria representa um avanço em relação aos princípios constitucionais tributários, vez que exige a instauração de procedimento administrativo para apuração da responsabilidade do sócio no caso de dissolução irregular da sociedade, superando a antiga prática de atribuição de responsabilidade sem motivação e comprovação dos requisitos legais. Porém, a atribuição da responsabilidade deve ser veiculada por ato de aplicação de penalidade de competência privativa da autoridade administrativa.

Somente em 2018, após a edição dos atos infralegais mencionados, foi publicada a Lei nº 13.606, de 09 de janeiro de 2018, inserindo novos dispositivos na Lei 10.522/2002, trazendo em lei ordinária fundamento legal para o PAAR:

> Art. 20-D. Sem prejuízo da utilização das medidas judicias para recuperação e acautelamento dos créditos inscritos, se houver indícios da prática de ato ilícito previsto na legislação tributária, civil e empresarial como causa de responsabilidade de terceiros por parte do contribuinte, sócios, administradores, pessoas relacionadas e demais responsáveis, a Procuradoria-Geral da Fazenda Nacional poderá, a critério exclusivo da autoridade fazendária: (Incluído pela Lei nº 13.606, de 2018)
>
> I - notificar as pessoas de que trata o caput deste artigo ou terceiros para prestar depoimentos ou esclarecimentos; (Incluído pela Lei nº 13.606, de 2018)
>
> II - requisitar informações, exames periciais e documentos de autoridades federais, estaduais e municipais, bem como dos

362. BRASIL. Receita Federal do Brasil. Disponível em: http://normas.receita.fazenda.gov.br. Acesso em: 27 nov. 2018.

> órgãos e entidades da Administração Pública direta, indireta ou fundacional, de qualquer dos Poderes da União, dos Estados, do Distrito Federal e dos Municípios; (Incluído pela Lei nº 13.606, de 2018)
>
> III - instaurar procedimento administrativo para apuração de responsabilidade por débito inscrito em dívida ativa da União, ajuizado ou não, observadas, no que couber, as disposições da Lei nº 9.784, de 29 de janeiro de 1999. (Incluído pela Lei nº 13.606, de 2018)
>
> Art. 20-E. A Procuradoria-Geral da Fazenda Nacional editará atos complementares para o fiel cumprimento do disposto nos arts. 20-B, 20-C e 20-D desta Lei. (Incluído pela Lei nº 13.606, de 2018)

O procedimento administrativo para apuração de responsabilidade – PAAR deveria ter sido criado por lei e depois regulado por atos infralegais, já que esses podem apenas regulamentar as disposições previstas em lei em sentido formal. E deveria ter sido instituído por lei complementar, vez que trata de lançamento tributário (art. 146, III, “b”, CRFB/1988).

A apuração da responsabilidade de sócios e administradores deve observar o devido processo legal, nos termos das normais gerais em matéria de legislação tributária enunciadas no CTN e das disposições legais sobre o Processo Administrativo Fiscal Federal (Decreto-Lei n. 70.235) e Lei n. 9.784/1999,[363] que estabelece normas gerais sobre o processo administrativo no âmbito da Administração Federal.

6.5 Decadência e prescrição

A doutrina e a jurisprudência há muito vêm tratando do redirecionamento da execução fiscal contra o sócio e o administrador, bem como do respectivo prazo prescricional. A respeito existe jurisprudência consolidada no âmbito do Superior Tribunal de Justiça. Essas questões merecem reflexões pela Ciência do Direito.

363. BRASIL. Disponível em: http://www.planalto.gov.br Acesso em: 02 dez. 2018.

O CTN trata da decadência e prescrição em seus arts. 173 e 174:

> Art. 173. O direito de a Fazenda Pública constituir o crédito tributário extingue-se após 5 (cinco) anos, contados:
>
> I - do primeiro dia do exercício seguinte àquele em que o lançamento poderia ter sido efetuado;
>
> II - da data em que se tornar definitiva a decisão que houver anulado, por vício formal, o lançamento anteriormente efetuado.
>
> Parágrafo único. O direito a que se refere este artigo extingue-se definitivamente com o decurso do prazo nele previsto, contado da data em que tenha sido iniciada a constituição do crédito tributário pela notificação, ao sujeito passivo, de qualquer medida preparatória indispensável ao lançamento.
>
> Art. 174. A ação para a cobrança do crédito tributário prescreve em cinco anos, contados da data da sua constituição definitiva.
>
> Parágrafo único. A prescrição se interrompe:
>
> I – pelo despacho do juiz que ordenar a citação em execução fiscal;
>
> II - pelo protesto judicial;
>
> III - por qualquer ato judicial que constitua em mora o devedor;
>
> IV - por qualquer ato inequívoco ainda que extrajudicial, que importe em reconhecimento do débito pelo devedor.

O direito de o Fisco constituir o crédito tributário pelo lançamento é delimitado pelo prazo decadencial de cinco anos, tendo como marco inicial o fato jurídico tributário (art. 173, CTN). Somente a partir da constituição definitiva do crédito tributário terá início o prazo prescricional de cinco anos para a cobrança do crédito tributário (art. 174, CTN). O transcurso do prazo prescricional pressupõe a prévia constituição definitiva do crédito tributário, sendo esse o marco inicial do prazo de prescrição.

O lançamento tributário, que veicula a norma individual e concreta, instaura a relação jurídica tributária entre o sujeito ativo e o contribuinte, interrompe o prazo decadencial e inaugura o prazo prescricional.

O mesmo regime jurídico deve ser observado em relação à constituição e cobrança do crédito tributário contra o sócio e administrador das sociedades.

Ocorrido o fato jurídico da responsabilidade tributária do (i) sócio cotista (art. 134, VII, CTN), (ii) sócio/administrador ou administrador (art. 135, III, CTN) e (iii) sócio (art. 135, I c/c art. 134, VII, CTN), cabe ao sujeito ativo, mediante ato administrativo de imposição de penalidade (auto de infração), constituir o crédito tributário contra sócio e/ou administrador responsável tributário, veiculando norma individual e concreta da responsabilidade tributária e instaurando relação jurídica de responsabilidade tributária, onde o responsável figurará no polo passivo. Constituído definitivamente o crédito tributário contra o responsável iniciar-se-á o prazo prescricional para cobrança do crédito contra o responsável.

Independentemente do momento da ocorrência do fato jurídico da responsabilidade tributária, que sempre exige conduta ilícita culposa ou dolosa, mesmo após o ajuizamento da execução fiscal, é necessário ato de aplicação de penalidade para instaurar o vínculo relacional entre Fisco e responsável, para viabilizar a cobrança e constrição de bens do sócio, sócio/administrador ou administrador.

O ato administrativo, privativo da autoridade administrativa, é imprescindível para a constituição do crédito tributário contra o responsável tributário. Esse deve ser notificado pessoalmente, assegurando-lhe o direito de defesa, para que o ato administrativo tenha eficácia e seja interrompido o prazo decadencial. O crédito tributário estará definitivamente contra o responsável após o transcurso do prazo sem interposição de impugnação administrativa ou após a decisão final no processo administrativo. Somente com a constituição definitiva do crédito contra o responsável iniciar-se-á o prazo prescricional de cobrança.

A Primeira Seção do Superior Tribunal de Justiça, no julgamento do Recurso Repetitivo REsp. 1201993/SP, Tema 444, publicado em dezembro de 2019, fixou as "teses sobre prescrição do redirecionamento da execução fiscal para o sócio":

> Para o colegiado, o prazo prescricional de cinco anos será contado a partir da citação quando antes dela tiver ocorrido o ato ilícito destinado a fraudar a execução (por exemplo, a dissolução irregular da empresa). Quando o ato irregular for posterior à citação, conta-se o prazo prescricional da data do ilícito. Em ambos os casos, segundo a seção de direito público, a decretação da prescrição para o redirecionamento exige a comprovação da inércia da Fazenda Pública.
>
> As três teses fixadas foram as seguintes:
>
> 1 - O prazo de redirecionamento da execução fiscal, fixado em cinco anos, contado da diligência de citação da pessoa jurídica, é aplicável quando o referido ato ilícito, previsto no artigo 135, inciso III, do Código Tributário Nacional (CTN), for precedente a esse ato processual;
>
> 2 - A citação positiva do sujeito passivo devedor original da obrigação tributária, por si só, não provoca o início do prazo prescricional quando o ato de dissolução irregular for a ela subsequente, uma vez que, em tal circunstância, inexistirá, na aludida data (da citação), pretensão contra os sócios-gerentes (conforme decidido no REsp. 1.101.728, no rito do artigo 543-C do CPC/1973, o mero inadimplemento da exação não configura ilícito atribuível aos sujeitos de direito descritos no artigo 135 do CTN). O termo inicial do prazo prescricional para a cobrança do crédito dos sócios-gerentes infratores, nesse contexto, é a data da prática de ato inequívoco indicador do intuito de inviabilizar a satisfação do crédito tributário já em curso de cobrança executiva promovida contra a empresa contribuinte, a ser demonstrado pelo fisco, nos termos do artigo 593 do CPC/1973 (artigo 792 do novo CPC – fraude à execução), combinado com o artigo 185 do CTN (presunção de fraude contra a Fazenda Pública); e,
>
> 3 - Em qualquer hipótese, a decretação da prescrição para o redirecionamento impõe seja demonstrada a inércia da Fazenda Pública, no lustro que se seguiu à citação da empresa originalmente devedora (REsp. 1.222.444) ou ao ato inequívoco mencionado no item anterior (respectivamente, nos casos de dissolução irregular precedente ou superveniente à citação da empresa), cabendo às instâncias ordinárias o exame dos fatos e provas atinentes à demonstração da prática de atos concretos na direção da cobrança do crédito tributário no decurso do prazo prescricional.[364]

364. Disponível em: https://bit.ly/2EsL5wD Acesso em: 25 ago. 2020.

No entendimento jurisprudencial do Superior Tribunal de Justiça trata-se de prazo prescrional, mas conforme defendido neste trabalho, só há que se falar em prazo prescricional após a constituição definitiva do crédito contra o responsável tributário, sem imprescindível o ato administrativo de aplicação de penalidade (auto de infração) contra o responsável, dentro do prazo decadencial.

6.6 A prova da responsabilidade tributária subsidiária do sócio no caso de dissolução irregular de sociedade de pessoas (art. 134, VII, CTN)

A norma da responsabilidade tributária subsidiária dos sócios no caso de dissolução irregular de sociedade de pessoas (art. 134, VII, CTN) já foi descrita neste trabalho. No seu antecedente, consta que deve ocorrer: (i) a dissolução irregular da sociedade, caracterizando conduta ilícita culposa do sócio; (ii) a impossibilidade de exigência do contribuinte o cumprimento da obrigação principal (por ausência ou insuficiência de patrimônio).

A responsabilidade subsidiária só ocorre no caso de impossibilidade de cumprimento da obrigação pelo contribuinte, o que exige esgotar a busca de bens da sociedade antes de procurar o patrimônio dos sócios.

A constatação de insuficiência de bens do contribuinte (sociedade) pode ocorrer antes do ajuizamento da execução fiscal. Como exemplo, através do Regime Diferenciado de Cobrança de Créditos (RDCC), instituído pela Portaria PGFN n. 396/2016, com o objetivo de aumentar a eficiência da recuperação dos créditos inscritos em Dívida Ativa da União, que tem entre seus instrumentos automatizar o processo de coleta de informações sobre bens dos devedores centralizando esses dados em um único ambiente.[365]

---

365. Disponível em: http://www.pgfn.fazenda.gov.br/assuntos/divida-ativa-da-uniao/

Conforme verifica Renato Lopes Becho, o processo executivo fiscal será o principal instrumento para tal fim:

> A responsabilidade tributária de terceiros, notadamente a do artigo 134 do CTN, é um tema que envolverá a execução fiscal e um procedimento cognitivo, administrativo ou judicial. Como o primeiro pressuposto para a sua incidência é a impossibilidade econômica de o contribuinte recolher o tributo, ela será verificada justamente no processo executivo. A responsabilidade tributária poderá ser discutida em procedimento administrativo incidental à execução. Caso contrário, o imputado que não tiver se defendido anteriormente ao redirecionamento da execução poderá se defender, tanto em exceção de pré-executividade quanto em embargos à execução fiscal, dependendo das provas que possua.[366]

Sobre a responsabilidade subsidiária e a expedição de ato de aplicação de penalidade observa Andréa Medrado Darzé:

> Assim, também nos casos de subsidiariedade, terá o Fisco que expedir ato de lançamento ou de aplicação de penalidade em face de todos os codevedores, sob pena de macular a validade desses atos. O empecilho consubstanciado pela presença de regra impede uma sequência na execução dos devedores e afeta apenas os atos de exigência coativa do crédito, não a sua constituição.
>
> Isso por uma razão muito simples: o benefício de ordem tem natureza jurídica de condição de exequibilidade do devedor que beneficia, que não poderá ter seus bens executados enquanto não configurada a insuficiência de bens do obrigado principal. Trata-se, portanto, de mera ordem de preferência na execução dos devedores, conforme explicamos no item 4.3.
>
> Com efeito, é tão forte a inexistência de exceção ao dever de lançar em nosso sistema que, mesmo nos casos de suspensão da exigibilidade do crédito, há expressa disposição de lei federal (artigo 63, da Lei n. 9.430/96) impondo sua realização sob pena decadência do direito do Fisco de constituir o crédito tributário. Ou seja, mesmo se tratando de débito que não poderá ser sequer exigido naquele exato momento, ainda assim tem o Fisco a

---

regime-diferenciado-de-cobranca-rdcc Acesso em: 02 nov. 2018.

366. BECHO, Renato Lopes. *Responsabilidade tributária de terceiros:* CTN, arts. 134 e 135. São Paulo: Saraiva, 2014, p. 88.

> obrigação de lançar. Portanto, sendo este o tratamento outorgado pelo direito positivo às hipóteses de suspensão da exigibilidade, com mais razão, devemos entender imperiosa a necessidade de expedição do ato de lançamento ou aplicação de penalidade em face de todos os devedores nos casos de subsidiariedade.
>
> Todavia, como as obrigações subsidiárias são marcadas justamente pela presença de condição de exequibilidade, o Fisco apenas poderá: *i.* constituir o débito em face da integralidade dos devedores, *ii.* notificá-los, *iii.* dar regular seguimento ao processo administrativo correlato e *iv.* inscrever o débito em dívida ativa. Após esse instante, todos os demais atos relativos à cobrança do crédito em relação ao devedor subsidiário ficarão sobrestados até que sobrevenha a condição, isto é, até que se certifique no processo de execução fiscal promovido contra o devedor principal a ausência ou insuficiência de bens para garantir a dívida.
>
> Por fim, é importante que se registre que, no que se refere ao prazo prescricional, é justamente a certificação nos autos do processo executivo que o devedor principal não possui bens suficientes para assegurar o débito a linguagem competente para iniciar a sua fluência. Mesmo não existindo previsão expressa nesse sentido, entendemos que não há como se admitir interpretação em sentido contrário, já que antes desse instante não há pressuposto suficiente para a execução do responsável, muito menos para caracterizar a inércia do Fisco.[367]

A constatação da insuficiência de bens da sociedade, que é condição para incidência da responsabilidade subsidiária, mesmo após o ajuizamento da execução fiscal não dispensa a lavratura, pela autoridade administrativa, de ato de aplicação de penalidade para imputar a responsabilidade ao sócio.

No âmbito da execução fiscal cabe ao Fisco buscar os bens e ao sócio indicar os bens da sociedade acaso existentes (boa-fé processual e dever de cooperação entre as partes, arts. 5º e 6º, do Código de Processo Civil de 2015). Não cabe aqui invocar ordem de preferência na indicação dos bens previstos na Lei de Execução Fiscal (art. 11, Lei n. 6.830/1980) ou no Código de

367. DARZÉ, Andréa Medrado. *Responsabilidade:* solidariedade e subsidiariedade. São Paulo: Noeses, 2010, p. 402-404.

Processo Civil de 2015, art. 835)[368] em relação aos bens da sociedade, alegando que a sociedade não observou a ordem de preferência na indicação dos bens sociais como fundamento para buscar bens dos sócios. Devem-se esgotar os bens da sociedade como condição, pois o sócio é responsável subsidiário.

Para James Marins, mesmo nos casos em que o fato jurídico da responsabilidade tributária ocorre após o ajuizamento da execução fiscal, é indispensável que a responsabilidade seja apurada administrativamente para incluir o sócio na execução fiscal.[369] O autor adverte, ainda sobre a necessidade do pedido de "redirecionamento" contra o sócio ser fundamentado:

> Além disso, quando do pedido de "redirecionamento", não basta indicar a norma jurídica, deve a Fazenda Pública explicitar o supedâneo fático de seu pedido, ou seja, "para que se viabilize o redirecionamento da execução fiscal, é indispensável que a respectiva petição descreva, como causa para redirecionar, uma das situações caracterizadoras da responsabilidade subsidiária do executado".
>
> Isso significa que o pedido de redirecionamento carente de fundamentação deve ser indeferido de plano.[370]

---

368. LEF (Lei n. 6.830/1980): Art. 11 – A penhora ou arresto de bens obedecerá à seguinte ordem: I – dinheiro; II – título da dívida pública, bem como título de crédito, que tenham cotação em bolsa; III – pedras e metais preciosos; IV – imóveis; V – navios e aeronaves; VI – veículos; VII – móveis ou semoventes; e VIII – direitos e ações. CPC/15: Art. 835. A penhora observará, preferencialmente, a seguinte ordem: I – dinheiro, em espécie ou em depósito ou aplicação em instituição financeira; [...].

369. Imputar dívida tributária por responsabilidade do gestor, inscrevendo-lhe em dívida ativa sem qualquer apuração fático-probatória constitui-se em grave conspiração contra o *due process of law*. Naturalmente haverá situações em que a causa da responsabilidade será posterior à inscrição em dívida e até mesmo posterior aforamento da execução fiscal. A hipótese que ocorre mais amiúde é a da extinção irregular da sociedade pelo abandono ulterior à ação executiva. Nesses casos, ocorrendo o fato ensejador da responsabilidade do administrador, este deverá ser apurado na via administrativa, formalizando adequadamente e somente então inserido o novo sujeito passivo no âmbito da execução, pela via da emenda à CDA prevista no parágrafo 8º do artigo 2º da LEF. (MARINS, James. *Direito processual tributário brasileiro* (administrativo e judicial). 8.ed. São Paulo: Dialética, 2015, p. 807).

370. MARINS, James. *Direito processual tributário brasileiro* (administrativo e judicial). 8ª ed. São Paulo: Dialética, 2015, p. 810.

A necessidade de fundamentação do pedido, da demonstração da ocorrência do fato jurídico da responsabilidade, fica ainda mais latente a partir da vigência do Código de Processo Civil de 2015, que inovou ao ampliar o dever de motivação das decisões judiciais (art. 489, §1º),[371] o qual também deve ser observado pelas partes do processo. Entre os requisitos da petição inicial, o Código de Processo Civil exige que a inicial indicará "o fato e os fundamentos jurídicos do pedido" (art. 319, III) e ao pedir a inclusão do sócio na execução, tal requisito deverá ser observado.

Em nossa experiência de quase vinte anos na advocacia, por várias vezes constatamos que o Fisco insere o sócio na certidão de dívida ativa, independentemente de qualquer apuração e comprovação da ocorrência do fato jurídico da responsabilidade tributária do sócio, como se ele fosse responsável, de forma "automática e infalível", pelo simples fato de ser sócio.

Essa prática ilegal, que se vale da presunção legal de certeza e liquidez da certidão de dívida ativa (art. 204, CTN), de certa forma foi validada pelo Superior Tribunal de Justiça, ao julgar recurso repetitivo, acolhendo a tese fazendária da presunção de responsabilidade tributária do sócio. Basta, para tanto, constar o nome do sócio na CDA (AgRg no AREsp. 357.288/ES).[372] O enunciado do art. 204 do CTN, ao conferir

---

371. BRASIL. Código de Processo Civil de 2015. Art. 489. São elementos essenciais da sentença: §1º. Não se considera fundamentada qualquer decisão judicial, seja ela interlocutória, sentença ou acórdão, que: I – se limitar à indicação, à reprodução ou à paráfrase de ato normativo, sem explicar sua relação com a causa ou a questão decidida; II – empregar conceitos jurídicos indeterminados, sem explicar o motivo concreto de sua incidência no caso; III – invocar motivos que se prestariam a justificar qualquer outra decisão; IV – não enfrentar todos os argumentos deduzidos no processo capazes de, em tese, infirmar a conclusão adotada pelo julgador; V – se limitar a invocar precedente ou enunciado de súmula, sem identificar seus fundamentos determinantes nem demonstrar que o caso sob julgamento se ajusta àqueles fundamentos; VI – deixar de seguir enunciado de súmula, jurisprudência ou precedente invocado pela parte, sem demonstrar a existência de distinção no caso em julgamento ou a superação do entendimento.

372. 4. A jurisprudência da Primeira Seção desta Corte firmou-se no sentido de que, se a execução foi ajuizada apenas contra a pessoa jurídica, mas o nome do sócio

presunção de certeza e liquidez ao título executivo da fazenda, não autoriza o Fisco presumir que o sócio é responsável tributário pelo simples fato de ser sócio, competindo-lhe provar a responsabilidade.

A presunção de certeza e liquidez, em relação à responsabilidade do sócio, pode ser prontamente afastada nos casos de CDA originada de crédito constituído exclusivamente pelo "lançamento por homologação", por ato do particular, pois nas declarações apresentadas pelo sujeito passivo é relatado em linguagem apenas o fato tributário, sem espaço para o relato do fato ilícito da responsabilidade. Trata-se de prova pré-constituída constante na própria CDA, podendo ser alegada em simples petição na execução fiscal ("exceção de pré-executividade") que o sócio não tem responsabilidade pelo crédito.

Em relação aos créditos constituídos por ato da autoridade administrativa, a presunção de certeza e liquidez da CDA poderá ser elidida, exemplificativamente: (i) por exceção de pré-executividade, instruída com a cópia do procedimento antecedente ao auto de infração, quando no procedimento e no ato de imposição de penalidade não constar a motivação da imputação da responsabilidade pelo relato do fato da responsabilidade tributária e a respectiva prova; (ii) via ação de Embargos à Execução Fiscal ou Ação Anulatória de Débito quando o Fisco tiver motivado o ato administrativo com o relato e a prova do fato da responsabilidade, cabendo ao responsável a contraprova.

---

consta da CDA, a ele incumbe o ônus da prova de que não ficou caracterizada nenhuma das circunstâncias previstas no artigo 135 do CTN, ou seja, não houve a prática de atos "com excesso de poderes ou infração de lei, contrato social ou estatutos". (REsp. 1.104.900/ES, 1ª Seção, Rel. Min. Denise Arruda, *DJe* de 01.04.2009 – recurso submetido à sistemática prevista no artigo 543-C do CPC, c/c a Resolução 8/2008, Presidência/STJ). A "presunção de legitimidade assegurada à CDA impõe ao executado que figura no título executivo o ônus de demonstrar a inexistência de sua responsabilidade tributária, demonstração essa que, por demandar prova, deve ser promovida no âmbito dos embargos à execução". (REsp. 1.110.925/SP, 1ª Seção, Rel. Min. Teori Albino Zavascki, *DJe* de 04.05.2009 – recurso submetido à sistemática prevista no artigo 543-C do CPC, c/c a Resolução 8/2008 – Presidência/STJ). 5. Agravo regimental não provido. (AgRg no AREsp. 357.288/ES, Rel. Min. Mauro Campbell Marques, 2ª Turma., j.03-10-2013, *DJe* 11.10.2013).

Os dois exemplos de defesa por meio da exceção de pré-executividade são compatíveis com a tese firmada pelo Superior Tribunal de Justiça: "a exceção de pré-executividade é admissível na execução fiscal relativamente às matérias conhecíveis de ofício que não demandem dilação probatória" (REsp. 1104900/ES, Recurso Repetitivo, tema 104). Isso demonstra, portanto, que deve ser revisto o entedimento firmado pela Corte no REsp. 1110925/SP (Repetitivo, tema 108) de que "não cabe exceção de pré-executividade em execução fiscal promovida contra sócio que figura como responsável na Certidão de Dívida Ativa – CDA".[373]

6.7 A prova da responsabilidade tributária pessoal do sócio na dissolução da sociedade de pessoas e do sócio administrador (art. 135, I, c/c art. 134, VII e art. 135, III, do CTN)

A responsabilidade fundada no art. 134, CTN é subsidiária e do art. 135, CTN é pessoal. A subsidiariedade exige constatar que o patrimônio social não é suficiente para satisfazer o crédito tributário. O crédito deve ser exclusivamente exigido do responsável, assim que constatado o fato

373. TRIBUTÁRIO. EXECUÇÃO FISCAL SÓCIO-GERENTE CUJO NOME CONSTA DA CDA. PRESUNÇÃO DE RESPONSABILIDADE. ILEGITIMIDADE PASSIVA ARGUIDA EM EXCEÇÃO DE PRÉ-EXECUTIVIDADE. INVIABILIDADE. PRECEDENTES. 1. A exceção de pré-executividade é cabível quando atendidos simultaneamente dois requisitos, um de ordem material e outro de ordem formal, ou seja: (a) é indispensável que a matéria invocada seja suscetível de conhecimento de ofício pelo juiz; e (b) é indispensável que a decisão possa ser tomada sem necessidade de dilação probatória. 2. Conforme assentado em precedentes da Seção, inclusive sob o regime do artigo 543-C do CPC (REsp. 1104900, Min. Denise Arruda, sessão de 25.03.09), não cabe exceção de pré-executividade em execução fiscal promovida contra sócio que figura como responsável na Certidão de Dívida Ativa (CDA). É que a presunção de legitimidade assegurada à CDA impõe ao executado que figura no título executivo o ônus de demonstrar a inexistência de sua responsabilidade tributária, demonstração essa que, por demandar prova, deve ser promovida no âmbito dos embargos à execução. 3. Recurso Especial provido. Acórdão sujeito ao regime do artigo 543-C do CPC. (REsp. 1110925/SP, Rel. Min. Teori Albino Zavascki, Primeira Seção, j.22.04.2009, *DJe* 04.05.2009), tema 108.

jurídico da responsabilidade. Observada essa particularidade, o regime jurídico da prova é o mesmo nas duas hipóteses de responsabilidade.

Os sócios das sociedades de pessoa dissolvidas irregularmente e o sócio administrador (e o administrador não sócio) são pessoalmente responsáveis pelos débitos da sociedade, podendo o fato da responsabilidade tributária ser antecedente, concomitante ou posterior ao fato jurídico tributário. Sendo a responsabilidade pessoal e exclusiva, a atribuição da responsabilidade ao sócio ou sócio administrador resultará na ineficácia do lançamento em relação ao contribuinte.

Alisando os julgados do Superior Tribunal de Justiça, constata-se que essa Corte tem aplicado a presunção de certeza e liquidez da CDA de forma incompatível com o direito positivo, contrariando seu próprio entendimento, que exige a prática de ilícito para atribuição da responsabilidade, não bastando o mero inadimplemento.

Exemplificativamente, no julgamento do AgRg no AREsp. 278.903/ES[374] decidiu-se que, diante da inclusão de

---

374. A jurisprudência da Primeira Seção desta Corte firmou-se no sentido de que, se a execução foi ajuizada apenas contra a pessoa jurídica, mas o nome do sócio consta da CDA, a ele incumbe o ônus da prova de que não ficou caracterizada nenhuma das circunstâncias previstas no artigo 135 do CTN, ou seja, não houve a prática de atos "com excesso de poderes ou infração de lei, contrato social ou estatutos". (REsp. 1.104.900/ES, 1ª Seção, Rel. Min. Denise Arruda, *DJe* de 01.04.2009 – recurso submetido à sistemática prevista no artigo 543-C do CPC, c/c a Resolução 8/2008 – Presidência/STJ). "A presunção de legitimidade assegurada à CDA impõe ao executado que figura no título executivo o ônus de demonstrar a inexistência de sua responsabilidade tributária, demonstração essa que, por demandar prova, deve ser promovida no âmbito dos embargos à execução". (REsp. 1.110.925/SP, 1ª Seção, Rel. Min. Teori Albino Zavascki, *DJe* de 04.05.2009 – recurso submetido à sistemática prevista no artigo 543-C do CPC, c/c a Resolução 8/2008 – Presidência/STJ). 5. Agravo regimental não provido. (AgRg no AREsp. 357.288/ES, Rel. Min. Mauro Campbell Marques, 2ª T., j. 03-10-2013, *DJe* 11.10.2013) 1. A CDA goza da presunção de legitimidade, o que implica transferir ao sócio, nela incluído, o ônus de demonstrar a ausência de responsabilidade tributária. Precedentes. 2. Em se tratando de tributos lançados por homologação, ocorrendo a declaração do contribuinte e o não pagamento da exação no vencimento, a inscrição em dívida ativa independe de procedimento administrativo (AgRg no AREsp. 278.903/ES, Rel. Min. Castro Meira, 2ª

seu nome na CDA como responsável com fundamento no art. 135, caberia ao sócio provar que não praticou o fato da responsabilidade tributária. Consta no julgado: "a CDA goza da presunção de legitimidade, o que implica transferir ao sócio, nela incluído, o ônus de demonstrar a ausência de responsabilidade tributária." E na ementa: "em se tratando de tributos lançados por homologação, ocorrendo a declaração do contribuinte e o não pagamento da exação no vencimento, a inscrição em dívida ativa independe de procedimento administrativo". Se o crédito foi constituído por lançamento por homologação e não existe procedimento administrativo, então deveria se presumir que não foi provada a responsabilidade tributária.

O entendimento atual do Superior Tribunal de Justiça deve ser revisto, pois contraria o sistema do direito positivo brasileiro. Vale lembrar que há alguns anos aquela Corte reprovou e rotulou de delírio fiscal a atribuição da responsabilidade pessoal do sócio antes de apurado o ato ilícito: "a pessoa jurídica, com personalidade própria, não se confunde com a pessoa de seus sócios. Constitui, pois, delírio fiscal, a matroca de substituição tributária, atribuir-se a responsabilidade substitutiva (artigo 135, CTN) para sócios diretores ou gerentes antes de apurado o ato ilícito". (RESP. n. 139.872/CE, 1ª Turma, Rel. Min. Milton Luiz Pereira, j.12.05.1998, *DJ* 10.08.1998).

No Repertório Analítico de Jurisprudência do Conselho Administrativo de Recursos Fiscais, onde foram analisados acórdãos proferidos até 2015, consta que várias decisões afastaram a responsabilidade por interesse comum e/ou fraude, a partir da interpretação do disposto nos arts. 124, I e 135 do CTN, que revelam requisitos próprios a ensejar a responsabilidade. A responsabilidade por interesse comum e/ou fraude foi mantida nos casos em que se constatou a ocorrência de "confusão patrimonial, ingerência do sócio no dia a dia e nas

---

Turma., j.20-06-2013, *DJe* 01.07.2013).

tomadas de decisão da empresa ou a utilização de interposta pessoa, com o fim de ocultar o sócio de fato".[375]

Apesar do entendimento consolidado do CARF (Súmula 71) da obrigatoriedade de intimar todos os sujeitos passivos autuados (contribuinte e responsável), ainda não foi pacificada a questão relativa à obrigatoriedade ou não de incluir os responsáveis no lançamento/auto de infração, vez que em alguns acórdãos o Conselho decidiu que a responsabilidade tributária é matéria a ser analisada apenas na execução fiscal.

No Relatório Analítico de Jurisprudência do CARF, resultado da pesquisa de acórdãos, proferidos entre janeiro de 2005 e janeiro de 2016, foram localizados 18 processos tratando diretamente da prova na atribuição da responsabilidade tributária a terceiros. Os autores da pesquisa constataram:

> Como paradigma para análise dos casos, partimos do pressuposto de que, na atribuição da responsabilidade tributária, não se busca apenas a prova direta, mas também indícios convergentes que possam indicar a ocorrência do fato imponível. Assim, "a presunção decorrente da conjugação de indícios coerentes, certos e convergentes é aceita, pela jurisprudência administrativa, como prova do fato jurídico tributário. Nesse sentido, cabe à Autoridade Fiscal, diante da impossibilidade de conhecimento direto do fato jurídico tributário, diligenciar em torno da identificação de elementos coerentes que, num contexto de análise global, permitam a afirmação da existência do fato jurídico.
>
> Foram várias as provas e indícios probatórios considerados nos acórdãos analisados, valendo ressaltar:
>
> a) Em oito processos, esteve presente a alegação de interposição de pessoa, seja no contrato social da empresa, seja no exercício da atividade;
>
> b) Em sete processos, os mandatários de procuração foram responsabilizados pelos débitos tributários do contribuinte;

---

375. SANTI, Eurico Marcos Diniz; VASCONCELOS, Breno Ferreira Martins; SILVA, Daniel Souza Santiago da; DIAS, Karem Jureidini; HOFFMANN, Susy Gomes. *Repertório analítico de jurisprudência do Carf.* São Paulo: Fundação Getúlio Vargas, 2016, p. 22.

> c) Em seis processos, acusou-se que os responsáveis tributários eram beneficiários diretos da redução de tributos objeto de lançamento;
>
> d) Em quatro processos, as provas foram obtidas a partir de documentação bancária pela utilização de conta corrente em nome de terceiros;
>
> e) Em três processos, depoimentos testemunhais foram essenciais e sua validade amplamente debatida;
>
> f) Em três processos, verificou-se a utilização de documentos falsos;
>
> g) Foram ainda, argumentados a coexistência de duas empresas no mesmo local com o mesmo objeto social, não apresentação de DIPJ ou declaração zerada, omissão ou retirada de rendimentos, manutenção das atividades da empresa pós baixa, simulação e relação de parentesco e amizade estreita entre os envolvidos.[376]

Nesses casos, em que o mérito da responsabilidade foi analisado pelo CARF, a responsabilidade fundada no art. 135 do CTN só foi mantida quando provados os fatos ilícitos dolosos. Exemplificativamente, podem ser citados:

> Os acórdãos 1401-001.222, de 29 de julho de 2014, atribuíram a responsabilidade aos administradores de fato da empresa contribuinte, ante a constatação da existência de pessoas interpostas no seu quadro societário, nos seguintes termos: "Constatada a utilização de 'laranjas' no quadro societário, responderão pela obrigação tributária em caráter solidário, aqueles identificados como administradores de fato, na forma do artigo 135, III, do CTN".

---

376. Como consta na obra: "Para o desenvolvimento do presente relatório, realizamos busca no acervo de acórdãos do sítio eletrônico do CARF com os termos "responsabilidade tributária prova", do período de janeiro de 2005 a janeiro de 2016, tendo o sistema retornado vinte e cinco julgados. Feita a consulta sobre o termo "responsabilidade tributária indício" no sítio eletrônico do CARF, não houve retorno positivo. No entanto, feita a mesma consulta no sítio eletrônico www.lexml.gov.br, houve um retorno com trinta e sete acórdãos. Deste acervo, dezoito processos tratam diretamente da questão da prova na atribuição da responsabilidade tributária a terceiros". (SANTI, Eurico Marcos Diniz; VASCONCELOS, Breno Ferreira Martins; SILVA, Daniel Souza Santiago da; DIAS, Karem Jureidini; HOFFMANN, Susy Gomes. *Repertório analítico de jurisprudência do Carf.* São Paulo: Fundação Getúlio Vargas, 2016, p. 61-62).

> Apesar de o julgamento não ter sido unânime, os elementos de prova que o levaram à manutenção da responsabilidade tributária são: as pessoas arroladas como sócias no contrato social "não tinham capacidade para gerenciar uma empresa de tal porte, sendo indivíduos de modestíssimo patrimônio e nenhuma expertise empresarial"; as pessoas físicas arroladas como administradores de fato da contribuinte eram sócias de empresa com mesmo objeto social que funcionara no mesmo local da contribuinte; as duas empresas funcionaram no mesmo local pelo período de dois anos, sendo que, na análise do fluxo financeiro de ambas demonstra que a primeira teve elevada movimentação nos anos de 2004 a 2006 e a segunda passou a ter elevada movimentação em 2007; ambas as empresas outorgaram procuração a uma mesma pessoa para gerenciamento bancário das mesmas; e os responsáveis tributários foram beneficiários de valores distribuídos no curso dos anos, não tendo apresentado documentos que justificassem o recebimento de referidos valores.[377]

Noutro caso analisado:

> No acórdão n. 1302-001.323, de 11 de março de 2014, decidiu-se que se "a empresa deixou de existir apenas no papel, é lícito à Administração Tributária proceder à responsabilidade tributária e criminal do ex-sócio administrador". (pag 63)
>
> No acórdão n. 1402-000.971, de 10 de abril de 2012, atribuiu-se a responsabilidade tributária sob a imputação de "ser este sócio majoritário e único responsável pela administração" do contribuinte, "pois ao fim e ao cabo é o efetivo responsável pelas operações e seguramente um de seus beneficiários", indicando que "as condutas do sócio – administrador da empresa autuada violou a legislação civil, tributária, comercial e penal, na medida em que o contribuinte praticou ato simulado para ocultar a ocorrência do fato gerador, envolvendo pessoa jurídica sediada em paraíso fiscal, mantinha contas bancárias à margem da escrituração e apresentou DIPJ sem qualquer registro (zerada), quando tinha expressiva movimentação financeira em instituições bancárias, tudo com o propósito doloso de omitir receitas do fisco".[378]

377. SANTI, Eurico Marcos Diniz; VASCONCELOS, Breno Ferreira Martins; SILVA, Daniel Souza Santiago da; DIAS, Karem Jureidini; HOFFMANN, Susy Gomes. *Repertório analítico de jurisprudência do Carf.* São Paulo: Fundação Getúlio Vargas, 2016, p. 62.

378. Idem, p. 63.

Em situações diversas foram fundamentos de prova para atribuição da responsabilidade tributária: omissão reiterada de receitas à tributação; falsificação de Autorização para Impressão de Documentos Fiscais (AIDF); duplicidade de livros comerciais e fiscais; apropriação de recursos da empresa pelos sócios em detrimento do pagamento de tributos; e utilização de notas fiscais falsas (acórdão n. 1102-00.502 e 1102-00.503, de 03 de agosto de 2011).[379]

Citados alguns dos casos em que o CARF analisou o mérito da responsabilidade tributária atribuída com fundamento no art. 135, não resta dúvida de que somente mediante a comprovação da conduta ilícita do sócio ou sócio administrador, preenchidos os demais critérios da hipótese legal pode ser atribuída a responsabilidade. Todos os casos nos quais foi reconhecida a responsabilidade decorreram de procedimento fiscalizatório onde foram carreadas as provas dos fatos ilícitos, demonstrando-se ser inviável provar a ocorrência do fato jurídico da responsabilidade tributária quando o crédito tributário é constituído exclusivamente pelo "lançamento por homologação".

6.8 Presunção de certeza e liquidez da CDA e a responsabilidade tributária do sócio

A presunção de certeza e liquidez da CDA é relativa e pressupõe que o crédito tributário foi regularmente constituído. Conforme adverte Leonardo Greco, do Estado Democrático de Direito

> resulta que as atividades administrativas, inclusive as de constituição do crédito fiscal e criação do respectivo instrumento de cobrança judicial, devem submeter-se aos novos princípios da

379. SANTI, Eurico Marcos Diniz; VASCONCELOS, Breno Ferreira Martins; SILVA, Daniel Souza Santiago da; DIAS, Karem Jureidini; HOFFMANN, Susy Gomes. *Repertório analítico de jurisprudência do Carf.* São Paulo: Fundação Getúlio Vargas, 2016, p. 64.

> Ordem Administrativa, expressos na própria Constituição (artigo 37) e na legislação infraconstitucional, bem como às garantias do processo administrativo, tanto as de nível constitucional – direito de petição, contraditório e ampla defesa – quanto as de nível infraconstitucional, como as constantes do artigo 2° da Lei do Processo Administrativo (Lei 9.784/99, artigo 2°). O título executivo deve atestar a certeza, liquidez e exigibilidade do crédito. No caso da execução fiscal, a certidão da dívida ativa deve ter resultado de processo administrativo regular, em que tenham sido respeitados aqueles princípios, assim como os direitos que a lei expressamente confere ao administrado.[380]

Sobre o ato administrativo de lançamento e a presunção e certeza de liquidez da CDA (que também se aplica ao ato de aplicação de penalidade), Roque Antonio Carrazza resume:

> Salientamos que, como ato administrativo que é, também o lançamento reveste-se da presunção de liquidez e certeza, até prova em contrário, ser produzida pelo contribuinte. Cuida-se, pois, de presunção *iuris tantum* ou *relativa*.
>
> Porque *relativa*, tal presunção exige que o ato administrativo de lançamento seja bem fundamentado, exatamente para que o contribuinte tenha efetiva possibilidade de, querendo, impugnar a pretensão fiscal, como, de resto, lhe faculta o artigo 145, I, do CTN.
>
> Noutros termos, compete ao lançamento determinar a certeza e liquidez do tributo. Para tanto, deverá revestir-se de um mínimo de densidade descritiva, que permita ao contribuinte saber, com segurança, por que a exação lhe está sendo exigida e, em caso de *vício formal*, afastar, na própria sede administrativa, a pretensão do erário.
>
> Oportuno lembrar que os conceitos de *liquidez e certeza* trazem consigo a ideia de ausência de vícios, ilícitos, ilegitimidade, ilegalidade etc., quer formais quer materiais.[381]

Se a CDA não resulta de processo regular de constituição do crédito, inexistindo ato de imposição de penalidade contra

---

380. GRECO, Leonardo. Exceção de pré-executividade na execução fiscal. In: (Coord.) ROCHA, Valdir de Oliveira. *Problemas de processo judicial tributário*. v. 4. São Paulo: Dialética, 2000, p. 185-202.

381. CARRAZZA, Roque Antonio. *Curso de direito constitucional tributário*. 19. ed. São Paulo: Malheiros, 2003, p. 390-391.

o sócio devidamente motivado e com prova do fato jurídico da responsabilidade, não há que se falar em presunção de certeza e liquidez do título executivo, pois os atos administrativos não se sustentam pura e simplesmente na presunção de legitimidade.

Considerando que no lançamento por homologação consta apenas a descrição do fato jurídico tributário, quando constar na CDA que o crédito foi apurado por declaração do contribuinte ("lançamento por homologação"), mesmo que conste o nome do sócio na CDA, deve-se presumir que não foi provado pelo Fisco o fato jurídico da responsabilidade tributária. Será prontamente refutada a presunção relativa de certeza e liquidez do título executivo, e a própria CDA considerada prova da ausência de prova contra o sócio.

Nos termos aqui expostos, quando se tratar de CDA decorrente de crédito apurado exclusivamente pelo "lançamento por homologação, deve ser admitida a defesa do sócio e sócio administrador via exceção de pré-executividade, que será compatível com a tese firmada pelo Superior Tribunal de Justiça de que "a exceção de pré-executividade é admissível na execução fiscal relativamente às matérias conhecíveis de ofício que não demandem dilação probatória" (REsp. 1104900/ES, Recurso Repetitivo, tema 104). Deve ser revisto o entendimento do Superior Tribunal de Justiça firmado no REsp. 1110925/SP (Repetitivo, tema 108) de que "não cabe exceção de pré-executividade em execução fiscal promovida contra sócio que figura como responsável na Certidão de Dívida Ativa (CDA). Nesses casos não existe fundamento no direito posto para atribuir ao sócio o ônus de provar que não é responsável, nos termos do art. 135 do CTN, pelo simples fato de ter seu nome incluído na CDA, pois se presume que seu nome consta no título sem motivação e prova da responsabilidade.

A presunção de certeza e liquidez da CDA, nos termos do CTN e LEF, pressupõe observância à constituição do crédito tributário com o devido processo legal. Se o contribuinte alega que não foi observado, que não foi provado pelo Fisco a prática do fato jurídico tributário e do fato jurídico da responsabilidade tributária, cabe ao Fisco prová-lo, não ao contribuinte produzir prova de fato de negativo.

6.8.1 O *case* do estado do Espírito Santo

O regulamento do imposto sobre operações relativas à circulação de mercadorias e sobre prestações de serviços de transporte interestadual e intermunicipal e de comunicação (RICMS/ES), aprovado pelo Decreto n. 1.090-R/2002, dispõe na "Seção III - Do Responsável Solidário", que são solidariamente responsáveis "o diretor, o administrador ou o sócio-gerente, em relação ao imposto devido pela sociedade que dirige ou dirigiu ou de que faz ou fez parte" (art. 19, VII, RICMS/ES).

Com fundamento nesse ato infralegal, que viola frontalmente as normas de responsabilidade tributária já tratadas, a Secretaria de Fazenda do Estado do Espírito Santo tem como prática constituir o crédito tributário contra as sociedades e automaticamente vincular no Sistema da Secretaria de Fazenda do Estado do Espírito Santo (SEFAZ/ES) o débito aos sócios administradores. Basta que ostentem a condição de sócio administrador no período correspondente à ocorrência do fato jurídico tributário ou do descumprimento de dever instrumental. A responsabilidade é objetivamente atribuída pelo mero inadimplemento da obrigação tributária principal ou pela multa decorrente do descumprimento de dever instrumental. Basta ser sócio administrador que ocorre a "incidência automática e infalível" da responsabilidade tributária.

Exemplificativamente, ao analisar o caso de uma sociedade de cotas por responsabilidade limitada, constatou-se que foram lavrados quatro autos de infração relativos a fatos ocorridos de 2012 a 2014, apurando ICMS e aplicando multa por descumprimento de dever instrumental (DDI), que resultaram em quatro inscrições em dívida ativa:

CDA	Processo	AI	Período	Fatos
145/ 2018	72675195	5015854-4 Multa DDI	01/2012 a 12/2013	Deixar de escriturar, no prazo regulamentar, notas fiscais de entrada nos respectivos Livros Registro de Entrada.
154/ 2018	72663499	5015804-4 Multa DDI + imposto	01/2014 a 11/2014	Deixar de emitir notas fiscais de saída em operações tributárias presumidas e constatadas, pela falta de registro de notas fiscais de entrada relativas à aquisição de mercadorias, no Livro Registro de Entradas do exercício 2014.
188/ 2018	72682540	5015954-4 Multa DDI + imposto	12/2012 a 12/2014	Deixar de emitir notas fiscais de saída em operações tributáveis não registradas, presumidas e constatadas, decorrentes de diferença apurada em levantamento quantitativo, assim entendido o confronto entre o número de unidades estocadas e saídas no período 31/12/2011 a 31/12/2014.
1331/2018	72658185	5015696-6 Multa DDI	01/2014 11/2014	Deixar de escriturar, no prazo regulamentar, notas fiscais de entrada no Livro Registro de Entradas do exercício 2014.

Todos os autos de infração foram lavrados exclusivamente contra a sociedade, que apresentou as impugnações administrativas. Todas foram julgadas improcedentes pela autoridade administrativa julgadora de primeira instância mantendo integralmente as autuações. Não foram interpostos recursos à segunda instância administrativa (Conselho Estadual de Recursos Fiscais) ocorrendo a constituição definitiva do crédito tributário. Constam nos processos administrativos no campo intitulado "Informativo de Lançamento de Crédito Tributário referente ao Auto de Infração" como sujeito passivo a sociedade empresária. Constituídos os créditos tributários exclusivamente contra a sociedade, no momento da inscrição em dívida ativa, os créditos foram inscritos contra a sociedade e os sócios.

As quatro CDA's resultam de descumprimento de obrigações acessórias; nas CDA's n.145/2018 e 154/2018 constam lançamento de crédito de tributo e multa por descumprimento de dever instrumental e nas outras duas apenas multa por descumprimento de obrigação acessória. A sociedade está em atividade, não podendo se falar em dissolução irregular de sociedade para fins de incidência da hipótese do art. 134, VII, CTN. Em relação aos créditos de tributo derivados dos fatos ilícitos "deixar de escriturar, no prazo regulamentar, notas fiscais de entrada nos respectivos Livros Registro de Entrada" e "deixar de emitir notas fiscais de saída em operações tributárias presumidas e constatadas, pela falta de registro de notas fiscais de entrada relativas à aquisição de mercadorias, no Livro Registro de Entradas do exercício 2014" o Fisco poderia, em tese, atribuir aos sócios-administradores a responsabilidade tributária fundada no art. 135, III, CTN. Porém, os autos de infração foram lavrados somente contra a sociedade; no momento da inscrição em dívida ativa os sócios foram incluídos, fazendo seus nomes constar nas CDA's.

Constata-se que, na esfera estadual no Espírito Santo, em regra, aos sócios administradores é indiscriminadamente atribuída a responsabilidade, sem fundamentação legal, motivação do ato administrativo e prova da responsabilidade tributária do sócio.

6.9 A Súmula 435 do Superior Tribunal de Justiça: dissolução irregular e responsabilidade tributária do sócio e a presunção de dissolução irregular

Nos termos da Súmula 435 do Superior Tribunal de Justiça, "presume-se dissolvida irregularmente a empresa que deixar de funcionar no seu domicílio fiscal, sem comunicação aos órgãos competentes, legitimando o redirecionamento da execução fiscal para o sócio-gerente" (Superior Tribunal de Justiça, Súmula 435, 1ª Seção, j. 14.04.2010, *DJe* 13.05.2010).

O termo "dissolução irregular da sociedade" é mais abrangente que a hipótese legal "dissolução irregular da sociedade de pessoas" (art. 134, VII, CTN). A responsabilidade tributária prevista no CTN deve ser analisada sistematicamente com os institutos de Direito Civil, conforme premissas já abordadas neste estudo ao analisarmos as noções de personalidade jurídica, sociedade, dissolução e liquidação de sociedade e sociedade de pessoas.

Cabe relembrar que "a dissolução irregular da sociedade de pessoas" integra o fato típico da (i) responsabilidade *subsidiária* dos sócios (art. 134, VII, CTN); (ii) responsabilidade *pessoal* dos sócios das *sociedades de pessoas* (art. 135, I c/c art. 134, VII, CTN); e (iii) responsabilidade *pessoal* dos sócios administradores das *sociedades em geral* (art. 135, III, CTN). São três hipóteses legais distintas, cujos antecedentes descrevem respectivamente três fatos jurídicos da responsabilidade tributária do sócio, cada um com suas particularidades.

A Súmula 435 do Superior Tribunal de Justiça enunciou: "presume-se dissolvida irregularmente a empresa que deixar de funcionar no seu domicílio fiscal, sem comunicação aos órgãos competentes, legitimando o redirecionamento da execução fiscal para o sócio-gerente". São precedentes: AgRg no Ag 1247879/PR; AgRg no REsp. 1023213/SC; EREsp. 716412/PR; EREsp. 852437/RS; REsp. 738502/SC; REsp. 944872/RS; REsp. 953956/PR; REsp. 980150/SP e REsp. 1129244/PR.

Esses precedentes do Superior Tribunal de Justiça utilizaram uma presunção comum de que não sendo a empresa localizada no seu domicílio tributário, informado nos órgãos competentes, presume-se a dissolução irregular, ou seja, a empresa encerrou suas atividades sem proceder a regular dissolução da sociedade.

Essa presunção, na realidade, é apenas um indício de que a sociedade foi dissolvida irregularmente. Como já visto, a dissolução irregular integra algumas condutas típicas que resultam em responsabilidade tributária do sócio e sócio administrador, mas não é, por si só, causa da responsabilidade pessoal, já que as normas de responsabilidade sob estudo preveem outros critérios em seus antecedentes.

A presunção estabelece um indício de dissolução irregular. Esse fato, dissolução irregular da sociedade, por si só, não basta para atribuir ao sócio ou sócio administrador a responsabilidade tributária. Devem ser preenchidos os demais critérios das normas de responsabilidade. Todos os critérios descritos no antecedente da norma devem ser motivadamente relatados e instruídos com a linguagem das provas em ato de aplicação de penalidade para imputar a responsabilidade.

Nos precedentes da súmula constam que, em processos de execução fiscal, ao ser certificado pelo oficial de justiça que a empresa não mais funciona no endereço correspondente ao seu domicílio tributário, presume-se a dissolução irregular; a execução fiscal é automaticamente redirecionada contra os sócios ou o sócio administrador.[382]

Essa súmula deve ser revista para adequar-se às normas de responsabilidade tributária do sócio e do sócio administrador, pois "quando se constatar que a empresa deixou de funcionar no seu domicílio fiscal, sem comunicação aos órgãos competentes", o Fisco poderá valer-se desse indício de que ocorreu a dissolução irregular e instaurar o procedimento administrativo para relatar na linguagem das provas a ocorrência do fato jurídico da responsabilidade tributária subsumido a uma das hipóteses legais. De forma incisiva, a constatação de que "a empresa deixou de funcionar no seu domicílio fiscal, sem comunicação aos órgãos competentes" é um indício da dissolução irregular, não é prova da responsabilidade tributária.

---

382. Alguns julgados do Superior Tribunal de Justiça aplicam a responsabilidade apenas ao sócio com poderes de gestão, mas, nos termos defendidos nesse trabalho, os sócios cotistas também podem ser responsabilizados.

7. CONCLUSÃO

Nas pesquisas realizadas na elaboração desta obra, utilizando o método hermenêutico analítico, sob a perspectiva do constructivismo lógico-semântico, foram analisados os enunciados do direito positivo brasileiro relacionados aos sujeitos passivos da relação jurídica tributária e da responsabilidade tributária, com intuito de averiguar, especificamente, a prova da responsabilidade do sócio (das normas jurídicas fundadas nos arts. 134, VII; 135, I c/c 134, VII e 135, III, do Código Tributário Nacional), o ônus da prova, o procedimento e o momento para imputação da responsabilidade. Chegou-se, então, às conclusões as quais passamos a expor.

A relação jurídica tributária *stricto sensu*, vínculo que relaciona os sujeitos ativo e passivo, é instaurada pela norma individual e concreta enunciada pela linguagem e autoridade competente, decorrente do processo de positivação de norma geral e abstrata. O sujeito passivo é a pessoa que figura no polo passivo da relação jurídica tributária. Nos termos das normas gerais do Código Tributário Nacional, podem figurar no polo passivo da relação jurídica tributária o contribuinte ou o responsável; ambos são sujeitos passivos.

Analisando os limites e os parâmetros constitucionais para eleger o sujeito passivo da relação jurídica tributária, concluiu-se que deverão ser observados os princípios constitucionais tributários, especialmente os da legalidade tributária, tipicidade tributária, capacidade contributiva e do não confisco. O sujeito passivo poderá ser o contribuinte ou o responsável, pois a Constituição não veda que o responsável seja eleito pelo legislador como sujeito passivo. O contribuinte não pode ser qualquer um, mas somente aquele que realiza o fato jurídico tributário nos moldes do arquétipo deduzido a partir dos enunciados do texto constitucional. Em atenção aos princípios constitucionais da capacidade contributiva e não confisco, quando o legislador eleger o responsável como sujeito passivo deverá estabelecer mecanismo de responsabilidade tributária que não afete o patrimônio, a renda e os demais signos de riqueza do responsável, mas sim do contribuinte, assegurando ao responsável o ressarcimento do ônus tributário. Os princípios da capacidade tributária e não confisco não se aplicam aos casos de responsabilidade tributária de natureza sancionatória, como nos casos de responsabilidade tributária dos sócios.

O Código Tributário Nacional enuncia que o sujeito passivo da relação jurídica tributária, pessoa obrigada ao pagamento do tributo ou penalidade (art. 121, CTN), pode ser o contribuinte ou o responsável. O contribuinte é sujeito passivo por realizar o fato jurídico tributário que subsome aos critérios descritos no antecedente da regra-matriz de incidência tributária, tem "relação direta com o fato gerador" nos termos do CTN. O responsável é sujeito passivo por realizar o fato jurídico da responsabilidade que subsome a uma norma de responsabilidade tributária *stricto sensu*, dentre as várias modalidades de responsabilidade tributária *lato sensu*; não tem "relação pessoal e direta com a situação que constitua o respectivo fato gerador", mas tem relação com algum dos critérios da regra-matriz de incidência tributária ou com o contribuinte. A relação jurídica tributária entre sujeito ativo e o contribuinte tem natureza obrigacional, enquanto a relação entre sujeito ativo e responsável poderá ter natureza obrigacional ou sancionatória, conforme a modalidade de responsabilidade tributária.

O termo responsabilidade tributária tem várias acepções, assim como contribuinte e responsável. A responsabilidade tributária *lato sensu* ou em sentido amplo corresponde à atribuição do dever legal de recolher o tributo ao contribuinte ou responsável. Nessa perspectiva, contribuinte e responsável são responsáveis. A responsabilidade tributária *stricto sensu* decorre de norma jurídica *stricto sensu*, que atribuiu ao responsável tributário o dever legal de adimplir o crédito tributário, resultando da norma de responsabilidade relação jurídica tributária com caráter obrigacional ou sancionatório. O responsável sempre será pessoa diversa do contribuinte; nessa ótica, o responsável *stricto sensu* sempre será "terceiro responsável", apesar de o CTN utilizar a expressão responsabilidade de terceiros especificamente em relação às hipóteses dos arts. 134 e 135.

Entre as várias modalidades de responsabilidade tributária *lato sensu*, foram estudadas, especificamente, as normas de responsabilidade tributária *stricto sensu* que atribuem ao sócio ou sócio administrador a obrigação de pagar o crédito tributário decorrente de fatos jurídicos tributários realizados pela sociedade. Foram identificadas e descritas três normas jurídicas de responsabilidade tributária (ou regra-matrizes de responsabilidade tributária) do sócio fundadas no *i.* art. 134, VII, CTN; *ii.* Arts. 135, I c/c 134, VII, CTN; e *iii.* art. 135, III, CTN.

O direito brasileiro atribui personalidade jurídica às sociedades, resultando na autonomia de personalidade jurídica entre sócios e sociedade. A sociedade é sujeito de direitos e obrigações, com autonomia patrimonial. A regra é que o patrimônio social responda pelas dívidas tributárias da sociedade, somente sendo possível imputar ao sócio a responsabilidade pelo pagamento dessas obrigações nas hipóteses taxativas de responsabilidade tributária do sócio e sócio administrador (*i.* art. 134, VII, CTN; *ii.* arts. 135, I c/c 134, VII, CTN; e *iii.* art. 135, III, CTN) em atenção aos princípios constitucionais da legalidade e tipicidade tributária. O Fisco tem, indevidamente, utilizado de interpretação extensiva dessas hipóteses, responsabilizando indiscriminadamente o sócio e o sócio administrador pelas dívidas tributárias da sociedade, como solução para recebimento de seu crédito.

A responsabilidade tributária subsidiária dos sócios das sociedades de pessoas dissolvidas irregularmente (art. 134, VII, CTN) verificar-se-á quando, cumulativamente, ocorrer: (i) a dissolução irregular de sociedade de pessoas (a hipótese não se aplica às sociedades de capital); (ii) descumprimento da obrigação tributária pela sociedade e impossibilidade de exigência do crédito por ausência ou insuficiência de patrimônio social; e (iii) conduta ilícita culposa do sócio na dissolução irregular da sociedade, tendo intervindo ou se omitido em relação aos deveres legais do sócio na dissolução da sociedade. A ocorrência da responsabilidade subsidiária do sócio resulta em exclusão da responsabilidade da sociedade (contribuinte).

A responsabilidade tributária i. dos sócios das sociedades de pessoas dissolvidas irregularmente (art. 135, I c/c art. 134, VII, CTN) e ii. do sócio administrador das sociedades em geral (art. 135, III, CTN) é pessoal e exclusiva, não solidária, excluindo o contribuinte da relação jurídica tributária. Ocorrerá quando (i) agirem dolosamente; (ii) praticando atos com excesso de poderes ou infração de lei, contrato social ou estatutos; (iii) sendo essa conduta anterior, concomitante ou posterior ao fato jurídico tributário correspondente à obrigação tributária descumprida; (iv) a conduta ilícita dolosa deve corresponder (iv.a) a um fato jurídico tributário; ou (iv.b) a dar causa ao descumprimento da obrigação tributária principal. Ônus da prova é distribuição do dever de provar, de modo que, em matéria tributária, não há que se falar em distribuição do ônus, pois a autoridade administrativa tem o dever de provar o fato jurídico tributário e o ilícito para constituir o crédito tributário. Cabe ao Fisco o dever de provar que o sócio ou sócio administrador realizou o fato jurídico da responsabilidade tributária, para imputar-lhe validamente a sanção correspondente ao pagamento do crédito tributário.

No procedimento de lançamento tributário cabe ao Fisco o encargo de provar (ou dever de investigar) que o contribuinte praticou o fato jurídico tributário, conforme os critérios descritos no antecedente da regra-matriz de incidência tributária. O regime jurídico é o mesmo em relação à responsabilidade tributária do sócio. Cabe ao Fisco, no procedimento de aplicação de penalidade, o dever de provar que o sócio/sócio administrador praticou o fato jurídico da responsabilidade tributária que subsume aos critérios descritos no antecedente da respectiva norma jurídica de responsabilidade tributária (ou regra-matriz de responsabilidade tributária). Lançamento e ato de aplicação de penalidade, ambos atos materialmente administrativos, enunciam a norma individual e concreta no processo de positivação da regra-matriz de incidência tributária e da regra-matriz de responsabilidade tributária, respectivamente. O ato de aplicação de penalidade, privativo da autoridade administrativa, instaura a relação jurídica tributária de natureza sancionatória entre Fisco e sócio/sócio administrador. O ato administrativo deverá ser motivado com a ocorrência do fato jurídico da responsabilidade tributária e instruído com a linguagem das provas, na forma prescrita pelo ordenamento jurídico. O fato jurídico é constituído pela linguagem das provas.

O momento da ocorrência do fato jurídico da responsabilidade tributária é o marco do prazo decadencial para lavratura de ato de aplicação de penalidade. Independentemente da época do fato da responsabilidade (antes, concomitante ou posterior ao fato tributário), mesmo após o ajuizamento da execução fiscal, é necessário ato de aplicação de penalidade para instaurar o vínculo relacional entre Fisco e responsável, para viabilizar a cobrança e constrição de bens do sócio/sócio administrador. O ato administrativo, privativo da autoridade administrativa, é imprescindível para a constituição do crédito tributário contra o sócio, que deverá ser notificado pessoalmente para dar eficácia ao ato e interromper o prazo decadencial, como também para que o sócio possa exercer seu direito constitucional ao contraditório e à ampla defesa (apresentando impugnação administrativa e recursos). A constituição regular (devido processo legal) e definitiva do crédito é condição para a inscrição do débito em dívida ativa; só assim a CDA poderá ser expedida e considerada título líquido, certo e exigível para instruir a execução fiscal. Compete privativamente à autoridade administrativa constituir o crédito, à Procuradoria da Fazenda (nacional, estadual, municipal ou distrital) o controle de legalidade do ato administrativo e a cobrança do crédito via execução fiscal.

Devem ser revistos os entendimentos do Superior Tribunal de Justiça de que "não cabe exceção de pré-executividade em execução fiscal promovida contra sócio que figura como responsável na Certidão de Dívida Ativa – CDA" (REsp. 1104900, Repetitivo, Tema 104) e de que "a presunção de legitimidade assegurada à CDA impõe ao executado que figura no título executivo o ônus de demonstrar a inexistência de sua responsabilidade tributária" (REsp1110925/SP, Repetitivo, Tema 108), por serem incompatíveis com o direito positivo brasileiro. Como cabe ao Fisco o dever de provar a responsabilidade tributária, a presunção de legitimidade da CDA, que é relativa, pode ser prontamente afastada, por prova pré-constituída na própria CDA, nos casos em que consta no título executivo que o crédito foi constituído pelo "lançamento por homologação". Se o crédito foi constituído exclusivamente por ato do contribuinte, deduz-se que a autoridade administrativa não emitiu ato de aplicação de penalidade, que deve ser motivado e instruído com a prova das condutas ilícitas ensejadoras da responsabilidade tributária, seja ela subsidiária (art. 134, CTN) ou pessoal (art. 135, CTN).

Também deve ser revista a Súmula 435 do Superior Tribunal de Justiça: "presume-se dissolvida irregularmente a empresa que deixar de funcionar no seu domicílio fiscal, sem comunicação aos órgãos competentes, legitimando o redirecionamento da execução fiscal para o sócio-gerente". A constatação de que "a empresa deixou de funcionar no seu domicílio fiscal, sem comunicação aos órgãos competentes" é apenas um indício da dissolução irregular, não é prova da responsabilidade tributária. O Fisco poderá valer-se do indício de dissolução irregular e instaurar o procedimento administrativo para relatar na linguagem das provas o fato jurídico da responsabilidade tributária que subsuma a uma das hipóteses legais: (i) responsabilidade *subsidiária* dos sócios (art. 134, VII, CTN); (ii) responsabilidade *pessoal* dos sócios das *sociedades de pessoas* (art. 135, I c/c art. 134, VII, CTN); e (iii) responsabilidade *pessoal* dos sócios administradores das *sociedades em geral* (art. 135, III, CTN). Essas hipóteses descrevem em seus antecedentes outros critérios, além da "mera dissolução irregular", para ocorrência dos respectivos fatos jurídicos da responsabilidade tributária do sócio/sócio administrador.

Finalmente, sugere-se a revisão da Súmula 430 do Superior Tribunal de Justiça: "o inadimplemento da obrigação tributária pela sociedade não gera, por si só, a responsabilidade solidária do sócio-gerente", que está em contradição com entendimento mais recente do STJ enunciado no REsp. 1.101.728 (Recurso Repetitivo), onde foi decidido que a responsabilidade tributária prevista no art. 135 do CTN é subsidiária, enquanto na Súmula 430 consta responsabilidade "solidária".

REFERÊNCIAS

ANSELMO, Marcio Adriano. Critério Material do ISS: conteúdo semântico da expressão "definidos em lei complementar". *Revista Tributária e de Finanças Públicas.* v. 64, set.-out., São Paulo: RT, 2005.

ARAÚJO, Clarice Von Oertzen. *Semiótica do direito.* São Paulo: Quartier Latin, 2005.

ATALIBA, Geraldo. *Hipótese de incidência tributária.* 5.ed. São Paulo: Malheiros, 1993.

_____; BARRETO, Aires F. Substituição e responsabilidade tributária. *Revista de Direito Tributário.* Cadernos de Direito Tributário n. 49. São Paulo: RT.

BALEEIRO, Aliomar. *Limitações constitucionais ao poder de tributar.* 5.ed. Rio de Janeiro: Forense, 1977.

_____; O projeto Rubens Gomes de Souza-Osvaldo Aranha. *Doutrinas Essenciais.* São Paulo: RT, 737/741, mar. 1997.

BARRETO, Paulo Ayres. *Contribuições* – regime jurídico, destinação e controle. São Paulo: Noeses.

_____. Ordenamento e sistema jurídico. In: (Coord.) CARVALHO, Paulo de Barros. *Constructivismo Lógico-Semântico.* São Paulo: Noeses, 2014.

BECHO, Renato Lopes. *Responsabilidade tributária de terceiros:* CTN, arts. 134 e 135. São Paulo: Saraiva, 2014.

BECKER, Alfredo Augusto. *Teoria geral do direito tributário.* 3. ed. São Paulo: Lejus, 1998.

BONILHA, Paulo Celso B. *A prova no processo administrativo tributário.* 2. ed. São Paulo: Dialética, 1997.

BOTALHO, Eduardo Domingos. *Curso de processo administrativo tributário.* 2. ed. São Paulo: Malheiros, 2009.

BRASIL. Código Tributário. Projeto. (1954). Senado Federal. Disponível em: http://www2.senado.gov.br/bdsf/handle/id/511517. Acesso em: 22 nov. 2017.

______. Decreto n. 2.427, de 17 de dezembro de 1997. Promulga a Convenção Interamericana sobre Personalidade e Capacidade de Pessoas Jurídicas no Direito Internacional Privado, concluída em La Paz, em 24 de maio de 1984. Disponível em: http://www2.camara.leg.br/legin/fed/decret/1997/decreto-2427-17-dezembro-1997-400750-publicacaooriginal-1-pe.html. Acesso em: 09 out. 2018.

______. Senado Federal. Disponível em: http://www2.senado.gov.br/bdsf/handle/id/511517. Acesso em: 22 nov. 2017.

______. Câmara dos Deputados. Disponível em: http://www2.camara.leg.br/legin/fed/consti/1940-1949/constituicao-1946-18-julho-1946-365199-publicacaooriginal-1-pl.html. Acesso em: 26 dez. 2018.

CAIS, Cleide Previtalli. *O processo tributário.* 6. ed. São Paulo: RT, 2009.

CAMPINHO, Sérgio. *O direito de empresa à luz do novo* Código *Civil.* 2. ed. Rio de Janeiro: Renovar, 2003.

CARVALHO, Aurora Tomazini de. *Curso de teoria geral do direito.* 3. ed. São Paulo: Noeses, 2013.

CARVALHO, Paulo de Barros (Coord.). *Constructivismo lógico-semântico.* São Paulo: Noeses, 2014.

_____. *Curso de direito tributário.* 26. ed. São Paulo: Saraiva, 2014.

_____. *Curso de direito tributário.* 11. ed. São Paulo: Saraiva, 1999.

_____. *Direito tributário:* fundamentos jurídicos da incidência. 9. ed. São Paulo: 2012.

_____. *Direito tributário:* linguagem e método. 5. ed. São Paulo: Noeses, 2013.

_____. *Fundamentos jurídicos da incidência.* São Paulo: Saraiva, 1998.

_____. A prova no procedimento administrativo tributário. *Revista Dialética de Direito Tributário* 34. São Paulo: Dialética, 1998.

_____. O absurdo da interpretação econômica do "fato gerador". Direito e sua autonomia – o paradoxo da interdisciplinaridade. *Revista da Faculdade de Direito da Universidade de São Paulo*, v. 102, p. 441-456, jan.-dez., 2007.

CARVALHOSA, Modesto. *Comentários à lei das sociedades anônimas.* v. 4. São Paulo: Saraiva, 1978.

CARRAZZA, Roque Antonio. *Curso de direito constitucional tributário.* São Paulo: Malheiros, 2003.

_____. *Curso de direito constitucional tributário.* 19. ed. São Paulo: Malheiros, 2003.

COELHO, Fábio Ulhoa. *Manual de direito comercial.* 17. ed. São Paulo: Saraiva, 2006.

COÊLHO, Sacha Calmon Navarro. *Curso de direito tributário brasileiro.* 9. ed. Rio de Janeiro: Forense, 2006.

COSTA, Alcides Jorge. ICMS e substituição tributária. *Revista Dialética de Direito Tributário* n. 2. São Paulo: Dialética, 1995.

COSTA, Regina Helena. *Curso de direito tributário:* Constituição e Código Tributário Nacional. 2. ed. São Paulo: Saraiva, 2012.

CUNHA, Antônio Geraldo da. *Dicionário etimológico da língua portuguesa.* 4. ed. Rio de Janeiro: Lexikon, 2010.

DARZÉ, Andréa Medrado. *Responsabilidade:* solidariedade e subsidiariedade. São Paulo: Noeses, 2010.

DERZI, Misabel de Abreu Machado. *Direito tributário, direito penal e tipo.* São Paulo: RT, 1998.

DICIONÁRIO Aurélio *on-line*. Disponível em: https://dicionariodoaurelio.com/. Acesso em: 17 nov. 2018.

DICIONÁRIO de sinônimos *on-line* de português do Brasil. Dicio.com.br. Disponível em: https://www.sinonimos.com.br/contribuinte/. Acesso em: 27 dez. 2018.

DICIONÁRIO Caldas Aulete. *Lexikon Editora Digital Ltda.* Disponível em: http://www.aulete.com.br/contribuinte. Acesso em: 27 dez. 2018.

ENGISCH, Karl. *Introdução ao pensamento jurídico.* Tradução de J. Batista Machado. 10. ed. Lisboa: Fundação Calouste Gulbenkian, 2008.

ESTRELLA, Hernani. *Apuração de haveres de sócio:* de acordo com o Código Civil de 2002. 4. ed. Atualizado por Roberto Papini. Rio de Janeiro: Forense, 2004.

FALCÃO, Amílcar de Araújo. *Fato gerador da obrigação tributária.* 7. ed. São Paulo: Noeses, 2013.

FERNANDES, Edson Carlos. *Direito contábil* (fundamentos, conceito, fontes e relação com outros "ramos" jurídicos). São Paulo: Dialética, 2013.

FERRAGUT, Maria Rita. *Responsabilidade tributária e o Código Civil de 2002.* 3.ed. São Paulo: Noeses, 2013.

FERRAZ JUNIOR, Tercio Sampaio. *Introdução ao estudo do direito.* 9. ed. São Paulo: Atlas, 2016.

FERREIRA NETO, Arthur M. Fundamentos filosóficos da responsabilidade tributária. In: (Coords.) FERREIRA NETO, Arthur M.; MICHELE, Rafael. *Curso avançado de substituição tributária* – modalidades e direitos do contribuinte. 2. ed. Porto Alegre: Livraria do Advogado, 2016.

______; NICHELE, Rafael (Coords.). *Curso avançado de substituição tributária* – modalidades e direitos do contribuinte. 2. ed. Porto Alegre: Livraria do Advogado, 2016.

FLUSSER, Vilém. *Língua e realidade.* 3. ed. São Paulo: Annablume, 2007.

FREITAS, Vladimir Passos de (Coord.). *Código Tributário Nacional comentado.* 7. ed. São Paulo: RT, 2017.

GAMA, Tácio Lacerda. *Competência tributária:* fundamentos para uma teoria da nulidade. 2. ed. São Paulo: Noeses, 2011.

GRECO, Leonardo. Garantias fundamentais do processo: o processo justo. *Revista jurídica,* ano 51, mar. 2003, n. 305, São Paulo: Notadez, 2003.

______. Exceção de pré-executividade na execução fiscal. In: (Coord.) ROCHA, Valdir de Oliveira. *Problemas de processo judicial tributário.* v. 4. São Paulo: Dialética, 2000.

GUASTINI, Riccardo. *Das fontes as normas.* Tradução de Edson Bini. São Paulo: Quartier Latin, 2005.

HORVATH, Estevão. *Lançamento tributário e "autolançamento"*. São Paulo: Quartier Latin.

KELSEN, Hans. *Teoria geral do direito e do Estado*. São Paulo: Martins Fontes, 2000.

_____. *Teoria geral do direito e do Estado*. Tradução de Luiz Carlos Borges. 3. ed. São Paulo: Martins Fontes, 1998.

_____. *Teoria pura do direito*. São Paulo: Martins Fontes, 2012.

_____. *Teoria pura do direito*. Tradução de João Batista Machado. 8. ed. São Paulo: Martins Fontes, 2009.

KOURY, Susy Elizabeth Cavalcante. *A desconsideração da personalidade jurídica (Disregar doutrine)* e os grupos econômicos. 3. ed. Rio de Janeiro: Forense, 2011.

LARENZ, Karl. *Metodologia da ciência do direito*. 4. ed. Tradução de José Lamego. Lisboa: Fundação Calouste Gulbenkian, 2005.

LINS, Robson Maia. *Curso de direito tributário brasileiro*. São Paulo: Noeses, 2019.

MAIA, Mary Elbe Gomes Queiroz. *Do lançamento tributário:* execução e controle. São Paulo: Dialética, 1999.

MACHADO, Hugo de Brito. *Curso de direito tributário*. 20. ed. São Paulo: Malheiros, 2002.

MACHADO, Raquel Cavalcanti Ramos. Responsabilidade do sócio por créditos tributários lançados contra a pessoa jurídica – os arts. 124, II, 134 e 135 do CTN, o art. 13 da Lei 8.620/93 e a razoabilidade. *Revista Dialética de Direito Tributário*, São Paulo, n. 114, p. 84-93, mar. 2005.

MAMEDE, Gladston; MAMEDE, Eduarda Cotta. *Blindagem patrimonial e planejamento tributário*. 4. ed. São Paulo: Atlas, 2013.

MARCONI, Marina de Andrade; LAKATOS, Eva Maria. *Metodologia científica*. 3. ed. São Paulo: Atlas, 2000.

MARIANO, Paulo Antônio; WERNECK, Raphael; BEZERRA, Sandra Regina Alencar. *Substituição tributária no ICMS:* aspectos jurídicos e práticos. 6. ed. São Paulo: IOB Folhamatic, 2013.

MARINS, James. *Direito processual tributário brasileiro* (administrativo e judicial). 8. ed. São Paulo: Dialética, 2015.

MARQUES, Leonardo Nunes. A responsabilidade dos membros da sociedade limitada pelas obrigações tributárias e o Novo Código Civil. *Revista Dialética de Direito Tributário* n. 111. São Paulo: Dialética, dez. 2004.

MARTINS, Ives Gandra da Silva (Coord.). *Comentários ao Código Tributário Nacional*. v. 2. São Paulo: Saraiva, 1998.

MICHAELIS. *Dicionário brasileiro da língua portuguesa*. Disponível em: http://michaelis.uol.com.br. Acesso em: 24 dez. 2018.

_____. *Dicionário brasileiro da língua portuguesa*. São Paulo: Melhoramentos, 2015. Disponível em: https://michaelis.uol.com.br/moderno-portugues/busca/portugues-brasileiro/contribuinte/. Acesso em: 27 dez. 2018.

MORAES, Bernardo Ribeiro de. *Compêndio de direito tributário*. v. 2. 3. ed. Rio de Janeiro: Forense, 1995.

MORCHÓN, Gregório Robles. *As regras do direito e as regras dos jogos* – ensaio sobre a teoria analítica do direito. Tradução de Poliana Mayer. São Paulo: Noeses, 2011.

MOUSSALLEM, Tárek Moysés. *Fontes do direito tributário*. São Paulo: Max Limonad, 2001.

_____. *Revogação em matéria tributária*. 2. ed. São Paulo: Noeses, 2011.

NABAIS, José Casalta. *O dever fundamental de pagar impostos*. Coimbra: Almedina, 2004.

NASCIMENTO, Octávio Bulhões; SANTI, Eurico Marcos Diniz de (Coords.). *Sujeição passiva tributária*. Rio de Janeiro: Forense, 2007.

NEVES, Iêdo Batista. *Vocabulário prático de tecnologia jurídica e de brocardos latinos*. Fases Edições, 1988.

NOGUEIRA, Alberto. *Os limites da legalidade tributária no Estado Democrático de Direito:* fisco x contribuinte na arena jurídica: ataque e defesa. Rio de Janeiro: Renovar, 1996.

PARLATO, Andrea. *Il Sostituto Dimposta Studi Di Finanza Pubblica*. Padova: Cedam, 1969.

PAULSEN, Leandro. *Direito tributário:* Constituição e Código Tributário nacional à luz da doutrina e da jurisprudência. 12. ed. Porto Alegre: Livraria do Advogado, 2010.

______; ÁVILA, René Bergmann; SLIWKA, Ingrid Schroder. *Direito processual tributário:* processo administrativo fiscal e execução fiscal à luz da doutrina e da jurisprudência. 4. ed. Porto Alegre: Livraria do Advogado, 2007.

PEIXOTO, Daniel Monteiro. *Responsabilidade tributária e os atos de formação, administração, reorganização e dissolução de sociedades*. São Paulo: Saraiva, 2012.

PIDIO, Patrizia. *Del sostituto d'imposta*: chi è e cosa fa. Pubblicato il 04 Dicembre 2015 alle ore 16:56. Disponível em: https://www.investireoggi.it/fisco/sostituto-dimposta-chi-e-e-cosa-fa/. Acesso em: 15 nov. 2017.

QUEIROZ, Luís César Souza de. *Sujeição passiva tributária*. 3. ed. Rio de Janeiro: GZ, 2017.

PINTO, Fernando Brasil de Oliveira. A apuração da responsabilidade tributária dos representantes legais de empresas no processo administrativo fiscal federal. *Revista Dialética de Direito Tributário*, São Paulo, n. 198, mar. 2012.

RAMOS, José Eduardo Silvério. *Tributação ambiental:* o IPTU e o meio ambiente urbano. Belo Horizonte: Fórum, 2011.

REALE, Miguel. *Filosofia do direito.* 19. ed. São Paulo Saraiva, 1999.

______. *Lições preliminares de direito.* 27. ed. São Paulo: Saraiva, 2002.

REQUIÃO, Rubens. *Curso de direito comercial.* v. 1. 33. ed. Atualizado por Rubens Eduardo Requião. São Paulo: Saraiva, 2014.

RIBEIRO, Osni Moura; PINTO, Mauro Aparecido. *Introdução à contabilidade tributária.* 2. ed. São Paulo: Saraiva, 2014.

ROSA JÚNIOR, Luiz Emygdio Freire. *Manual de direito financeiro e tributário.* 16. ed. Rio de Janeiro: Renovar, 2002.

SANTI, Eurico Diniz de. *Lançamento tributário.* São Paulo: Max Limonad, 1996.

SANTIAGO, Igor Mauler. Revista Consultor Jurídico. Delação premiada não serve de fundamento para autuação tributária. Disponível em: https://www.conjur.com.br/2018-jun-06/consultor-tributario-delacao-premiada-nao-serve-fundamento-autuacao-tributaria. Acesso em: 06 jun. 2018.

SCAVINO, Dardo. *A filosofia atual:* pensar sem certezas. Tradução de Lucas Galvão de Brito. São Paulo: Noeses, 2014.

SILVA, Paulo Roberto Coimbra. *A substituição tributária progressiva nos impostos plurifásicos e não cumulativos.* Belo Horizonte: Del Rey, 2001.

SOUZA, Rubens Gomes. *Compêndio de legislação tributária.* São Paulo: Resenha Tributária, 1975. (edição póstuma).

TEIXEIRA Alexandre Alkimim et al. Responsabilidade. SANTI, Eurico Marcos Diniz; VASCONCELOS, Breno Ferreira Martins; SILVA, Daniel Souza Santiago da; DIAS, Karem Jureidini; HOFFMANN, Susy Gomes. *Repertório analítico de jurisprudência do Carf.* São Paulo: Fundação Getúlio Vargas, 2016.

THEODORO JÚNIOR, Humberto. *Curso de direito processual civil.* v. II. 11. ed. Rio de Janeiro: Forense, 1993.

______. *Lei de execução fiscal.* 8. ed. São Paulo: Saraiva, 2002.

TIPKE, Klaus. *Moral tributária do Estado e dos contribuintes.* Porto Alegre: Sérgio Antônio Fabris, 2012.

TOMAZETTE, Marlon. *Curso de direito empresarial:* teoria geral e direito societário. v. 1. 6. ed. São Paulo: Atlas, 2014.

TOMÉ, Fabiana Del Padre. *A prova no direito tributário.* 3. ed. São Paulo: Noeses, 2012.

______. *A prova no direito tributário:* de acordo com o Código de Processo Civil de 2015. 4. ed. São Paulo: Noeses, 2016.

TORRES, Ricardo Lobo. *Manual de direito financeiro e tributário.* 16. ed. Rio de Janeiro: Renovar, 2002.

______. *Curso de direito financeiro e tributário.* 9. ed. Rio de Janeiro: Renovar, 2002.

VILANOVA, Lourival. *As estruturas lógicas e o sistema do direito positivo.* 4. ed. São Paulo: Noeses, 2010.

______. *Lógica jurídica.* São Paulo: Bushatsky, 1976.

______. *Causalidade e relação no direito.* 4. ed. São Paulo: RT, 2000.

XAVIER, Alberto. *Do lançamento no direito tributário brasileiro.* 3. ed. Rio de Janeiro: Forense, 2005.

Impressão e acabamento
psi7
psi7.com.br
book7
book7.com.br